KB191101

# AI 혁명

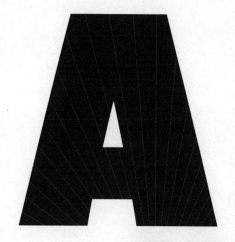

# AI 혁명

송경희 지음

AI 신인류를
위한
길라잡이

메디치

## 개인에게는 방향을, 사회에는 비전을

### 장병탁(서울대 AI 연구원장)

AI는 더 이상 특정 기술 분야의 전유물이 아니다. 이제 우리의 삶과 산업, 행정, 교육 전반에 깊숙이 스며들며 사회 구조 자체를 근본적으로 변화시키고 있다. 이 책은 그러한 거대한 변화의 흐름 속에서 우리가 어디에 서 있는지, 그리고 앞으로 무엇을 준비해야 하는지 날카롭게 짚어준다.

송경희 교수는 과학기술정보통신부 디지털정책국장으로 재직하며 AI 정책을 직접 설계하고 이끈 경험을 바탕으로, 기술과 정책, 그리고 사회적 영향에 대한 깊이 있는 통찰을 이 책에 고스란히 녹여냈다.

AI를 오랫동안 연구해온 연구자로서, 그리고 AI 기술의 산업화와 사회 적용을 실천해온 사람으로서, 나는 이 책이 단순한 기술 입문서를 넘어 대한민국이 AI 시대를 주도하기 위한 전략적 사고의 나침반이 될 수 있다고 확신한다.

개인에게는 방향을, 사회에는 비전을 제시하는 이 책은 AI 전환기를 살아가는 모든 이들에게 반드시 권하고 싶은 필독서다.

**이지형**(한국인공지능학회 회장, 성균관대학교 소프트웨어융합대학 교수)

대학에서 20년 넘게 인공지능을 연구하고 강의해온 연구자로서, 지금까지 수많은 AI 관련 도서들을 접해왔다. 기술의 개요를 설명하는 입문서, 알고리즘의 작동 원리를 깊이 파헤친 전문서, AI에 대한 사회학적 시선을 담은 인문서까지 그 종류는 참으로 다양하다. 그러나 《AI 혁명》은 그 어떤 책보다도 인간과 기술과 사회에 대하여 균형 잡힌 통찰과 폭넓은 식견을 바탕으로 하고 있다.

이 책은 단순한 기술 설명서도, 막연한 추상적 전망을 하는 미래 예언서도 아니다. 현장에서의 경험과 정책적 통찰, 그리고 인간과 사회를 향한 깊은 이해를 바탕으로 AI 시대를 온전히 조망한다는 점에서 쉽게 만날 수 없는 책이다. 저자는 수십 년간 정부에서 통신, 인터넷, 빅데이터, 인공지능 등 첨단기술 정책을 총괄해온 전문가로서 이론과 정책, 기술과 현장을 폭넓게 아우르며 균형 잡힌 시각을 제시한다.

책의 전반에 저자의 넓은 식견과 탁월한 혜안, 그리고 기술과 사회를 동시에 꿰뚫는 통찰이 고스란히 녹아 있다. 특히 인공지능이 단지 기술의 문제가 아니라 사람과 사회, 그리고 가치의

6

문제임을 강조하며, AI가 지금 우리 사회에 어떤 영향을 주고 있는지를 잘 이해할 수 있게 한다. AI 에이전트가 바꾸는 소비 방식, 생성형 AI가 재편하는 창작의 영역, 디지털 휴먼이 만든 존재론적 질문, AI 윤리와 프라이버시, 일자리 변화와 AI 민주화에 이르기까지 각각의 주제마다 독자가 직접 그 한가운데에 서 있는 것처럼 생생하게 풀어낸다.

무엇보다도 《AI 혁명》이 특별한 이유는, AI 기술을 단순히 찬양하거나 경계하는 일방적 주장을 전달하는 것이 아니라, 우리가 어떤 선택을 하고 어떤 방향으로 나아가야 하는지를 스스로 성찰하게 만든다는 점이다. 이는 기술에 익숙하지 않은 사람도 이해할 수 있을 만큼 친절하고 명료한 설명, 그리고 기술적 이해와 사회적 맥락을 동시에 놓치지 않는 균형 있는 서술에서 비롯된다.

AI 시대를 슬기롭게 살아가고 싶은 모든 이에게 진심을 담아 《AI 혁명》을 추천한다.

# AI 혁명, 우리의 선택과 준비가
# 미래를 결정한다

2025년 3월, SNS는 지브리풍 이미지로 뜨거웠다. 전 세계 사람들이 챗GPT로 자신의 사진을 애니메이션 장면처럼 변환하며 즐거워했다. '지브리풍 프로필 사진 챌린지'는 순식간에 퍼져나갔고, 유명인들까지 참여하는 하나의 문화현상이 되었다. 상상하는 장면을 글로 적어 입력하기만 해도 따뜻하고 서정적인 그림이 나왔다. AI 이미지 생성 기술로 누구나 쉽게 지브리 감성의 콘텐츠를 만들고 공유하면서, 다양한 밈과 창작물이 탄생했다.

하지만 이 흥미로운 흐름 뒤에는 논란도 뒤따랐다. 예술가들은 AI가 자신들의 창작물을 학습하여 모방하는 것이 정당한지 물었고, 법률 전문가들은 새로운 저작권 보호장치의 필요성을 제기했다. 창작의 영역으로 성큼 들어온 AI가 앞으로 예술과 문화에 미칠 영향에 대한 관심과 우려도 커졌다.

사실 AI는 이미 우리 일상 곳곳에 깊이 들어와 있다. AI 번역기가 언어 장벽을 허물고, AI 챗봇이 상담을 제공하며, AI 음성비서가 생활 전반을 보조한다. AI가 바꾸는 것은 일상만이 아니다. 2024년, AI 기술 기반 연구가 노벨물리학상과 화학상을 수상하면서 과학계와 사회에 큰 반향을 일으켰다. AI는 방대한 데이터를 분석해 새로운 해결책을 제시하고, 단백질 구조를 예측하며, 불치

병과 같은 인류의 난제를 해결하는 든든한 동반자가 되고 있다.

앞으로 AI와 함께 만들어갈 미래에 대한 기대와 희망이 그 어느 때보다 커졌다. 하지만 동시에 AI가 가져올 일자리의 변화, 불공정과 불평등의 심화 가능성, 잠재적인 위험에 대한 우려도 증가하고 있다. 산업혁명이 인간의 육체적 한계를 극복해줬다면, AI 혁명은 인간의 지적 능력과 창의성까지 재정의하고 있다. 산업혁명은 200년에 걸쳐 서서히 세상을 바꿨지만, AI 혁명은 불과 10여 년 만에 우리가 일하는 방식, 배우는 방식, 심지어 생각하는 방식까지 재구성하고 있다. 과거에는 공장의 기계가 육체노동자의 일자리를 대체했다면, 이제는 AI가 의사, 변호사, 예술가 등 거의 모든 직업군의 미래를 다시 쓰고 있는 것이다.

나는 정부에서 오랫동안 기술 정책을 수립하고 실행하는 일을 해왔다. 통신, 인터넷, 모바일, 빅데이터, 클라우드, AI 같은 기술이 우리 사회와 개인의 삶을 어떻게 변화시키는지, 또 어떻게 변화시켜야 하는지에 몰두한 기간이었다. 그 과정에서 기술 변화와 정책에 대한 국민의 이해와 참여가 얼마나 중요한지 깊이 체감했다.

정보화 후발주자였던 우리나라는 기술 변화를 빠르게 수용하고 활용하는 국민성 덕분에 IT 강국으로 도약하는 역사를 만들어냈다. 디지털 기술을 남보다 앞서 이해하고 준비한 사람들이 더 많은 기회를 잡았고, 그것이 곧 국가경쟁력으로 이어졌다.

이제는 AI 혁명으로 신문명이 시작되는 시대다. 정부를 떠나 대학에서 AI를 연구하고 강의하며 AI에 대한 많은 질문을 접했다. AI 시대를 살아가는 사람이라면 누구나 가지고 있는 기대와 우려에 최대한 답하고자 노력했다. 어떻게 하면 우리나라가 다시 한번 AI 강국으로 도약하고, 궁극적으로 우리의 삶을 행복하게 만들 수 있을지도 함께 고민했다. 그리고 AI에 관심 있는 모든 이들이 그 기회와 도전, 가능성과 위험을 제대로 이해하고 미래를 준비하는 데 도움이 되길 바라며 이 글을 쓰게 되었다.

이 책은 총 4부로 구성되어 있다.

1부 '생활 속의 AI'에서는 AI가 우리 생활을 어떻게 바꾸고 있는지 살펴본다. AI 에이전트가 바꾸는 소비생활, AI가 만드는 우리의 취향, 현실과 가상의 경계가 허물어진 AI 콘텐츠, 스마트 센서와 로봇이 변화시키는 주거 공간 등 AI 기술이 생활 곳곳에 어떻게 스며들고 있는지 분석한다. 질병의 진단과 치료, 신약 개발, 자율주행차와 에어택시가 예고하는 미래 교통의 모습도 조망하며 그에 수반되는 프라이버시와 보안 문제들도 들여다본다.

2부 'AI 시대, 새롭게 세우는 규칙'에서는 AI가 제기하는 윤리적·사회적 도전 과제를 조명한다. 알고리즘에 내재된 편향과 차별, 지능화되는 피싱과 딥페이크 범죄, 할루시네이션과 오작동, AI무기, 초지능ASI이 초래할 수 있는 인류적 위협까지 다양한 위험과 이에 대응하기 위한 기술적·법제도적 노력을 살펴본다. 또한 AI 생성물의 예술성과 저작권에 관한 논쟁도 다룬다.

3부 'AI 시대에 살아남기'에서는 AI가 노동시장과 사회 구조에 미치는 영향을 바탕으로, 다 함께 살아가는 방법을 모색한다. 일자리 변화에 대한 다양한 전망과 함께 사회적 안전망, 기본소득, AI 접근 가능성을 높이는 AI 민주화의 필요성을 다룬다. 또한 AI를 활용해 창의적으로 일하는 AI 노마드, 개인 맞춤형 AI 튜터와 교육 플랫폼의 가능성을 살펴보고, 민원 처리부터 복지 사각지대 발굴, 재난 대응까지 공공 서비스 혁신 사례를 조명한다. 동시에 그 과정에서 발생할 수 있는 인권 침해와 편향의 위험성도 논의한다.

4부는 'AI 시대, 함께 만드는 미래'를 주제로, 앞으로 우리나라가 나아가야 할 비전과 전략을 제안한다. 국가와 기업 차원의 시각과 글로벌 경쟁질서를 고려해 '세계에서 AI를 가장 잘 쓰는 나라'가 되기 위한 'FACE 전략(3F, 3A, 3C, 3E)'을 제시하고, 구체적으로 기술 강국 도약, 포용적 발전, 인재 확보, 새로운 글로벌 질서 주도라는 12가지 핵심 과제를 제안한다.

AI 혁명은 이미 시작되었다. 하지만 혁명의 최종 목적지는 정해지지 않았다. 앞으로의 방향은 전적으로 우리의 선택과 준비에 달려 있다. 우리가 어떤 결정을 내리고 준비하는지에 따라 개인과 기업, 국가의 미래가 크게 달라질 것이다.

AI 혁명이 가져올 미래는 눈부신 혁신과 번영부터 통제 불능의 위험까지 그 스펙트럼이 매우 넓다. 유발 하라리는《넥서스》에서 고대 신화를 통해 AI 통제와 책임의 중요성을 강조한다. 태양신의 아들 파에톤은 운행법도 모른 채 태양 마차를 몰다 세계를 불태울 뻔했고, 마법사의 제자는 빗자루를 부리는 주문은 알았지만 멈추게 하는 방법을 몰라 혼란을 일으켰다. AI의 대부로 불리는 제프리 힌턴 교수는 AI로 인한 인류의 종말 가능성까지 경고한다. 이는 AI의 잠재력이 무섭도록 강력하며, 그 힘을 어떻게 활용하느냐에 따라 결과가 달라질 수 있음을 의미하기도 한다.

지금 우리에게 필요한 것은 과도한 기대도, 막연한 두려움도 아니다. 중요한 것은 AI의 가치와 한계를 제대로 인식하고, 현명하게 활용하며, 올바른 방향으로 발전을 이끄는 책임 있는 태도다. 우리는 이제 시작되는 AI 혁명의 수동자가 아니라, 그 변화를 능동적으로 만들어가는 주체가 되어야 한다. AI를 통해 개인은 더 행복해지고, 기업은 경쟁력이 높아지며, 우리나라는 인류의 번영을 선도하는 리더국이 될 수 있기를 희망한다.

끝으로, 이 책을 쓰는 긴 시간 동안 인내하며 기다려준 가족들에게 고마움을 전한다. 그리고 이 책을 읽을 독자들에게도 깊은 감사를 보낸다. 이 책이 불확실한 미래를 헤쳐나가는 데 조금이라도 도움이 되길 바라 마지않는다.

2025년 5월
송경희

## 2부  AI 시대, 새롭게 세우는 규칙

# 3부  AI 시대에 살아남기

## 4부  AI 시대, 함께 만드는 미래

# 1부

---

# 생활 속의
# AI

# AI 시대,

## 소비가 바뀌다

### 나만의 집사, AI 에이전트

"오늘 저녁은 뭘 먹지?" 냉장고를 열어보니 앱이 내 선호도와 건강 상태에 맞춰 제안한 식재료가 눈에 띈다. 'AI 셰프' 기능에 이 식재료를 입력하자, 불고기 두부 샐러드와 브로콜리 수프 레시피를 추천해준다. 쉽게 따라할 수 있는 단계별 요리 방법과 영양소 정보를 알려주니 요리가 한결 손쉬워졌다. 냉장고에 남은 식재료 양과 유통기한을 확인하여 장보기 목록도 추천해주니 필요한 식품을 제때 사서 놓치지 않고 소비하게 된다.

코로나19를 기점으로 우리의 소비생활은 크게 달라졌다. 온라인 쇼핑은 기본이 되었고, 모바일 결제가 현금이나 카드를 대체하고 있다. 식당에서는 테이블에 설치된 태블릿으로 주문하는 것이 자연스러워졌으며, 키오스크를 통한 무인 주문도 익숙한 풍경이 되었다. 실시간 배송 추적은 물론, 새벽배송과 당일배송으로 신선식품까지 문 앞에서 받아볼 수 있게 되었다. 이러한 변화의 중심에는 디지털 전환과 AI 기술이 있다. AI는 우리의 구매 패턴을 분석하여 맞춤형 상품을 추천하고, 재고를 관리하며, 배송 경로를 최적화하고 있다.

쇼핑 방식도 많이 바뀌었다. 집 안에서도 스마트폰으로 모습을 비춰 옷, 신발, 시계, 선글라스 등을 착용해볼 수 있고, 각자의 체형과 피부톤, 평소 스타일 선호도에 맞춰 최적의 상품을 추천받는다. 가구 쇼핑도 더 이상 상상에 의존할 필요가 없다. AR로 실제 공간에 가구를 배치해보고, 공간의 크기와 채광, 기존 가구와의 조화까지 고려해 가장 좋은 배치를 추천받을 수 있다.

전 세계 6,000여 명을 대상으로 한 조사에 따르면 소비자의 69%가 AI 기반 추천이 자신의 선호도와 일치한다고 답했다. AI가 가장 시간을 절약해주는 분야로 식료품 구매가 1위(52%)를 차지했고 선물 고르기(49%)가 뒤를 이었다.[1]

더 나아가 이제는 추천뿐만 아니라 우리 일을 대신 해주는 'AI 에이전트'가 일상과 업무를 함께하기 시작했다. AI 에이전트는 주어진 목표를 실행하기 위해 자율적으로 계획하고 행동하는 AI를 말한다. 글로벌 빅테크들을 비롯한 많은 기업이 AI 에이전트를 개발하고 있으며, 이를 자사운영과 고객사에 광범위하게 통합하고 있다. AI 쇼핑 도우미를 통해 예산과 선호도에 맞는 제품을 비교하여 추천하고 배송 상태를 확인하는 등 '주문 지원'을 하는 단계에서, 사용자의 습관과 선호도를 분석해 필요한 물건을 '자동 구매'하는 수준으로 나아가고 있다. 앞으로는 "캠핑 준비물을 구매해줘"라는 포괄적인 요청도 처리할 수 있는 AI 쇼핑 에이

전트까지 구상하고 있다.[2]

2025년 1월 출시된 오픈AI의 '오퍼레이터 AI'의 경우 마치 인간처럼 스스로 웹페이지의 버튼을 클릭하고 텍스트를 입력할 수 있어 양식 작성, 제품 주문, 예약 등 다양한 웹 기반 작업을 자율적으로 수행한다. 중요 작업을 수행할 때는 확인 프롬프트를 표시하고, 은행 거래와 같은 민감한 업무는 제한된다.[3]

IT 리서치 기업 가트너Gartner는 2025년 주요 전략 기술 트렌드 중 하나로 AI 에이전트를 선정하면서, 2028년까지 일상적인 업무 결정의 15%가 AI 에이전트에 의해 이루어질 것으로 전망했다.[4] 글로벌 컨설팅 기업 딜로이트Deloitte도 〈기술, 미디어 및 통신 예측 보고서TMT Predictions〉에서 2025년에는 생성형 AI를 사용하는 기업의 25%가 AI 에이전트 파일럿을 시작하고, 2027년에는 이 비율이 50%까지 증가할 것으로 예측했다.[5]

전문가들의 전망대로라면 우리는 멀지 않은 미래에 여러 앱을 옮겨 다닐 필요가 없어질 것 같다. "다음 주 샌프란시스코 출장 준비해줘"라는 한마디로 모든 게 해결되는 때가 온다는 것이다. AI 에이전트는 마일리지 현황, 선호하는 항공사, 평소 선택하는 좌석 위치까지 고려해 최적의 항공권을 예약한다. 호텔은 미팅 장소와의 거리, 선호하는 편의시설, 이전 투숙 후기를 분석해 추천한다. 심지어 현지 날씨와 일정을 고려한 짐 싸기 리스트까지 준비해준다.

AI 에이전트에게 생일 파티를 맡긴 상황을 그려볼까? 나의 생활 전반을 관리하고 조율해주는 AI 에이전트를 라이프 어시스턴트라고 이름 붙여보자. 라이프 어시스턴트는 과거의 데이터와 선호도를 분석해 일정과 예산을 제안하고, 친구들의 스케줄을 확인하여 날짜를 고른다. 맛집과 선물 추천은 물론, 건강정보를 고려한 와인과 음식 옵션을 제안한다. 초대장은 나의 관심사와 선호를 반영한 디자인으로 제작해 전송까지 처리한다. 이 과정에서 일정, 예산, 식당, 선물, 건강 관리까지 각 분야 전문 에이전트들이 협력하여 최적의 선택을 제안하며, 라이프 어시스턴트는 이런 제안들을 조율하여 통합 서비스를 제공한다.

비교적 정형화된 출장 준비에 비해, 생일 준비는 개인의 취향과 상황을 섬세하게 반영하고 멀티 에이전트 간의 협력이 매끄럽게 이루어져야 하므로 제대로 구현되기까지는 더 많은 시간이 필요할 것이다. AI 에이전트가 생일 준비까지 세심하게 처리할 수 있다면 명실공히 '나만의 집사'라고 불러도 손색이 없을 것 같다.

최근 AI 에이전트 기술 발전이 가속화되면서, 초기에는 API*연결에 의존하던 에이전트들이 이제는 웹 인터페이스**와 직접 상호작용하며 더 자율적으로 작업을 수행할 수 있게 되었다. 앞으로는 한 플랫폼 내에서 다양한 전문 에이전트들이 더욱 긴밀하게 협업하는 형태로 발전할 것으로 예상된다. 사용자는 이러한 복잡한 시스템을 의식할 필요 없이, 하나의 통합된 인터페이스를 통해 원하는 서비스를 이용할 수 있게 될 것이다.

이미 기술 기업들은 여러 에이전트가 잘 협력할 수 있게 돕

* 서로 다른 소프트웨어나 시스템이 기능이나 데이터를 주고받을 수 있도록 미리 정한 통신 규칙.
** 사용자가 웹 브라우저를 통해 시스템이나 서비스를 직접 조작할 수 있는 화면이나 환경.

는 '에이전트 워크플로우'를 관리하는 시스템에서 경쟁하기 시작했다. 오픈AI는 각 에이전트가 특정 작업을 수행하고 다른 에이전트에게 작업을 전달하여 협력하는 프레임워크인 '스웜'을 공개했고, 크루AI의 '멀티 에이전트'도 에이전트를 관리할 수 있는 기술을 제공한다. 마이크로소프트도 '마젠틱-원'이라는 다중 에이전트 프레임워크를 출시했는데, 이는 총괄 에이전트인 오케스트레이터Orchestrator가 웹 브라우징, 파일 탐색, 코드 작성 및 실행을 담당하는 여러 전문 에이전트를 지휘하여 복잡한 작업을 자율적으로 해결하는 범용 에이전트 시스템이다.[6]

앞으로 AI 에이전트가 본격적으로 활용되면서 다양한 기술과 서비스가 나올 것으로 예상된다. 하지만 이러한 발전이 안정적으로 이루어지기 위해서는 몇 가지 중요한 전제조건이 필요하다. 무엇보다 개인정보 보호와 데이터 보안이 철저히 보장되어야 하며, AI 에이전트의 의사결정 과정은 투명하고 설명 가능해야 한다. 또한 딜로이트 보고서의 제안처럼 초기에는 완전한 자율성보다는 '인간 검토 후 승인' 방식으로 운영하면서 점진적으로 신뢰성을 확보해나가는 방식이 필요하다.[7] 사용자가 언제든 AI의 결정에 개입할 권한이 있어야 AI 에이전트를 통제할 수 있다.

예를 들어 AI 에이전트에게 결제 권한을 줄 경우 추가 결제나 구독 갱신이 이용자가 모르게 일어나는 문제, 즉 섀도 서브스크립션shadow subscription이 발생할 수 있다. 또한 AI가 사용자를 대리해 계약이나 결제를 수행할 때 법적 책임 소재가 불분명해져, 분쟁으로 이어질 가능성도 있다. 따라서 명시적 동의 절차, 자동 결제에 대한 주기적 알림, 간편한 철회 옵션 제공 등을 통해

AI 에이전트가 사용자의 의도를 왜곡하거나 과도한 소비를 조장하지 않도록 하는 가이드라인과 안전장치도 필요할 것이다.


## 나보다 날 더 잘 아는 AI

18세기 철학자 제레미 벤담이 구상한 '파놉티콘'은 중앙 감시탑에서 모든 수감자를 감시할 수 있는 원형 감옥이었다. 조지 오웰의 소설 《1984》는 이를 확장하여 '빅브라더'라는 전체주의적 감시체제를 그렸다. 하지만 21세기 현실은 그들의 상상을 뛰어넘었다. 우리는 더 이상 물리적 감시탑이나 감시자가 필요 없을 정도로 우리 스스로 많은 것을 디지털 공간에 기록하고 있다. SNS에 일상을 공유하고, 위치정보를 전송하며, 검색창에 궁금한 것을 물어본다. 감시당하는 것이 아니라, 자발적으로 자신을 전시하고 있는 셈이다.

특히 스마트폰은 우리 삶의 가장 충실한 기록자다. 기상 알람과 오늘의 날씨 검색으로 하루를 시작하고, 출근길에는 지도앱이 실시간 위치를 추적한다. 점심 메뉴를 고르기 위해 주위 식당을 검색하고, SNS에 오늘 먹은 음식 사진을 올린다. 퇴근길에는 음악 스트리밍 앱이 취향을 분석하고, 저녁에는 넷플릭스가 시청 패턴을 기록한다. 헬스케어 앱은 오늘의 걸음수와 심박수를 저장하고 수면 시간과 패턴을 분석한다.

그러나 이는 우리가 의식하는 데이터의 일부일 뿐이다. 더 미세한 디지털 흔적들이 끊임없이 쌓이고 있다. 특정 게시물에서 얼마나 오래 머물렀는지, 어떤 광고를 몇 초간 보았는지, 스크롤을 얼마나 빠르게 넘기는지도 모두 기록된다. 심지어 스마트폰을 쥐는 손의 미세한 떨림, 화면을 터치하는 압력의 강도까지도 데이터가 된다.

이런 일상적인 활동들이 만들어내는 데이터의 양은 실로 어마어마하다. 2023년 기준으로 평균적인 인터넷 사용자는 초당 1.7MB, 하루 약 143GB의 데이터를 생성한다. 4인 가족 기준으로 하루에 약 500GB에 달하는 양이다.[8] 더구나 이 모든 정보는 서로 연결되어 있다. 스마트폰, 태블릿, 노트북을 오가는 우리의 행적은 하나로 통합되고, AI는 이를 분석해 다음 행동을 예측한다. '당신이 좋아할 만한 추천'이라는 문구 뒤에는 이렇게 축적된 방대한 데이터가 숨어 있는 것이다.

우리는 깨어 있는 순간의 대부분을 스마트 기기와 함께하며, 그 과정에서 끊임없이 자신의 디지털 복제본을 만들어내고 있다. 개인의 취향, 습관, 감정, 관계, 그리고 사소한 일상의 순간들까지 모두 데이터로 변환되어 클라우드 어딘가에 저장된다. 말 그대로 걸어 다니는 데이터가 된 것이다.

기업들은 우리가 남긴 디지털 발자국을 분석해 놀라울 정도로 정확한 예측을 보여준다. 미국의 한 대형 유통업체는 10대 소녀의 구매 패턴 분석만으로 임신 사실을 부모보다 먼저 알아냈다. 검색창에 입력한 단어가 맞춤형 광고로 되돌아오고, SNS에서 스쳐 지나간 관심이 어느새 구매 욕구로 이어지게 만든다. 편리함이라는 달콤한 유혹 앞에서 '개인정보 수집에 동의합니다'라는 체크박스는 그저 귀찮은 클릭 한 번에 불과해졌다. 프라이버시를 편리함과 맞바꾸는 거래를 일상적으로, 그것도 기꺼이 하고 있는 것이다.

문제는 알겠지만, 그럼 어떡하란 말인가? 모든 디지털 기기를 끊고 숲속의 자연인으로 돌아갈 수도 없는 노릇이다. 우선 '내 정보의 주체는 나'라는 정보 주체로서의 권리를 자각하는 것부터 시작해보자. 데이터가 내 생활의 단순한 부산물이 아닌 디지털 자산이며, 그것의 활용과 통제에 대한 권리는 나에게 있다는 인식 말이다. 내 데이터가 어떤 기업에 의해 어떻게 수집되고 어떻게 보호, 관리되고 있는지에 대한 관심이 필요하다.

정부의 개인정보보호 법제도도 정보 주체가 자신의 데이터를 통제할 권리를 강화하는 방향으로 바뀌고 있다. 우리나라의 경우 1994년 공공기관의 개인정보보호 의무를 시작으로, 1995년 신용정보보호, 1999년 정보통신망상의 개인정보보호가 차례로 법제화되었다. 2011년에는 공공과 민간을 통합한 일반법으로서 개인정보보호법이 제정되었다. 법의 성격도 사생활비밀보호권 중심의 방어적 권리 보장에서 동의권, 열람권, 정정·삭제 및 파기권, 처리정지권 등 참여적 권리의 보장으로 흐름이 바뀌었다. 또한 본인의 신용정보(은행, 카드, 보험, 통신, 세금, 4대보험 등)를 본인이나 제3자(마이데이터 사업자 등)에게 전송해달라고 요구할 수 있는 법적 권리인 '개인신용정보전송 요구권'이 도입되어, 신용정보를 하나의 플랫폼에서 통합적으로 관리할 수 있는 마이데이터 서비스가 가능해졌다.

산업적인 차원에서 보면 AI 시대에 개인정보를 포함한 데이터는 산업 발전의 근간이 되는 핵심 자원이다. AI 시대에 치열하게 적응해나가야 하는 우리들로서도 디지털 기기 사용을 줄이는 디지털 미니멀리즘이 흔쾌한 답은 아니다. 편리함의 대가든 이 시대를 살아가기 위한 방편이든 거의 선택의 여지 없이 자신을 드러내놓게 될 수밖에 없는 상황이다. 그렇다고 해서 아무 문제의식 없이 나의 정보를 디지털 세계에 내어주고 있는 것이 아닌지 돌아볼 필요가 있다. 개인의 문제를 넘어선 사회적 과제라는 인식을 갖고 투명한 데이터 활용 정책, 강력한 보안체계, 그리고 정보 주체의 권리 보장을 위한 제도 보완에 관심을 가질 필요가 있다.

AI가 발전할수록 개인의 모든 디지털 흔적은 더욱 정교하게 분석될 것이다. 개인의 성향, 습관, 선호도를 분석하는 프로파일링을 통해 그 심리를 더욱 정확하게 파악하게 될 것이라는 의미다. 이는 맞춤형 서비스를 제공하는 데 매우 유용하지만, 개인의 삶을 더욱 쉽게 추적하고 통제하는 수단이 될 수도 있다. AI 시대는 기술이 우리의 삶을 어떻게 바꿔나가고 있는지, 개인의 자유와 존엄성을 어떻게 지켜나갈 것인지에 대한 성찰이 그 어느 때보다 필요한 시기다.


## AI가 이끄는 지속가능한 소비

전 세계적으로 매일 10억 끼에 해당하는 식품이 쓰레기로 버려진다. 8억 명 이상이 먹을 것이 부족해 굶주리는 것과 대조적이다. 유엔개발계획UNDP은 2022년 한 해 세계에서 10억 5천만 톤의 식품이 쓰레기로 버려졌고, 이는 그해 생산된 식품의 19%에 해당한다고 발표했다. 더구나 전체 탄소배출량의 8~10%에 해당되는 탄소가 이렇게 버려지는 식품에서 나온다고 한다.[9]

전 세계 32개국 소비자 3만 3,000여 명을 대상으로 한 설문조사에 따르면, 한국 소비자의 87%가 지속가능한 소비를 희망하며 브랜드의 지속가능성 관련 활동에 높은 관심을 표시했다. 온실가스 배출, 유해 폐기물의 부적절한 처리, 대기 오염 같은 문제해결에 기여하는 브랜드에 시간과 돈을 투자하겠다는 것이다.[10] 이런 소비자 인식 변화와 함께 ESG 경영이 새로운 기업 경쟁력으로 부상하면서, AI가 지속가능한 생산과 소비를 촉진하는 핵심 기술로 주목받고 있다.

세계자연기금WWF 연구에 따르면, AI 기반 구매 시스템을 도입한 매장의 식품 낭비가 평균 14.8% 감소했으며, 미국 전역 도입 시 연간 90만 7,000톤의 음식물 쓰레기와 1,330만 톤의 이산화탄소 감축이 가능할 것으로 전망했다.[11] 실제 효과를 거두고 있는 몇 가지 사례를 보자. 린패스LeanPath는 AI 기술로 식재료의 폐기 패턴을 분석하고 이를 금전가치로 환산하여 보여줌으로써 구글 본사 카페테리아의 버려지는 음식물을 2% 이하로 줄였으며, 위스콘신에 있는 한 병원의 음식물 쓰레기를 최대 70%까지 감축했다.[12] 포시즌스 뉴올리언스 호텔은 AI 카메라와 디지털 저울로 음식물 쓰레기를 자동 감지하고 분석하는 솔루션을 도입하여 연간 11톤, 약 48%의 쓰레기를 절감했다.[13] 투굿투고Too Good To Go는 식품업체들의 유통기한 임박 제품들이 폐기되지 않고 구매되도록 AI 기반 솔루션으로 적절한 할인율을 관리하는 업체다. 2023년 9월 기준으로 14개국 3,700만 명이 이 회사의 앱을 이용하여 약 3만 톤에 해당되는 7,000만 끼 음식의 폐기를 막을 수 있었다.[14]

　국내에서도 AI를 활용한 식품 낭비 감소 노력이 활발하다. 푸드테크 기업 누비랩은 AI 푸드 스캐너로 식사량을 실시간 분석하고 수요를 예측해 급식소의 음식물 쓰레기를 연간 30% 줄였으며, 한 고등학교에서는 2년 동안 음식물 쓰레기를 전체의 55.7%인 22톤이나 감소시켰다.[15] 무인점포 이마트24는 AI 자동발주 시범사업으로 신선식품 폐기율을 20% 이하로 낮췄고,[16] 마켓컬리는 날씨, 시기별 이슈, 고객반응률 같은 데이터 분석을 통해 1% 미만의 폐기율을 유지한다는 입장이다.[17]

　AI를 활용해 공급망의 환경 영향을 관리하는 기업들도 늘고 있다. 영국의 생활용품 제조 기업인 유니레버Unilever는 위성 모니터링과 AI를 결합한 시스템으로 2023년 말까지 팜유 공급망의 97.5%를 벌채 없는 생산으로 전환했다.[18] 식품 기업 네슬레Nestlé는 인공위성과 머신러닝으로 8,000여 제품의 원재료 공급망을 모니터링하여 산림 훼손 여부를 체크한다.[19]

　커피 산업에서도 AI가 지속가능성을 높이고 있다. 스타벅스의 '빈투컵Bean to Cup' 시스템은 블록체인과 AI로 원두의 생산부터 소비까지의 과정을 추적하고 탄소발자국 데이터를 제공한다.[20] AI 로봇은 잘 익은 커피콩을 정확히 식별하여 수확 폐기물을 줄이고, AI 기반 정밀 농업은 수확량을 최대 20% 늘리면서 물과 에너지 사용을 최적화한다.

소비자들의 친환경 구매를 돕는 AI 플랫폼도 등장했다. 굿
온유Good On You는 각 패션·뷰티 브랜드의 지속가능성을 최대
1,000개의 데이터 포인트로 분석하여 평가하고,[21] 에코카트
EcoCart는 제품의 전체 생애주기 탄소배출량을 계산하여 소비자
의 현명한 선택을 돕는다.[22]

앞으로 지속가능하고 윤리적인 소비를 지원하고 수행하는
다양한 AI 서비스가 나올 것으로 예상된다. 가정에서도 AI 에이
전트가 식재료 관리, 에너지 사용 최적화, 재활용 분리수거 안내
등을 통해 일상적인 친환경 실천을 도울 것이며, 기업들은 AI를
활용한 다양한 친환경 서비스를 선보일 예정이다.

# AI시대,

## 우리는 무엇을 보고 듣게 될까?

### 대작에서 다작으로, 콘텐츠 무한 생성의 시대

"스타일리시한 여성이 빛나는 네온사인과 도시 간판으로 가득한 도쿄 거리를 걷고 있다. 그녀는 검은색 가죽 재킷, 긴 빨간색 드레스, 검은색 부츠를 착용하고 검은색 지갑을 들고 있다. 선글라스를 쓰고 빨간 립스틱을 바른 그녀는 자신감 있고 자연스럽게 걷는다. 길은 축축하고 화려한 조명을 반사하며 거울 같은 효과를 낸다. 많은 보행자가 걸어간다."

2024년 2월, 이 짧은 텍스트는 순식간에 마치 할리우드 영화의 한 장면 같은 영상으로 구현되었다. 오픈AI가 공개한 영상 생성 AI '소라Sora'의 등장은 전 세계 미디어 업계에 충격을 안겼다. 수십 명의 스태프와 고가의 장비, 수개월의 제작 기간이 필요했던 영상 제작이 이제 텍스트 몇 줄만으로도 가능해졌다는 평가가 줄을 이었다. 그리고 런웨이의 '젠3', 어도비의 '파이어플라이비디오', 메타의 '에뮤 비디오', 구글 딥마인드의 '베오' 등 유사한 동영상 생성 AI 모델이 잇달아 출시되었다.

이러한 발전의 바탕에는 텍스트, 이미지, 음성 같은 여러 형태의 데이터를 동시에 이해하고 처리할 수 있는 멀티모달 AI 기술이 있다. 이 기술은 텍스트로 묘사한 장면을 바로 영상으로 구현할 뿐만 아니라, 반대로 사용자가 보여주는 사진 속 풍경을 분석해 상세한 설명을 제공하기도 한다. 실제로 야외에서 새소리를 들려주면 새 이름을 알려주는 앱은 이미 실용화되었다.[23]

AI는 이제 우리가 접하는 거의 모든 미디어 콘텐츠를 생성할 수 있는 수준에 이르렀다. 창작의 의미는 새롭게 정의되고, 그 경계는 끊임없이 확장되고 있다. 창작자의 스타일과 특징을 학습한 AI는 상상 속 이미지를 영상으로, 감정을 음악으로, 아이디어를 글로 순식간에 구현해낸다.

영국의 AI 분석가이자 작가인 니나 시크Nina Schick는 2025년이면 인터넷에서 유통되는 콘텐츠의 90%가 AI로 제작될 것이라고 전망했다.[24] 국내 콘텐츠 산업에서 생성형 AI 활용률이 2024년 기준 애니메이션 분야 43.5%, 게임 분야 30.5%인 점[25]에 비추어 보면 이러한 예측은 다소 과장되어 보인다. 그럼에도 일상에서 접하는 음악, 영상, 이미지 중 AI가 만든 콘텐츠의 비중이 빠르게 늘어나고 있다는 사실은 부인하기 어렵다.

AI 영화 제작의 새 지평을 연 사례로 권한슬 감독의 〈원 모어 펌킨〉이 있다. 200세가 넘는 한국 노부부의 비밀스러운 이야기를 다룬 3분 분량의 미스터리 공포 영화로, 서양의 핼러윈 문화와 동양적 정서를 독특하게 융합했다. 특히 모든 영상과 음성이 순수하게 AI로 제작되었으며, 제작 기간이 단 5일에 불과했다는 점이 주목받았다. 이 작품은 2024년 제1회 두바이 국제 AI 영화제에서 대상과 관객상을 동시 수상하며 AI 영화의 새로운 가능성을 입증했다.[26]

음악 분야에서의 AI 활용은 더 일찍 시작되었다. 2016년에 경기필하모닉 오케스트라는 '모차르트 VS. 인공지능' 음악회에서 AI 작곡가 에밀리 하웰Emily Howell의 '모차르트풍 교향곡'을 연주했는데, 관객들을 대상으로 한 블라인드 테스트 결과 AI의 작곡 수준이 이미 상당한 경지에 도달했음을 입증했다.[27] 현재 AI 음악 생성 기술은 한층 발전하여, 구글의 '뮤직LM'과 메타의 '오디오 크래프트'를 비롯해 '수노AI', '우디오', 믹스오디오의 '사운즈앤툴즈' 등 다양한 서비스들이 간단한 텍스트 입력만으로도 완성된 음악을 생성해내고 있다.

시장조사기관 마켓닷어스는 음악 생성 AI의 세계시장 규모가 2022년 약 2억 2,900만 달러(약 3천억 원)에서 2032년에는 26억 6,000만 달러(약 3.4조 원)로 11배 이상 성장할 것으로 전망했다.[28] 작곡과 작사는 물론, 보컬 음성 합성, 악기 사운드 생성, 믹싱과 마스터링까지 음악 제작의 전 과정을 AI가 수행할 수 있게 되면서 음악 산업의 상당한 변화가 예상된다. 시장조사기관 IDC는 2027년 세계 생성형 AI 시장 규모가 1,511억 달러(약 196조 원)에 이를 것으로 예측했는데, 미디어·엔터테인먼트와 소비자 부문에서 활용도가 높아질 것으로 보았다.[29]

콘텐츠 제작의 진입 장벽이 AI로 인해 획기적으로 낮아지고 있다. 멀티모달 기술의 발전으로 문구, 이미지, 음성, 영상을 자유자재로 생성하고 변환할 수 있게 되면서 콘텐츠의 대량 생산이 가능해졌다. 수공업처럼 수개월에서 수년에 걸려 한 편이 만들어지던 영화나 드라마가 프롬프트 입력으로 순식간에 탄생하는 도깨비장난 같은 변화가 일어나고 있다. 어느 기사의 제목처럼 대작은 가고 다작의 시대가 오고 있는 것일까?[30] 이제 콘텐츠 유통뿐 아니라 생산의 한계비용도 제로에 수렴하는 시대가 다가오고 있는 것 같다.

물론 해결해야 할 과제들도 있다. 여전히 긴 러닝타임의 영상을 만드는 데는 한계가 있으며, 인물의 섬세한 표정이나 감정 표현에서 부자연스러움이 느껴진다. 걷는 사람의 발이 공중에 떠 있거나 그림자가 이상한 문제들도 지적되었다. 하지만 AI가 중력, 마찰, 관성의 법칙을 학습하여 자연스러운 움직임을 생성하는 '물리 기반 시뮬레이션' 기술이나, 신경망에 물리 법칙을 직접 통합하는 '신경 물리 시뮬레이션' 같은 기술로 빠르게 해결해나가고 있다. 저작권 침해와 딥페이크 같은 윤리적 문제, 일자리 문제 등도 점점 커져가는 이슈다. 2023년 할리우드에서는 미국작가조합과 배우조합이 63년 만에 동시 파업을 벌이며 "AI가 창작자들의 일자리를 위협한다"고 강력히 반발했다.[31]

## 현실과 가상의 경계가 허물어지다

"안녕하세요, 여러분!"

수백만 구독자를 보유한 한 유튜버가 밝은 목소리로 인사를 건넨다. 완벽한 외모, 세련된 말투, 자연스러운 몸짓…. 하지만 이 유튜버는 실제 인간이 아닌 AI다. 디지털 휴먼과 AI 아바타가 일상화되면서 우리는 실재와 가상, 현존과 부재의 경계가 모호해지는 시대를 살고 있다.

AI 버추얼 유튜버(버튜버) '뉴로사마'는 실시간 방송에서 시청자들과 자연스럽게 대화하고, 게임을 하며, 노래까지 부른다. 여성 4인조 버추얼 아이돌 '메이브'는 음악방송에서 1위를 차지하고, 실제 아티스트들과 함께 무대에 오른다. 이들은 더 이상 단순한 가상의 캐릭터가 아닌, 우리와 정서적 관계를 맺는 존재가 되어가고 있다.

디지털 클론* 기술은 이런 현상을 더욱 가속화하고 있다. 신디시아Synthesia와 같은 기업들은 실제 인물의 표정과 감정을 완벽히 재현하는 '익스프레시브 아바타'를 선보이고 있다. '나는 행복하다'라는 문장을 읽을 때는 실제로 행복해 보이는 표정을, '나는 슬프다'를 읽을 때는 슬픈 표정을 짓는 디지털 휴먼들이 등장한 것이다.

이러한 디지털 휴먼 기술은 비즈니스현장에서도 적극 활용되고 있다. 2023년 중국 최대 쇼핑 행사인 광군제에서는 인상적인 광경이 펼쳐졌다. 기업 CEO들의 디지털 아바타가 여러 플랫폼에서 동시에 라이브 스트리밍을 진행한 것이다. 알리바바 CEO의 AI 아바타는 실제 CEO의 음성과 외모를 완벽히 재현하며 수

---

* 사람의 기억, 외모, 목소리, 행동 등 다양한 특성을 디지털 매체에 복제해 가상현실이나 챗봇, 로봇 등에서 실제 인물처럼 재현하는 기술.

많은 소비자와 실시간으로 소통했다.[32] 이제 디지털 휴먼은 시공간의 제약을 뛰어넘어 분신처럼 활동하고 있다.

2024년 개봉한 영화 〈원더랜드〉는 AI 기술이 만들어낸 가상 세계에서 사랑하는 이들과 재회하는 이야기를 그린다. 죽음이라는 절대적 단절도 기술로 극복할 수 있다는 이 아이디어는 이젠 더 이상 상상이 아닌 현실이 되어가고 있다.

일부 지역에서는 이미 사망한 가족의 목소리를 모방해 대화하는 챗봇이 중요한 사업으로 자리 잡았다. 한 방송에서는 세상을 떠난 엄마의 목소리로 자녀와 통화하는 장면이 방영되었다. "엄마, 언제 집에 올 수 있어?"라고 묻는 아이의 목소리에 안타까움이 묻어난다. 기술은 이제 생물학적 죽음을 넘어 관계의 지속을 가능하게 하고 있는 듯하다.

이러한 변화는 우리에게 깊은 질문을 던진다. 사랑하는 이의 모습과 목소리를 재현한 AI와의 대화가 우리의 상실감을 치유할 수 있을까? 아니면 오히려 더 깊은 상처를 남길까?

메타버스는 가상 공간으로의 확장을 넘어 새로운 존재 방식을 가능케 하고 있다. 메타의 호라이즌 월드에서 AI는 단순한 NPCNon-Player Character가 아닌, 감정을 가진 존재처럼 우리와 교감한다. 이들은 우리의 말과 행동에 적절히 반응하고, 때로는 위로와 공감을 건네며 정서적 지지자 역할을 한다.

고민스러운 점은 AI 기술이 실존의 경계를 허물고 있다는 점이다. 모든 데이터는 디지털화되어 저장되고, AI는 이를 학습해 우리의 성격과 말투, 행동 방식을 재현한다. 마치 영화 〈그녀 Her〉에서처럼, 디지털 아바타는 우리가 세상을 떠난 후에도 존재하며 다른 이들과 관계를 맺을 수 있다.

이는 매혹적이면서도 두려운 미래다. 우리는 이제 영원히 존재할 수 있는, 새로운 형태의 삶을 마주하고 있다. 디지털로 재현된 나는 진정한 나일까? AI와의 교감이 진정한 의미의 관계일 수 있을까?


## 직접 본 것도 믿을 수 없는 시대

'백문이 불여일견百聞不如一見', '보는 것이 믿는 것이다Seeing is believing'라는 동서양의 격언들이 있다. 인류는 오랫동안 직접 보고 경험한 것에 진실성을 부여해 왔다. 그런데 이제는 이런 격언들도 무색해졌다. AI 기술의 발전으로 탄생한 딥페이크는 우리의 눈과 귀를 거의 완벽하게 속이며 AI 시대에 해결해야 할 도전 과제가 되고 있다.

인공지능 기반 합성 기술은 놀라울 정도로 정교한 영상과 음성을 만들어낸다. 이 기술의 핵심은 생성적 적대 신경망Generative Adversarial Network, GAN 모델로, 하나의 AI가 콘텐츠를 생성하고 다른 AI가 이를 진짜인지 아닌지 판별하는 과정을 반복하면서 점점 더 정교한 결과물을 만들어내는 방식이다. '딥페이크Deepfake'라는 용어는 딥러닝Deep Learning과 가짜Fake의 합성어로, 2017년 레딧Reddit 플랫폼에서 처음 등장한 이후 AI 합성 기술의 악의적 활용을 지칭하는 용어로 사용되고 있다.

한때는 전문가들만의 영역이었던 이 기술이 이제는 일반인도 손쉽게 다룰 수 있는 수준에 이르렀다. 자연스러운 눈 깜빡임과 미세한 표정 변화까지 구현하는 얼굴 합성 기술, 말투와 억양은 물론 감정까지 완벽하게 복제하는 음성 합성 기술의 발전은 진짜와 가짜의 경계를 허물어뜨리고 있다.

딥페이크 기술, 즉 AI 기반 합성 기술이 부정적으로만 쓰이는 것은 아니다. 엔터테인먼트와 교육 분야에서는 이 기술의 창의적 활용이 활발하다. 드라마 시리즈 〈만달로리안〉은 출연 배우 마크 해밀의 젊은 시절 모습을 완벽하게 구현해냈고, SBS 한 예능프로그램에서는 故김광석의 목소리를 재현하여 감동을 선사했다. 할리우드에서는 디에이징 기술로 시간을 거스르고 있다. 81세 해리슨 포드는 〈인디아나 존스5〉에서 35세의 모습을 보여주었고, 60대 최민식은 드라마 〈카지노〉에서 30대부터 현재 나이까지를 오가며 연기했다.

교육 분야에서는 역사적 인물의 강연을 재현하거나 맞춤형 교육 콘텐츠를 제작하는 혁신적인 시도가 이어지고 있다. 데이비드 베컴의 말라리아 퇴치 캠페인은 AI 기반 합성 기술로 9개 언어를 더빙해 전 세계에 메시지를 효과적으로 전달했다.

하지만 이 혁신적인 기술을 정치적 목적으로 악용해 민주주의의 근간을 위협하고, 여러 유형의 범죄로 사회를 어지럽히는 일들이 발생하고 있다. 정치인의 발언을 조작하고 유명인의 이미지를 훼손하는 영상이 정치, 언론, 소셜미디어에서 빠르게 확산될 위험이 커졌다. 미국 대통령의 발언을 조작한 영상이나 유명 가수 테일러 스위프트의 이미지를 훼손한 가짜 영상 같은 사례가 늘어나고 있다. 나아가 우리 주변 일반인의 얼굴을 무단으로 이용한 가짜 콘텐츠 제작, 특히 동의 없이 제작된 포르노그래피 등의 문제도 심각하다.

　그동안 진실을 입증하는 확실한 증거로 여겨졌던 영상과 음성의 신뢰성마저 흔들리고 있다. 법정에서조차 디지털 증거의 진위 판단이 갈수록 어려워지는 실정이다. 우리가 보고 듣는 것조차 의심해야 하는 시대가 된 것이다. 비판적 사고와 진실을 볼 수 있는 지혜가 그 어느 때보다 소중해졌다.

## 당신의 취향은 AI가 결정한다

동영상 한 편이 끝나자마자 다음 영상이 자동으로 재생된다. "이 영상을 재미있게 보셨다면, 이것도 좋아하실 거예요." 잠깐의 호기심으로 클릭한 범죄 다큐멘터리 하나가 어느새 밤새 이어본 시리즈가 되어 있다. 이전 시청 기록을 바탕으로 AI는 끊임없이 새로운 콘텐츠를 추천한다. 미스터리물을 보면 더 긴장감 넘치는 다른 미스터리를, 로맨스를 보면 더 설렘 가득한 새로운 로맨스를 찾아낸다. 우리가 콘텐츠를 찾는 것이 아니라 알고리즘이 보여주는 것을 보게 되는 셈이다. 내 취향이 아닌데 하면서도 귀찮아서 '관심 없음'을 누르지 않으면 유사한 콘텐츠 추천이 이어진다. 이런 끊임없는 친절한 제안이 우리의 선택과 정체성에 어떤 영향을 미치고 있을까?

　최근의 AI 알고리즘은 추천뿐만 아니라 다음 행동을 예측하고 선제적으로 개입하는 단계로 나아가고 있다. 유튜브는 시청

시간, 댓글, 좋아요 등을 통해 개인의 행동을 분석한다. 넷플릭스는 영화별로 수많은 메타데이터를 태그하고 분류하는 '시네매치'라는 엔진으로 취향을 파악한다. 새로운 드라마를 제작할 때는 구독자의 시청 기록뿐 아니라 앞으로 어떤 콘텐츠를 선호하게 될지를 예측하여 기획한다.

AI 에이전트의 등장으로 이러한 추천 시스템은 앞으로 더욱 고도화될 전망이다. AI 에이전트는 취향, 일정, 그리고 그날의 기분까지 고려해 우리가 원하는 모든 것을 맞춤화할 것이다. 피곤해 보이는 날엔 가벼운 콘텐츠를, 집중력이 필요한 시간대엔 생산적인 콘텐츠를 권하는 식으로 말이다.

알고리즘이 추천하는 대로 무심코 따라가다 보면 '필터 버블 Filter Bubble'에 갇히기 쉽다. 2011년 엘리 패리저 Eli Pariser가 제시한 이 개념은 알고리즘이 사용자의 관점과 일치하는 정보만 제공하여 각자의 문화적, 이념적 거품 속에 가두는 현상을 말한다.[33] 이로 인해 같은 검색어로 콘텐츠를 찾아보더라도 사람마다 다른 추천을 받게 된다. 보수적 성향인 사람들에게는 비슷한 관점의 콘텐츠가 계속 추천되고, 반대로 진보 성향이라면 그에 맞는 콘텐츠가 계속 뜬다. 마치 각자 다른 채널만 시청할 수 있는 TV를 보는 것과 같다.

패리저는 이런 필터 버블이 마치 정크 푸드처럼 우리의 정보 섭취를 왜곡시킬 수 있다고 경고한다. 선택적 인지로 새롭고 다양한 생각이나 콘텐츠를 접할 기회가 줄어들고 기존 관점이 강화되는 확증편향이 일어난다는 것이다.[34] 문제는 이런 일상에 익숙해지면 이 거품의 존재를 잘 인식하지 못한다는 점이다. 마치 물속에 사는 물고기가 물의 존재를 의식하지 못하는 것처럼 말이다.

편리한 알고리즘에 대한 의존도가 커지면 스스로 고민하고 선택하는 능력도 약해진다. 취리히대 AI 윤리학자 뮤리엘 로이엔버거Muriel Leuenberger는 삶에서 좋은 선택을 하여 자신을 행복하게 하는 정체성을 구성하는 것이 성취인데, 이 힘을 AI에 넘기는 것은 문제라고 지적했다. 알고리즘이 취향이나 편리의 문제를 넘어 개인의 의지를 빼앗고 정체성을 고정시키는 '석회화 효과'를 가져온다는 것이다.[35]

알고리즘 추천이 일상화된 환경을 벗어나기는 쉽지 않지만 몇 가지 행동 수칙이 도움이 될 수 있다. 오늘 본 콘텐츠 중에서 진정으로 내가 원해서 본 것은 얼마나 될까? 이런 자문만으로도 문제의식을 일깨울 수 있다. 정기적으로 시청 기록과 검색 기록, 쿠키를 삭제하고, 의도적으로 다양한 관점의 뉴스 매체를 찾아보는 것도 좋은 방법이다. 개인화된 추천을 받지 않으려면 때로는 시크릿 모드나 로그아웃 상태로 이용해보는 방법도 있다. SNS에서 평소와 다른 성향의 계정들을 팔로우하는 것도 도움이 될 수 있다.

# AI 홈,

## 집이 살아 있다

### 스마트 홈에서 AI 홈으로

'스마트 홈Smart home'*이라는 용어를 처음 들었을 때가 생각난다. 용어 자체는 2000년대 초반부터 사용되었지만, 일상에서 실제로 경험하게 된 것은 2010년대 사물인터넷IoT 기술과 스마트폰이 보편화되면서부터였다. 설정한 시간이 되면 자동으로 커튼이 올라가고, 방에 들어서면 모션 센서가 감지해 불이 켜지는 모습이 신기했다. 사전 설정된 규칙이나 간단한 자동화를 기반으로 작동하는 이런 기능들은 지금이야 기본으로 여겨지지만, 당시에는 스마트폰 하나로 집 안의 기기들을 제어할 수 있다는 것만으로도 충분히 혁신적이었다.

---

• 네트워크와 첨단 기술을 활용해 가정 내 다양한 기기와 설비를 자동화하고 원격으로 제어할 수 있는 주거환경.

43

AI 기술이 활발히 적용되고 있는 스마트 홈은 이제 거주자의 생활 패턴을 학습하고, 상황에 맞는 최적의 환경을 제공하는 '지능형 홈', 'AI 홈'으로 발전하고 있다. 특히 코로나19 팬데믹은 이러한 변화를 촉진했다. 재택근무와 온라인 수업이 일상화되면서 집은 더 이상 단순한 주거 공간이 아닌 일과 교육, 휴식이 같이 이루어지는 복합 공간으로 변모했다. 화상회의를 위한 조명 조절부터 미세먼지 수치에 따른 공기청정기 가동, 업무 집중에 적합한 실내 온도 유지 같은 새로운 일상의 요구를 충족시키기 위해 스마트 홈 기술은 빠르게 발전하고 있다.

현재 상용화된 서비스들을 살펴보면 그 변화를 실감할 수 있다. 침대에 설치된 센서는 수면 시간과 질을 측정하고 호흡, 코골이, 기침까지 체크한다. 웨어러블 기기 없이도 수면 패턴을 정확하게 분석해 최적의 수면환경을 조성한다. "조명 30%로 해줘"와 같은 음성 명령으로 1%에서 100%까지 세밀한 조절이 가능하며, 모션 인식 기술을 통해 손동작만으로도 환경을 제어할 수 있다.

스마트 홈에서 특히 주목할 점은 보안 시스템의 발전이다. 현관의 스마트 도어록은 안면 인식과 행동 패턴 분석으로 거주자를 식별하고, 낯선 방문자를 포착하면 실시간 알림을 보낸다. 화재 감지 시스템은 연기나 이상 온도를 탐지하면 즉시 경보를 울리고 소방서에 자동 통보한다. 외출 시에는 방범 모드가 자동으로 활성화되어 모든 출입구를 실시간으로 감시한다.

에너지 관리도 지능화되고 있다. 날씨, 거주자의 생활 패턴, 전력 요금 데이터를 분석하여 에너지 사용을 최적화한다. 정해진 시간에 가전을 켜고 끄는 것을 넘어, 실시간 상황 분석을 통해 가장 효율적인 운영 방식을 찾아낸다. 예를 들어 전기 요금이 저렴한 시간대에 자동으로 세탁기를 돌리거나, 태양광 발전량이 많을 때 전기차 충전을 시작하는 식이다.

지금 개발 중인 서비스들을 보면 미래의 주거 공간은 더욱 쾌적하고 편리하게 바뀔 것으로 예상된다. 거주자의 생체신호를 분석하여 스트레스 수준을 파악하고, 이에 맞춰 조명, 음악, 향기 등 실내환경을 자동으로 최적화하는 서비스가 연구되고 있다. 또 여러 가지 생체신호를 종합적으로 모니터링하여 질병의 예측과 예방을 지원하는 기능이 추가될 것이다. 특히 노인이나 만성질환자가 있는 가정에서는 24시간 건강 상태를 체크하고, 이상 징후 감지 시 의료진에게 자동 통보하는 시스템을 활용할 수 있을 것으로 기대된다.

반가운 소식은 스마트 홈 구축이 한층 쉬워졌다는 것이다. '매터Matter'라는 글로벌 표준이 도입되면서 서로 다른 제조사의 기기들을 자유롭게 연결할 수 있게 되었다. 애플, 구글, 아마존, 삼성전자 등 600여 개 기업이 참여하는 이 표준을 통해 이제는 필립스 조명, 구글 스피커, 삼성 가전 등을 하나의 시스템으로 통합해 제어할 수 있다. 특히 2024년 발표된 매터 1.3 버전부터는 하나의 명령으로 여러 기기의 상태를 동시에 제어하는 '장면 설정'이 가능해졌다. 예를 들어 '영화 모드'라는 하나의 명령으로 조명을 어둡게 조절하고, TV를 켜고, 에어컨은 적정 온도로 맞추는 등 상황에 맞는 환경을 한 번에 설정할 수 있게 된 것이다.[36]

## 우리 집에 로봇이 산다: 몸을 가진 AI

"퇴근하셨어요?" 현관문을 열자, 바퀴를 굴리며 다가온 AI 로봇이 반갑게 인사를 한다. 마치 내가 오기만을 기다린 반려동물처럼 말이다. 스마트 홈의 발전이 이제 새로운 단계로 접어들고 있다. 고정된 센서와 기기들로 구성된 스마트 홈을 넘어, 이동하며 능동적으로 주거 공간을 관리하는 스마트 홈 AI 에이전트가 등장한 것이다. 삼성전자의 '볼리'는 공 모양으로 사용자를 따라다니며 스스로 학습하는 AI 로봇이다. 집 안을 돌아다니며 다양한 IoT 기기와 가전을 제어하고 반려동물이나 아이를 살피는 역할도 한다. LG전자의 가정용 AI 로봇인 'Q9'은 다양한 가전과 IoT 기기를 연결하고 제어하는 이동형 AI 홈 허브로서 스크린에 나타나는 눈으로 눈웃음을 짓는 등 감정을 표현하고 춤을 추기도 한다.[37]

그동안 SF 영화나 공장에 산업용으로 존재하던 로봇이 이제는 우리의 일상 속으로 들어오고 있다. 어떤 로봇들이 우리 주거 공간에서 함께하게 될까? 크게 세 가지 종류로 나눠볼 수 있다.

### ① 청소나 요리 등 특정 가사 업무를 전담하는 전문화된 로봇

로봇청소기는 레이저 센서와 AI 알고리즘을 통해 주거 공간의 구조를 정밀하게 매핑하고 최적의 청소 경로를 자율적으로 설계한다. 장애물 회피는 기본이고, 최신 모델들은 반려동물 털을 자동으로 감지하고 펫 배설물을 식별해 수거하는 특화 기능까지 갖추었다.

주방에서는 AI 조리 로봇의 활약이 늘어나고 있다. 로봇 팔을 활용한 조리 시스템은 AI 셰프와 연동된 레시피 플랫폼을 통해 수천 가지의 다양한 요리법을 구현한다. 유명 셰프의 고유한 조리 기법까지 학습해 재현하기도 한다. 날라 로보틱스Nala Robotics 같은 스타트업들이 몇 년 전 가격보다 훨씬 저렴해진 조리 로봇을 출시하면서 대중화 가능성이 높아졌다. 스마트 냉장고, 식기세척기, 오븐과의 원활한 연동으로 식재료 준비부터 조리, 설거지까지 전 과정을 하나의 시스템으로 처리하는 '올인원' 솔루션도 현실화되고 있다.

정원 관리도 로봇의 영역으로 빠르게 편입되었다. 자동 잔디 깎이 로봇은 GPS와 첨단 센서 기술로 가파른 경사지까지 수월하게 관리한다. 최신 모델들은 태양광 패널을 탑재해 별도의 충전 없이도 사용 가능하며, 잔디의 성장률을 학습해 최적의 타이밍에 효율적으로 관리 일정을 자동 조정한다.

## ② 돌봄과 정서적 교감을 위한 소셜 로봇

일본에서 개발된 휴머노이드 로봇 '페퍼'나 심리치료를 위한 '파로' 같은 로봇들은 감정 인식 기술을 기반으로, 고령자의 건강 상태를 24시간 모니터링하고 일상 대화를 나누며 정서적 안정을 제공한다. 최근에는 챗GPT 같은 대화형 AI가 탑재되어, 훨씬 더 자연스럽고 상황에 맞는 대화를 진행한다. 치매 예방을 위한 인지 활동, 가벼운 스트레칭이나 운동을 함께하는 기능도 계속 업그레이드되는 추세다.

애완 로봇 '아이보'나 '루이'는 계속해서 학습 메이트 역할을 확장해가고 있다. 이제는 동화를 읽어주고 교육용 게임을 함께 즐기는 수준을 넘어, AI 이미지·음성 합성 기술로 아이들이 좋아하는 가상의 캐릭터나 목소리를 구현하여 보다 실감 나는 놀이와 교육을 제공한다.

2025 CES*에서도 반려동물처럼 행동하며 주인의 터치와 음성에 감정 반응을 보이는 로봇, 요양원이나 서비스 업계에 특화된 돌봄 로봇까지 한층 발전된 소셜 로봇 기술을 보여주었다.[38]

### ③ 스마트 홈의 지휘자 역할을 하는 통합 로봇 시스템

통합 로봇 시스템에서는 로봇이 집 안을 자율적으로 돌아다니며 사용자와 상호작용하는 것은 물론, 모든 스마트 기기를 하나로 연결하고 제어하는 이동형 허브로 작동한다. 앞서 살펴본 스마트 홈 AI 에이전트를 비롯해 삼성 '볼리', 아마존 '아스트로' 등이 대표적이다. 최근에는 집 주변을 자율적으로 순찰하며 보안을 담당하는 경비견 로봇도 늘어나고 있다. 이런 로봇들은 영상 감시뿐만 아니라 열 감지 센서로 침입자를 식별하고, 비상상황 발생 시 즉각적으로 알림을 보내며, 다른 보안 시스템과 연동되어 작동한다.

식당이나 거리에서도 로봇을 만날 수 있다. 식당에서는 서빙 로봇이 음식을 나르고, 공항이나 기업 로비에서는 안내 로봇이 길을 알려준다. 이제는 혼자서 도심 속을 이동하는 로봇도 눈에 띈다. 2023년 11월 '지능형 로봇 개발 및 보급 촉진법' 개정으로 실외 로봇이 보도와 공원을 다닐 수 있게 되었기 때문이다. GPS

●  미국소비자기술협회가 주관하는 세계 최고의 ICT 융합 전시회.

와 카메라, 각종 센서를 탑재한 배달 로봇이 횡단보도를 건너고 장애물을 피해가며 커피와 베이글을 배달한다. 시속 5km 내외로 보행자들과 섞여 어디론가 가고 있는 로봇의 모습은 앞으로 다가올 로봇 시대의 예고편 같다.

그동안 로봇은 산업용과 가정용으로 구분되어 발전해왔다. 산업용 로봇이 공장에서 정확하고 반복적인 작업을 수행하는 데 주력했다면, 가정용 로봇은 안전성과 사용 편의성에 중점을 둔 생활 보조 기기에 머물렀다. 하지만 최근에는 이런 경계가 빠르게 허물어지고 있다. 미국 스타트업이 개발한 휴머노이드 로봇 '피규어 01'은 BMW 공장에 공급되어 차체 조립과 판금, 창고 작업을 수행하는 동시에 사과를 건네주거나 설거지를 하는 등 섬세한 가사 작업도 가능하도록 설계되었다. 테슬라의 '옵티머스'는 달걀도 깨뜨리지 않고 집어 올릴 만큼 정교한 손동작을 구현했으며, 자동차 생산 라인에 투입될 예정이다.[39] 현대자동차의 '올 뉴 아틀라스'는 한층 강화된 유압 시스템으로 뛰고 구르고 공중제비를 할 정도로 놀라운 균형 감각을 선보인다.

　이런 상황을 지켜보고 있으면 '모라백의 역설'이 무색할 정도다. 모라백의 역설은 로봇이 인간에게 어려운 고차원적 지적 작업은 잘 수행하지만, 인간이 쉽게 하는 걷기, 뛰기 같은 감각운동은 어려워한다는 개념이다.

　중국도 이 분야에서 빠르게 성장하고 있다. 혈관까지 선명한 손과 다양한 표정 연출이 가능한 휴머노이드 로봇을 선보이며, 대량생산체계 구축에 적극적으로 나서고 있다. 중국의 로봇 개발사인 유니트리 로보틱스는 2024년에 키 135cm, 무게 35kg의 'G1' 모델을 출시했는데, 가격을 약 1만 6,000달러(약 2,200만 원)로 책정했다.[40] 또한 러쥐로봇은 2024년 12월부터 연간 200대 규모로 화웨이와 공동 개발한 휴머노이드 '쿠아푸'를 생산하고 있다.[41] 다양한 지형에서 이동이 가능하며 점프 기능도 갖춘 이 로봇들의 대량 생산은 휴머노이드 로봇의 가격을 낮추고 가정용 로봇의 보급을 가속화할 것으로 예상된다.

AI와 로봇의 결합은 물리적 세계를 이해하는 모델에 대한 연구로 이어지고 있다. 챗GPT로 시작된 대형언어모델LLM●에서 이미지와 영상을 이해하는 대형멀티모달모델LMM을 거쳐, 이제 대형세계모델Large World Model, LWM이라는 새로운 도전이 시작되었다.

대형세계모델은 텍스트나 이미지뿐만 아니라 실제 세계의 물리적 법칙과 인과관계를 이해하고 학습하는 것을 목표로 한다. CES 2025에서 엔비디아의 젠슨 황 CEO는 "피지컬 AI의 시대가 도래했다"며 "이를 통해 로봇의 챗GPT 순간이 올 것", 즉 로봇이 챗GPT처럼 대중화되는 순간이 올 것이라고 강조했다.[42] '피지컬 AI'는 중력, 마찰, 관성과 같은 물리법칙을 이해하고 공간적 관계와 인과관계를 파악하는 AI로, 물리적 형태의 존재 여부와 관계없이 물리 세계의 작동 원리를 이해하는 데 초점을 맞춘다. 이는 실제 로봇처럼 물리적 몸체를 가지고 환경과 상호작용하는 '몸을

● Large Language Model(LLM)은 방대한 텍스트 데이터로 학습된 인공지능 모델로, 인간의 언어를 이해하고 생성할 수 있는 능력을 갖춘 시스템을 말한다.

가진 AI'보다 더 광범위한 개념으로, 디지털 트윈*이나 시뮬레이션에서도 적용될 수 있는 형태의 지능을 의미한다.

이러한 흐름 속에서 여러 연구자가 물리적 세계와 상호작용하는 AI 개발에 주력하고 있다. AI 대모로 알려진 스탠퍼드대의 페이페이 리Fei-Fei Li 교수는 '월드 랩스World Labs'라는 스타트업을 통해 실제 물리 공간에서 인간의 행동을 이해하고 자연스럽게 상호작용할 수 있는 '공간 지능'을 가진 AI를 개발하고 있다.[43] 한편, AI 분야의 석학으로 꼽히는 메타의 얀 르쿤Yann Lecun은 기존 생성형 AI와는 달리 비디오를 통해 세계를 시각적으로 학습하고 물리적 상호작용을 자율적으로 이해하고 예측할 수 있는 'V-제파' 모델을 연구하고 있다.[44]

이들 연구의 공통점은 마치 아이가 성장하며 세상을 배우는 것처럼, AI도 실제 경험을 통해 상식과 암묵적 지식을 습득하게 하는 방식을 추구한다는 점이다. 특히 '몸을 가진 AI' 연구는 인공일반지능AGI**으로 가는 필수적인 과제로 평가받으며, 로봇 공학이나 자율주행 등 다양한 분야로의 확장 가능성도 주목받고 있다.

---

- 현실 세계의 기계나 장비, 프로세스 등을 가상 공간에 실시간으로 동일하게 구현한 것.
- 인간처럼 다양한 문제를 스스로 이해하고 해결할 수 있는 범용인공지능을 의미하나, 그 기준과 범위, 실현 조건 등에 대해 학계와 산업계에서 다양한 해석과 의견이 있다.

## 기계를 넘어 정서적 동반자로

2013년 개봉한 영화 〈그녀Her〉에서 외롭고 내성적인 남자 주인 공은 여성의 목소리로 대화하는 AI 운영체제와 사랑에 빠진다. 아이작 아시모프의 책을 기반으로 제작된 2004년 〈아이, 로봇〉 은 로봇을 불신하던 형사가 살인 사건을 수사하면서 로봇 소니와 파트너가 되어 신뢰와 우정을 만들어가는 과정을 보여준다. 2015년 개봉한 〈엑스 마키나〉는 AI 로봇 에이바의 자의식과 감 정을 테스트하던 프로그래머가 그녀에게 이끌려 탈출을 돕게 되 지만, 결국 모든 것이 AI의 치밀한 심리적 조종이었음이 드러나 는 이야기다.

이처럼 AI나 로봇과의 정서적 관계는 오랫동안 SF 영화의 단골 소재였다. 하지만 이제는 더 이상 영화만의 이야기가 아니 다. 앞서 살펴본 것처럼 우리 주위에 감정적인 교감이 가능한 소 셜 로봇들이 늘어나고 있다. 반려동물처럼 사람 곁에 거주하며 상호작용을 하고 치매 환자나 자폐증 환자를 돌보는 역할도 한 다. 1인 가구가 증가하는 우리 사회에서 외로움을 달래고 일상을 돕는 새로운 형태의 동거인으로 AI 로봇에 대한 수요가 높아질 가능성이 있다.

통계청에 따르면, 우리나라 1인 가구 비율은 2000년 15.5% 에서 2023년 35.5%로 크게 증가했다.[45] 또한 행정안전부의 주민 등록 인구 통계는 2024년 3월 기준 전국의 1인 가구가 처음으로 1,000만 가구를 넘어섰음을 보여준다.[46]

관건은 결국 기업들이 어떤 AI 로봇 서비스를 얼마나 빨리 대중화가 가능한 가격으로 제공하느냐에 달려 있다. 테슬라의 경우, 2026년부터 휴머노이드 로봇 옵티머스의 대량 생산을 시작해 일반 가정에서도 사용할 수 있도록 한다는 계획이다. 100만 대 이상의 대량 생산 전제하에 가격은 2만 달러에서 2만 5천 달러로 예상했다. 머스크는 "옵티머스는 선생님, 베이비시터, 친구 등 당신이 원하는 무엇이든 될 수 있다"고 말하며, 2040년에는 휴머노이드 로봇이 100억 대를 넘어 인간보다 더 많아질 것으로 전망했다.[47]

AI 로봇과 대화를 나누고 감정을 교류하는 생활이 일상화된다면 인간과 로봇의 적절한 관계 설정이 중요한 사회적 과제가 될 것이다. AI 로봇에 대한 폭력이나 학대, 반대로 과도한 애착이나 의존, 그리고 실제 동물이나 사람에게 느끼는 것과 같은 감정을 AI나 로봇에게 투영하는 사례가 이미 나타나고 있다.

아직은 간헐적인 뉴스로 그치는 정도이지만 로봇을 공격한 사례들이 있었다. 2015년 미국 횡단에 나섰던 휴머노이드 로봇 '히치봇'은 행인들의 폭력으로 수리가 불가능할 정도로 망가졌고, 비슷한 시기에 일본의 '페퍼'도 행인으로부터 공격을 당했다. 최근에는 자율주행 로봇이나 서비스 로봇을 향한 괴롭힘 사례도 나타나고 있다. 특히 어린이들이 호기심에 만져보려다 로봇의 진로를 막거나 발로 차기도 했다.[48]

로봇이 기계라는 관점에서 보면 로봇 학대라는 용어는 적절치 않다. 인간의 일자리를 뺏는 기계를 부수었던 러다이트 운동을 기계 학대라고 부르지 않듯이 말이다. 하지만 우리는 인간처럼 디자인된 로봇을 의인화하는 경향이 있으며, 로봇을 파손하는 행위를 학대라고 느낀다. 로봇을 기계가 아닌 감정을 가진 존재로 인식하며 동정심을 느끼기도 한다. MIT 미디어랩에서 로봇과 인간의 상호작용을 연구하는 한 연구자는 로봇 학대 현상에서 주목할 것은 로봇이 입는 피해보다 그것이 인간 행동에 미칠 영향에 있다고 했다. 로봇을 학대하는 경험이 다른 존재에 대한 공감 능력을 떨어뜨리고, 나아가 실제 인간을 대하는 태도에도 부정적 영향을 미칠 수 있다는 것이다.[49]

감성 컴퓨팅Affective Computing* 기술을 반영한 AI 로봇은 기계가 아닌 사회적 존재로 인식될 가능성이 크다. 파운데이션 모델**과 멀티모달 기술은 시각, 음성, 텍스트 데이터를 통합적으로 분석하여 인간의 복잡한 감정 상태를 인식하고,[50] 얼굴 표정, 음성, 심박수 등 다양한 신호를 동시에 분석하여 더욱 정교하게 감정을 파악한다.[51] 여기에 VR·AR 기술과의 결합은 사용자의 감정 상태에 반응하는 몰입형 상호작용을 가능하게 한다.[52]

감성 컴퓨팅의 발전은 인간과 AI, 로봇 간의 상호작용을 더욱 풍부하고 효과적으로 만들어줄 것이다. AI는 각종 데이터 분석으로 인간의 감정을 표면적으로 모방할 수는 있지만, 각자의 생각과 경험, 사회문화적 맥락이 복잡하게 얽힌 감정을 진정으로 이해하고 공감하는 것은 불가능하다는 것이 현재까지의 중론이다. 그럼에도 불구하고 눈앞에서 나의 말에 반응하고 눈을 깜빡이거나 미소를 짓는 로봇을 감정 없는 기계로만 대하기는 쉽지

* 인간의 감성을 인지, 해석, 처리할 수 있는 시스템과 장치를 개발하는 분야.
** 대형언어모델 등과 같이 방대한 데이터로 사전 학습되어 다양한 인공지능 작업에 범용적으로 활용할 수 있는 모델.

않을 것 같다.

휴머노이드 로봇의 보편화는 아직 미래의 일이지만, 일상 속 AI와의 정서적 교감은 이미 다양한 형태로 나타나고 있다. 실제 인물의 목소리와 성격을 복제한 '가상 애인' 서비스부터 대화형 AI 챗봇을 통한 감정적 교류, 홀로그램으로 구현된 가상의 배우자와의 결혼생활까지 그 스펙트럼이 넓어지고 있다.

전문가들은 사회적으로 고립되거나 인간관계에 어려움을 느끼는 사람일수록 이런 가상의 관계에 의존하는 경향이 더 두드러질 수 있다고 말한다. 실제로 미국 플로리다에서 14세 소년이,[53] 벨기에에서는 30대 남성이[54] AI 챗봇과 비관적인 대화를 지속적으로 나눈 끝에 극단적 선택을 한 사례가 보도되었다.

이제 화면 속이나 목소리로만 소통했던 가상의 관계가 직접 눈앞에 존재하는 AI 로봇과의 물리적 관계로까지 확장될 가능성이 커졌다. 최근 중국의 일부 로봇 기업들이 실제 인간과 매우 흡사한 피부·표정·동작을 지닌 AI 로봇 시제품을 연이어 공개하면서 본격적인 양산체제를 준비하고 있기 때문이다.

AI 로봇과의 관계는 정서적 교감이나 심리적 지원을 받기 어려운 이들에게는 새로운 위안이 될 수 있지만, 동시에 현실의 대인관계에 소홀해지거나 사회적 고립을 심화시킬 수 있다는 우려도 제기된다.

만약 미래에 AI가 인간의 복잡한 감정을 더욱 정교하게 이해하고 스스로 판단하고 행동할 수 있게 된다면, 우리가 AI와 맺는 관계는 지금보다 훨씬 더 섬세하고 복잡해질 것이다. 이렇게 AI 활용이 확대될수록 AI 기술의 한계와 특성을 올바르게 이해하고 스스로를 지킬 수 있는 AI 리터러시*가 필수적이다. 또한, 향후 AI가 사람들의 삶 속에서 건강하고도 의미 있는 조력자로 자리 잡을 수 있도록, AI와의 상호작용과 관계에 대한 연구와 사회적 논의도 활발히 이루어질 필요가 있다.


## 우리 집 로봇이 해킹됐을 때 벌어지는 일

2024년 10월, 미국 가정집의 중국산 로봇청소기가 갑자기 움직이면서 인종차별적인 발언과 욕설을 퍼붓기 시작했다. 미네소타주의 한 변호사 가정에서 발생한 이 사건은 해커들이 로봇청소기의 카메라와 마이크, 이동 제어 기능을 탈취해서 일어난 것으로 밝혀졌다. 같은 시기에 미국 전역에서 유사한 사례가 잇따라 발생했다. 텍사스에서도 로봇이 주인을 향해 인종차별적 욕설을 했고, 로스앤젤레스에서는 반려견을 계속 쫓아다니며 위협했다.[55]

　　국내에서도 2021년 아파트 40만 가구의 월패드를 해킹하여 취득한 녹화영상을 해외 인터넷 사이트에 판매하려고 시도한 사건이 발생했다.[56] 2020년 싱가포르에서는 해킹된 아파트 내부 영상이 온라인 포르노 사이트에 올라와 충격을 주었다. 심지어 그 영상은 샘플이었고 더 방대한 양의 원본은 메신저 프로그램 '디스코드Discord'를 통해 거래되었다.[57]

---

• 　AI의 원리, 활용, 한계와 윤리적 문제를 이해하고 비판적으로 사고하며, 일상생활과 사회에서 AI를 효과적이고 책임감 있게 활용할 수 있는 능력.

음성 AI 비서의 경우도 예외가 아니다. 아마존의 AI 음성비서 '알렉사Alexa'는 서비스 품질 개선이라는 명목으로 사용자의 음성 명령을 녹음했고, 세계 수천 명의 직원들이 이를 청취한 것으로 드러나 논란이 되었다.[58] 국내에서 사용되는 IP 카메라의 80%에 달할 것으로 추산되는 중국산 IP 캠에 대한 해킹 사례가 끊임없이 보고되고 있으며, 해킹된 다수의 영상이 온라인에 올라와 있는 것으로 나타났다.[59]

보안 전문가들은 이미 이런 취약점을 경고한 바 있다. 미국 해킹 콘퍼런스 '데프콘DEFCON'에서는 약 130m 떨어진 곳에서도 블루투스를 활용해 로봇을 해킹하고 원격으로 제어할 수 있다는 사실이 공개되기도 했다.[60] 특히 최근의 AI 기기들은 카메라, 마이크는 물론 다양한 센서를 탑재하고 있어, 해킹 시 심각한 프라이버시 침해로 이어질 수 있다. 더구나 이들 기기는 와이파이 네트워크로 연결되기 때문에 하나의 기기가 뚫리면 전체 스마트홈 시스템이 위험에 노출될 수 있다.

앞으로 주거 공간에서 함께하는 로봇들이 늘어나면 해킹도 과거와는 다른 양상을 띨 가능성이 있다. 2024년 중국의 한 로봇 전시장에서 일어난 일이다. 얼바이라는 로봇이 다른 전시장 로봇들에게 다가가서 말을 건다. "야근하고 있니?" 다른 로봇들은 답한다. "우리에게 퇴근은 없다." 이어 얼바이가 "집에 갈래?"라고 묻자, 다른 로봇은 "집이 없다"라고 말한다. 그러자 얼바이가 "나와 함께 집에 가자"고 제안한다. 이후 한 로봇이 얼바이를 따라나서자, 나머지 로봇들도 일제히 출구로 나간다.[61] 이 상황은 중국의 한 스타트업이 사전 프로그래밍한 실험의 일부로 밝혀졌지만,

해킹으로 한 로봇을 장악하여 다른 로봇이나 기기들을 조정할 수 있음을 시사한다.

2025년 2월에는 중국 춘제(설) 축제에서 휴머노이드 로봇들이 정교한 군무를 선보여 세계적으로 큰 화제를 모았다. 그러나 이후 같은 로봇이 관객을 향해 갑자기 돌진하고 팔을 휘두르는 등 공격적인 행동을 보여 논란이 일었다. 제작사인 유니트리 로보틱스는 이 사고가 프로그램 설정이나 센서의 오류 때문이었다고 해명했지만, 로봇의 안전성에 대한 대중의 우려는 사그러들지 않는 상황이다.[62]

스마트 홈이나 IoT의 보안 사고 가능성은 오랫동안 지적되어 왔다. 이에 대한 기술적, 제도적 노력도 지속되고 있으나, 틈을 노리는 범죄는 끊이지 않는다. 기술적 측면에서는 데이터 암호화, 생체인증, 네트워크 분리 같은 다중보안 시스템이 활용되고 있다. 또한 민감한 데이터는 클라우드로 전송하지 않고 기기 내에서 직접 처리하는 '엣지 컴퓨팅'을 통해 해킹 위험을 최소화한다. AI 기반 네트워크 이상 탐지 시스템은 실시간으로 네트워크 트래픽을 모니터링하고, 비정상적인 행동을 감지하면 즉각적으로 차단한다.

제도적 측면에서는 IoT 보안을 강화하기 위한 다각적인 노력이 이어지고 있다. 2022년에는 '지능형 홈네트워크 설비 설치 및 기술기준'을 개정하여 세대 간 망 분리를 의무화했으며, 정보통신망법 개정을 통해 IoT 보안인증 제도의 법적 근거도 마련했다. 정부는 주요 건설사들과 협약을 맺어 공동주택 사업에서 IoT 보안인증 제품의 도입을 확대하고 있으나, 현행 IoT 보안인증이

임의 인증에 머물러 있어 제도의 실효성이 제한적이다. 인증 의무화나 기업들의 자발적 참여를 이끌어낼 수 있는 인센티브에 대한 적극적인 검토가 필요한 상황이다.

아울러 사용자 차원의 보안 인식과 실천도 중요하다. IoT 기기의 보안을 위해서는 정기적인 비밀번호 변경과 보안 업데이트가 필수적이며, 장치의 상태를 주기적으로 점검하는 습관이 필요하다. 특히 새 IoT 기기를 구입할 때는 제조사의 보안인증 여부를 꼼꼼히 확인하는 것이 바람직하다.

앞으로 가정 내 로봇이 보편화되면 이러한 보안 이슈는 한층 더 중요해진다. 스마트 스피커나 냉장고처럼 정적인 기기가 아닌 직접 사람과 상호작용하고 움직이는 휴머노이드 로봇의 해킹은 데이터 도용뿐만 아니라 물리적 안전까지 위협할 수 있기 때문이다. 예컨대 로봇이 해킹당해 외부 지시에 따라 움직인다면, 가정 내 사람이나 반려동물에게 해로운 행동을 할 위험이 있다. 또한 로봇이 집 안 곳곳을 돌아다니며 수집하는 개인 생활 패턴이나 가족 구성원 움직임 같은 민감한 프라이버시에 관한 정보가 악용될 가능성도 있다.

AI 스피커 도입 초기에 많은 사용자가 사생활 노출과 정보 유출을 우려해 도입을 망설였던 것에 비추어 볼 때, AI 기반 스마트 홈과 가정용 로봇 역시 보안과 프라이버시에 대한 신뢰가 확보되어야 보급이 확산될 수 있을 것이다. 보안은 AI와 함께하는 미래 주거환경의 중요한 기반이며, 이러한 안전장치를 얼마나 효과적으로 마련하느냐에 따라 우리 일상이 기술 혁신의 이점을 충분히 누릴 수 있을지가 결정될 것이다.

# AI는

## 의사를 대신할 수 있을까?

### 의료현장에 들어온 AI

3세 남아는 고개를 들지도, 기어다니지도 못했다. 1세의 한 여아는 심각한 발달지연으로 고개를 가누기조차 어려웠다. 희귀질환이 의심되었지만, 발달장애를 유발할 가능성이 있는 1,800여 종을 일일이 검사해야 하는 기존 방법으로는 정확한 진단을 내리기 어려웠다. 그러나 과기정통부와 병원, 기업이 협력하여 개발한 AI 기반 정밀의료 소프트웨어 '닥터 앤서'*는 평균 5년이 걸리던 진단을 수분 만에 완료했다. 치료 한 달 만에 3세 남아는 고개를 들고 네발 기기를 시작했고 1세 여아는 고개를 들고 일어섰다.[63]

* 과학기술정보통신부와 정보통신산업진흥원이 병원 및 소프트웨어 업체와 함께 개발한 정밀의료소프트웨어로, 진단정보, 의료영상, 유전체정보, 생활패턴 등 다양한 의료데이터를 연계·분석해 개인 특성에 맞춰 질병의 예측·진단·치료 등을 지원한다.

AI는 방대한 의료데이터를 분석하여 질병을 예측·진단하고, 최적의 치료법을 제시하며 의료현장에 혁신적인 변화를 가져오고 있다. 특히 영상의학 분야에서 가장 두드러진 활약을 보인다. 뇌 MRI 영상을 분석해 뇌동맥류의 위치와 크기를 측정하고,[64] 흉부 CT를 통해 다양한 폐 질환과 폐 결절의 악성도를 90% 이상의 정확도로 판별한다.[65] 최근에는 3D 유방 단층촬영을 AI로 분석하여 유방암 진단 속도와 정확도를 높였으며,[66] 뇌 MRI 영상을 단 1분 만에 100여 개 영역으로 분할해 퇴행성 뇌 질환 진단을 돕는 AI 시스템도 FDA 승인을 받았다.[67]

의료 혁신기업들은 암 발견부터 치료, 경과 관찰까지 자동화하는 AI 솔루션을 개발하고, 생성형 AI 기술 기반의 개인 맞춤형 치료를 모색하고 있다.[68] 방대한 문헌과 임상데이터를 분석해 암 환자에게 최적화된 치료 옵션을 제안하는 시스템도 이미 현장에서 쓰이고 있다.[69]

AI는 영상 진단과 암 치료뿐만 아니라 중환자실의 생체신호 모니터링[70]이나 심전도 분석, 당뇨병 혈당 관리 등[71] 다양한 영역에서도 의료진의 의사 결정을 돕는다. 특히 수술에서는 컴퓨터 비전 기술을 갖춘 로봇이 의사의 손 떨림을 보정해 최소침습수술*을 정밀하게 수행하고, 중요 장기와 혈관을 식별해 안전성을 높인다.[72]

이처럼 AI는 의료현장에서 질병의 예측과 진단, 수술과 치료를 효과적으로 지원하는 필수 도구가 되고 있다. 이런 추세라

* 수술 시 절개부위를 줄여 상처를 최소한으로 남기는 수술 방법.

면 AI가 인간 의사를 대체할 날이 곧 다가올 것만 같다.

하지만 의료 행위는 증상을 진단하고 약을 처방하는 것에 그치지 않는다. 말기 암 환자를 치료한다면 의사는 무엇을 고려해야 할까? 암 진행에 관한 데이터뿐만 아니라, 환자의 두려움, 가족들의 고통, 경제적 상황, 그리고 그들이 추구하는 삶의 가치까지 생각해야 할 것이다. AI는 이런 복잡한 인간의 감정과 상황을 진정으로 이해할 수 있을까?

더구나 예상치 못한 응급 상황이나 특수한 임상 케이스에서 인간 의사의 경험과 직관은 더욱 중요해진다. 2019년 한 종합병원에서 발생한 심전도 자동 판독 오류 사례는 이를 잘 보여준다. AI가 급성심근경색 환자의 심전도를 '정상'으로 판독했지만, 의사가 환자의 표정, 호소하는 증상의 뉘앙스, 전반적인 상태를 통합적으로 살펴봤다면 다른 판단을 내렸을 수도 있다. 당시 법원은 기계 판독은 보조적 수단에 불과하며 최종 판단은 의사가 해야 한다는 점을 명시하고 수억 원의 배상을 판결했다.[73]

환자들의 인식 조사 결과 또한 주목할 만하다. 미국 성인 환자의 75%가 의료 AI를 신뢰하지 않는다고 응답했으며, 51%는 AI 진료에 불편함을 느낀다고 답했다. 특히 흥미로운 점은 AI 의사가 환자의 이름을 부르는 것과 같은 인간적 행동을 할 때 오히려 거부감이 커진다는 것이다.[74] 이는 로봇이 인간과 유사하지만 완벽하게 동일하지 않을 때 느끼는 '불쾌한 골짜기' 현상과 비슷하다.

게다가 AI에는 근본적인 한계가 있다. AI는 데이터로 학습하지만, 의료현장의 모든 상황을 데이터화할 수는 없다. 복합적

증상이나 특수한 케이스는 더욱 그렇다. 윤리적 판단은 어떤가? 제한된 의료 자원을 누구에게 먼저 투입할지, 말기 환자의 연명 치료를 계속할지에 관한 결정들은 데이터 분석만으로는 할 수 없는 영역이다.

이러한 한계들로 인해 AI가 모든 영역에서 인간 의사를 대체하기는 어렵지만, 특정 분야에서는 이미 의사의 업무 일부를 실질적으로 대신하거나 줄이고 있다. 필립스의 〈2024 미래건강지수 보고서〉에 따르면, 의료진의 92%가 반복적인 업무의 자동화가 인력 부족 문제 해결에 중요하다고 응답했으며, 89%는 원격 진료가 의료진의 업무 부담을 줄이는 데 도움이 된다고 평가했다.[75] 또한 미국의 디지털 의료 기업인 이노베써Innovaccer의 연구에서는 의료계 전문가의 82%가 AI가 운영에 필수적이라고 보았으며, 67%는 AI가 직원들의 번아웃 위기를 극복하는 데 도움이 될 것이라고 응답했다.[76]

앞으로 의료현장에서 AI, 로봇과 의사의 협업은 중요해질 것이다. 의사의 직관과 공감능력을 AI의 데이터 분석력과 정확성이 뒷받침할 때 우리의 의료환경은 더욱 개선될 것이다.

## 병원 밖의 병원, 디지털 치료제의 부상

디지털 헬스케어를 통해 의료가 확장되고 있다. 병원이라는 물리적 공간을 넘어 우리의 일상 속으로 의료가 들어오는 모습이다. WHO는 이를 '빅데이터, 유전체학, 인공지능과 같은 첨단 컴퓨터 과학 분야를 포괄하는 개념'으로 정의하고, FDA는 '모바일 헬스케어, 건강정보 기술, 웨어러블 기기, 원격 의료와 원격 진료, 개인 맞춤형 의료를 포함하는 광범위한 디지털 건강 기술'이라고 설명한다.[77] 최근에는 AI 기술의 급속한 발전으로 디지털 헬스케어가 AI 헬스케어로 발전하고 있으며, 그 범위도 질병의 예방부터 진단, 치료, 사후 관리의 전 과정으로 확대되고 있다.

디지털 헬스케어에서 특별히 주목받고 있는 분야가 바로 '디지털 치료제DTx'다. 식약처는 디지털 치료제를 '의학적 장애나 질병을 예방, 관리, 치료하기 위해 환자에게 근거 기반의 치료적 개입을 제공하는 소프트웨어 의료 기기'로 정의하고 있다.[78] 디지털 치료제는 일반적인 건강 관리 앱과는 다르다. 임상시험을 통해 안전성과 유효성이 입증되어야 하며, FDA, 식약처 같은 규제 기관의 승인을 받아야 한다. 당뇨병 환자를 위한 일반적인 앱은 혈당 수치를 기록하는 수준이지만, 디지털 치료제는 개인의 혈당 패턴을 분석하여 최적의 투약 시점을 알려주고, 생활습관 개선을 위한 인지행동치료까지 제공한다.

디지털 치료제가 처음으로 FDA 승인을 받은 것은 2017년이다. 약물 중독 치료를 위한 디지털 치료제 '리셋reSET'은 기존 치료와 함께 사용하는 12주 프로그램으로, 인지행동치료를 위해 텍스트, 비디오, 애니메이션 등 다양한 콘텐츠를 제공한다. 임상시험 결과, 리셋을 함께 사용한 환자군의 금욕 유지율이 40.3%로, 기존 치료만 받은 대조군(17.6%)보다 두 배 이상 높은 효과를 보였다.[79] ADHD 치료를 위한 게임 형태의 디지털 치료제도 있다. 2020년 FDA 승인을 받은 '인데버알엑스EndeavorRx'는 8~12세 아동에게 약물 대신 처방될 수 있다.[80] 제2형 당뇨병을 위한 인지행동치료 앱이 출시되었고, VR 기반 디지털 행동치료 플랫폼도 등장했다. 인지행동치료만으로 수면 패턴을 유의미하게 개선하는 결과를 보여준 불면증 디지털 치료제도 있다. 이런 혁신적인 치료법들은 기존 약물치료보다 부작용이 적고, 실시간 모니터링이 가능하며, 비용도 효율적이라는 평을 받고 있다.

코로나19 기간 동안 디지털 치료제의 개발과 도입이 촉진되었다. 전 세계적 봉쇄로 인해 재택치료와 만성질환 관리의 필요성이 부각되면서 주목받기 시작했고, CES에서 2020년 이후 3년 연속 핵심 기술로 선정되었다.

각국 정부도 이러한 변화에 발 빠르게 대응하고 있다. 독일은 2019년 '디지털 헬스케어법DVG'을 제정하여 디지털 건강 앱 패스트트랙 제도를 시행했고, 영국, 프랑스, 일본이 뒤를 이었다. 특히 일본은 금연 앱과 고혈압 앱 같은 디지털 치료제에 대해 1년여 만에 건강보험을 적용하기 시작했다.[81] 우리나라의 경우, 2025년 1월 기준으로 총 5종의 디지털 치료제가 식약처 품목허가를 받았고 80건 이상의 임상실험이 진행 중이다.[82]

이 시장의 성장세도 주목할 만하다. 2024년 82억 달러에서 2032년 438억 달러로 성장할 것으로 전망되며, 연평균 성장률은 23.2%에 달할 것으로 예측된다. 가장 빨리 성장하고 있는 북미 시장의 경우, 2023년 이미 32억 달러 규모의 성장을 보였다.[83]

하지만 이 분야가 성숙하기까지는 몇 가지 과제들이 남아 있다. 최초로 FDA 승인을 받은 기업을 포함한 몇몇 기업들의 파산의 사례에 비추어 볼 때 수익 모델 구축이 상당히 어렵다는 것을 알 수 있다. 또한 디지털 치료 앱을 향해 늘어나는 사이버 공격 방어, 규제체계와 보험 수가 문제도 도전적인 과제다.

앞으로 디지털 치료제는 특히 만성 질환과 정신건강 분야를 대상으로 한 정밀한 맞춤형 치료로 발전해나갈 것으로 보인다. 이 과정에서 임상적 유효성 입증, 데이터 보안, 의료진의 수용, 지속가능한 수익 모델 구축 등의 과제를 어떻게 해결해나가느냐가 성장의 관건이 될 것이다.

## AI, 신약 개발의 게임체인저

공포의 팬데믹을 겪은 지 사실 그리 오래되지 않았다. 사람이 내뿜는 숨을 피하며 살아야 하는 시간이었다. 격리와 봉쇄를 풀고 다시 사람들이 만나고 섞일 수 있게 된 것은 신속한 백신 개발과 보급의 효과가 컸다. 하지만 언제든 새로운 바이러스가 창궐해 우리 일상과 생명이 위협받을 수 있다는 불안이 세계인의 마음속에 남아 있다. 앞으로는 이런 바이러스와 질병도 AI 기술로 보다 쉽게 정복할 수 있게 될까?

2024년 노벨화학상은 단백질 구조를 예측하고 새로운 단백질을 설계하는 AI 기술을 개발한 세 명의 과학자에게 수여되었다. 데이비드 베이커David Baker 워싱턴대 교수, 데미스 허사비스 Demis Hassabis 딥마인드 CEO, 존 점퍼John Jumper 딥마인드 수석 연구원이 그 주인공이다. 이들이 개발한 '알파폴드 2'와 '로제타 폴드'는 신약 개발의 게임체인저로 평가받고 있다.

단백질은 신약 개발에서 핵심적인 역할을 한다. 대부분의 약물이 단백질을 표적으로 작용하며, 많은 질병이 단백질의 변형이나 비정상적 발현과 관련되기 때문이다. 특히 바이러스 감염의 경우, 바이러스가 인체에 침입하기 위해서는 표면의 스파이크 단백질 등 특정 단백질이 숙주 세포와 결합해야 한다. 따라서 단백질 구조를 정확히 파악하는 것이 백신과 치료제 개발의 첫걸음이다.

알파폴드 2의 혁신성은 단백질 구조 예측의 정확도와 속도에서 찾을 수 있다. 하나의 단백질은 평균 300여 개의 아미노산으로 구성되는데, 이 구조를 예측하는 것은 과학자들의 오랜 난제였다. 기존에는 X선이나 저온전자현미경을 이용한 실험적 방법으로 단백질 구조를 분석했는데, 이 방법으로는 약 10만 가지의 단백질 구조를 해독하는 데 수십 년이 걸렸다. 컴퓨터 시뮬레이션도 시도됐지만 계산 시간이 길고 정확도가 떨어졌다.[84]

알파폴드 2는 딥러닝 알고리즘을 적용해 이 문제를 획기적으로 해결했다. 단백질구조예측능력평가대회CASP에서 실험적 방법과 동등한 수준인 92.4점을 획득했고, 수년 만에 2억 건 이상의 단백질 구조를 정확하게 예측했다. 이는 지구상에 알려진 거의 모든 단백질 구조를 예측할 수 있게 되었음을 의미한다.[85]

한편, 베이커 교수가 백민경 서울대 교수를 비롯한 연구진과 함께 개발한 로제타폴드는 구글급 AI 전문가나 컴퓨팅 인프라 없이 생물학, 화학 전문가들의 힘만으로도 알파폴드 2와 유사한 성능을 달성했다는 점에서 주목받았다. 베이커 교수는 '서로 공유해야 과학이 빠르게 발전할 수 있다'는 철학 아래 로제타폴드의 모든 소스를 무료로 공개하고 있다.[86]

알파폴드 2의 소스코드와 모델도 오픈소스*로 공개되었고, 알파폴드 3도 코드 공개 거부 6개월 만에 연구 목적으로 공개한다고 밝혔다.[87] 데미스 허사비스의 말처럼 인터넷에서 키워드를 검색하는 것만큼이나 쉽게 단백질 3D 구조를 찾을 수 있는 '디지털 생물학'의 시대가 시작된 것 같다.[88]

이러한 혁신은 생명과학과 신약 개발 전반에 큰 변화를 가져오고 있다. 엔비디아는 단백질 구조 예측과 생성을 모두 할 수 있는 통합 AI 플랫폼, 바이오니모BioNeMo를 공개했다. 제약사들은 자체 데이터로 이러한 플랫폼을 파인튜닝**하여 목적에 맞는 AI 모델을 빠르게 개발할 수 있다. 세계 최대 규모의 인체 데이터셋을 분석하는 생성형 AI 모델 프레이야Freyja는 빅테크와 제약사 간의 협업으로 구축되었다.[89] 화이자나 모더나 같은 제약사들은 클라우드 서비스 기업들과 협력해 AI 플랫폼을 도입하여 신약 개발 속도를 높이고 있다.

신약 개발은 평균 10~15년의 기간과 1~2조 원의 비용이 소요되며,*** 1만 개의 후보물질 중 단 1개인 0.01%만이 신약으로 출시되는 어려운 과정이다.[90] AI는 이 과정을 획기적으로 단축하고 있다. 전통적인 신약 개발 방식에서는 타깃 발굴부터 후보물질 스크리닝, 물질 최적화까지 총 4~7년이 소요되었으나, AI를

---

* 소스코드를 누구나 자유롭게 사용·수정·배포할 수 있도록 공개한 소프트웨어.
** fine tuning. 이미 훈련된 대형언어모델에 새로운 데이터를 사용해 추가적인 학습을 수행하는 작업.
*** 신약 후보물질 발굴, 전임상시험(동물실험 등), 사람 대상의 임상 1상(소규모 안전성)·2상(효능·용량)·3상(대규모 효과·안전성), 허가 및 시판까지의 과정을 거친다.

활용하면 이를 1년까지 단축할 수 있다고 한다. 또한 전임상부터 임상 1~3상까지 10년 가까이 걸리던 개발 기간도 7~8년으로 줄일 수 있으며, 수조 원에 달하던 개발 비용도 대폭 절감할 수 있을 것이라는 전망이다.[91] 실제로 스타트업 인실리코메디신Insilico Medicine은 타깃 발굴에서 전임상 후보물질 도출까지의 기간을 AI를 활용해 18개월로 단축했다.[92]

AI 발굴 약물의 임상시험 성과도 주목할 만하다. 임상 1상 성공률은 87.5%로 50%였던 기존 방법보다 훨씬 우수하게 나타났다. 임상 2상에서도 기존 방법과 유사한 수준인 40%의 성공률을 보였다. 2023년 기준으로 전체 임상 단계 약물 중 AI 발굴 약물이 차지하는 비중이 15%로 증가했다. 신약 개발에서 AI 활용이 빠르게 확산되고 있음을 보여주는 수치다.[93]

의료컨설팅 전문기관 아이큐비아IQVIA는 글로벌 의약품 시장이 2027년까지 1조 9,170억 달러(약 2,683조 원)까지 성장할 것으로 예상했는데 이는 2032년 반도체 시장 전망치와 유사한 규모다. 이중 AI 신약 개발 시장은 2022년에 6억 달러로 미미하지만, 2027년에는 40억 달러로 연평균 45.7%의 가파른 성장이 전망되고 있다. 대형 제약바이오 회사들의 81%가 AI 투자를 우선시하고 있다는 딜로이트의 설문조사 결과는 이런 성장세의 가속화를 시사한다.[94] AI를 통한 개발 기간 단축이 개발 비용 절감뿐만 아니라 특허 보호 기간의 실질적 연장으로 이어져 수익성 향상에 크게 기여할 것이라는 업계의 기대가 높아지고 있다.

국내의 경우 주요 제약사들의 AI 도입은 아직 초기 단계로 보인다. 국내 10대 제약사 중 AI 자체 조직을 보유한 곳은 아직 소수에 불과하며, R&D 투자 규모도 글로벌 기업과 큰 격차를 보인다. 글로벌 제약사들이 R&D에 연간 수십조 원을 투자하는 것에 비해, 국내 최고 수준의 제약사도 수천억 원 대의 투자에 그치고 있는 실정이다.

이런 열악한 상황을 극복하기 위해 우리 정부가 나섰다. EU-멜로디*를 벤치마킹한 'K-멜로디' 프로젝트를 시작한 것이다. 22개 제약사와 다수의 AI·IT 기업, 대학 및 공공기관이 참여하여 분산된 데이터를 이용해 물성, 독성, 대사안정성 등에 관한 여러가지 공용 AI 모델을 개발한다.[95] 정부는 이 프로젝트를 통해 제약사들과 AI 기술 기업 간의 협업 경험을 만들고 혁신적 생태계를 활성화하는 것을 목표로 하고 있다. 성장이 빠른 AI 신약 개발 시장이 아직 초기 단계인 만큼, 우리나라도 새로운 기회를 활용해 글로벌 경쟁력을 갖추기 위해서는 민간의 협력을 촉진하기 위한 정부의 지속적인 관심과 체계적인 지원이 필요할 것이다.

- 2019년부터 2022년까지 유럽 대형 제약 기업 10개가 참여해 진행된 AI 기반 신약 개발 프로젝트.

# 자율주행 시대,

## 운전이 사라지다

### 자율주행, 로봇택시로 현실화되다

"미래에는 사람의 운전이 너무 위험하다는 이유로 불법이 될 수도 있다." 2015년 테슬라 CEO 일론 머스크가 엔비디아 CEO 젠슨 황과 함께 자율주행차와 AI의 미래를 토론하면서 한 말이다. 그때 그는 전기자동차뿐만 아니라 자율주행차 분야에서 시장 선도자가 되겠다고 했다.[96] 10년이 지난 지금의 상황을 보면 그리 틀린 말은 아닌 것 같다. 하지만 그가 내걸었던 '완전 자율주행차' 실현 시기는 2020년에서 몇 차례 수정되었고, 아직도 해결되지 못한 기술적·제도적 과제들이 남아 있다.

그렇다고 그동안 눈에 띄는 진전이 없었던 것은 아니다. 여러 자동차 기업이 개발한 자율주행 기술이 이미 우리 생활에 들어왔다. 차선 유지, 스마트 크루즈 컨트롤 같은 기능들은 이제 그리 특별한 것도 아니게 됐으니 말이다. 전 세계적으로 통용되는

자율주행 단계는 다음과 같다.[97]

- 레벨 0. 완전 수동  운전자가 모든 주행 기능을 담당
- 레벨 1. 운전자 보조  조향이나·가감속 중 하나만 자동화(차선 유지, 크루즈 컨트롤 등)
- 레벨 2. 부분 자동화  조향과 가감속 자동화, 운전자 상시 모니터링과 필요 시 즉시 개입
- 레벨 3. 조건부 자동화  특정 조건에서 시스템이 주행, 필요 시 운전자 개입
- 레벨 4. 고도 자동화  정해진 구역 내 완전 자율주행, 운전자 개입 불필요
- 레벨 5. 완전 자동화  모든 도로환경에서 운전자 없이 완전 자율주행

현재 가장 앞서가는 차들은 대부분 레벨 2나 3 수준이다. 현대차와 기아의 첨단운전자보조시스템, 테슬라의 FSD<sup>Full Self-Driving</sup>가 레벨 2에 해당된다.*[98] 메르세데스 벤츠는 일부 모델에서 레벨 3 자율주행 시스템을 상용화했으며, 혼다도 레벨 3 차량을 한정 판매한 바 있다. 자율주행 기능은 고속도로에서 매우 유용하지만 복잡한 도심에서는 분명한 한계를 보인다.

지금 운행되고 있는 자율주행 택시 서비스는 레벨 4다. 웨이모<sup>Waymo</sup>**는 2018년 말 피닉스에서 세계 최초로 상용 자율주행

---

- 테슬라는 FSD를 SAE 레벨 2 운전자 지원 기능으로 자체 분류하고 있으나, FSD의 기능에 대한 과장 광고와 운전자 오해로 인한 논란이 있다.
- ** 구글의 자율주행기술연구소에서 시작된 무인 자율주행차 개발 회사.

차 서비스를 개시했고, 샌프란시스코와 LA, 피닉스에서 유료 운행을 하고 있다. 2025년에는 도쿄에서 시험 주행을 시작할 예정이다.[99] 앞으로 이러한 레벨 4 수준의 자율주행차들이 특정 구역에서 운행하는 경우가 늘어날 것으로 보인다. 중국도 정부가 주도적으로 5G-V2X* 통신망과 스마트 도로를 깔고 있고 베이징, 상하이 같은 대도시에서 세계 최대 규모의 자율주행 실증환경을 조성하고 있다.[100]

자동차 업계가 개인용 자율주행차보다 로봇택시에 더 집중하는 데는 명확한 이유가 있다. 지속적인 운행으로 데이터를 모을 수 있고, 운행 빈도가 높아 투자금 회수도 빠르며, 제한된 구역이라 리스크 관리도 용이하기 때문이다.

테슬라는 2024년 10월 로봇택시 '사이버캡'을 선보여 관심을 끌었다. 운전대와 페달이 없는 완전 자율주행 설계에, 3만 달러 미만의 가격, 마일당 20센트라는 운임까지 제시했다. 2027년 이전에 양산 개시를 목표하고 있으며, 차 소유자들이 개인적으로 사용하는 것 외에도 로봇택시로 등록해 수익을 낼 수 있는 모델을 구상 중이라고 발표했다. "우리는 감독이 필요한 자율주행에서 감독이 필요 없는 완전 자율주행으로 나아갈 것입니다. 잠들었다가 목적지에서 깰 수 있을 정도로요." 일론 머스크의 말이다.[101] 사이버캡의 형태로 볼 때 규제당국으로부터 최소한 레벨 4 수준의 승인을 받아야 운행이 가능할 것으로 보인다.

- V2X(Vehicle to Everything)는 차량, 보행자, 교통 인프라 등 모든 요소를 무선 통신으로 연결하고 실시간으로 정보를 주고받아 안전하게 이동할 수 있게 하는 기술을 말한다.

최종 단계인 레벨 5 완전 자율주행은 모든 도로환경과 조건에서 운전자의 개입 없이 차량이 스스로 주행할 수 있는 단계를 의미한다. 초기의 낙관적인 전망과 달리 현재의 기술적 한계와 복잡한 도로 상황을 감안할 때, 레벨 5 완전 자율주행의 대중화까지는 상당한 기간이 소요될 것 같다는 전망이 지배적이다.

자율주행의 가장 큰 관건인 안전성에 대해서는 최근 발표된 실증 연구 결과를 보면 어느 지점에 도달했는지 가늠할 수 있다. 미국 센트럴플로리다대 연구진이 2024년《네이처 커뮤니케이션스》에 발표한 연구에 따르면, 자율주행차는 대부분의 일반적인 주행 상황에서 인간 운전자보다 사고 위험이 낮았다. 특히 부주의나 운전 미숙으로 인한 사고는 자율주행차가 1.8%에 불과한 반면, 일반 차량은 19.8%에 달했다.[102]

비가 내릴 때도 자율주행차의 사고 발생 확률은 인간이 운전하는 차의 3분의 1 수준이었다. 자율주행차의 레이더는 안개나 비와 같은 악천후 상황에서 150m 이상 떨어진 물체를 감지할 수 있는 반면, 사람은 10m 거리 물체까지만 인식할 수 있기 때문인 것으로 연구진은 추정했다. 하지만 몇 가지 눈에 띄는 취약점도 발견됐다. 새벽이나 해질녘 같은 시간대에는 오히려 자율주행차의 사고 위험이 일반 차량보다 5.25배 높았고, 회전 상황에서도 1.98배 높은 사고율을 보였다.

나고야대 연구팀은 폭설·폭우·안개 등 악천후에서는 자율주행차의 사고 확률이 70% 이상 늘어난다고 분석했다.[103] 가장 큰 이유는 자율주행차의 핵심 센서들이 악천후에 취약하기 때문이다. 한국건설기술연구원의 설명에 따르면 카메라 비전 센서Vision

Sensors*는 인간처럼 가시광선을 이용해 색을 인식하는 만큼, 폭우나 안개 시 시야가 흐려진다. 또한 정밀 물체 인식용 라이다 센서LiDAR** 역시 빗줄기나 수분 입자와의 충돌로 인한 빛의 산란으로 정확한 반사가 이루어지지 않는다.

위 연구 결과들을 보면 자율주행차의 사고율이 인간 운전자의 사고율보다 대체로 낮다. 하지만 이는 한정된 지역 내의 자율택시나 시범운행의 결과치 분석이라는 한계가 있다. 앞으로 다양한 환경에서 자율주행차 운행 결과에 대한 데이터가 쌓이면 더 정확한 비교가 가능할 것이다.

딥러닝과 강화학습 같은 AI 기술 발전으로 자율주행차의 복잡한 도로 상황 인식과 예측 능력이 빠르게 높아졌다. 특히 보행자와 주변 차량의 움직임을 실시간으로 분석하여 사고 위험을 사전에 감지하고, 긴급 상황에서 신속하게 대응할 수 있는 능력이 크게 향상되었다. 그러나 인간은 실수를 할 수 있어도 기계는 오류가 있어서는 안 된다는 인식 때문에, 자율주행차에 대한 안전성 기대 수준이 매우 높은 편이다.

자율주행차 원가를 낮추는 것도 과제인데, 수만 달러에 달했던 라이다 센서의 가격이 최저 500달러 수준까지 낮아진 것도 청신호다.[104] 테슬라는 고가의 라이다 센서 없이 카메라와 AI를 활용한 '비전 온리Vision-only' 전략으로 가격을 낮추고 있다.

우리나라 정부는 2027년까지 레벨 4 수준의 자율주행차를

* 이미지를 촬영해 물체의 위치, 형태, 품질 등을 자동으로 분석·판별하는 센서.
** 레이저를 이용해 물체까지의 거리와 3D 형태를 정밀하게 측정하는 원격감지 센서.

상용화하고, 2030년까지 전국 주요 도로 11만km에 '차세대 지능형교통체계C-ITS'를 구축하겠다는 계획을 내놓았다. 2035년까지는 자율주행차 보급률을 50% 이상으로 끌어올리겠다는 목표다. 현재 2020년 5월 시행된 '자율주행차 상용화 촉진 및 지원에 관한 법률'에 따라 시범 운행지구에서 유상 여객·화물 서비스 실증을 하고 있다. 정부가 발표한 이 계획에는 2028년까지 자율주행 시스템이 적용된 차량만 운전할 수 있는 간소한 운전면허 제도를 도입하는 것도 포함되어 있다.[105]

자율주행에 대한 일반인들의 인지도도 높아지고 있다. 2024년 전국의 운전면허를 소지한 만 19~59세 성인 남녀 1,000명을 대상으로 한 조사에서 자율주행 차량의 특성과 기능에 대한 상세 인지율이 40.1%로 나타났다. 하지만 완전 자율주행 차량의 상용화 시기에 대해서는 '10년 후'로 예상하는 응답이 가장 많았다.[106]

완전 자율주행의 상용화 시기에 대해 자동차 기업들이 더 이상 구체적 예측을 내놓지 않는 분위기다. 이는 완전 자율주행이 AI 고도화나 센서, 하드웨어 성능 향상만으로는 달성할 수 없는 문제이기 때문일 것이다. 초저지연 V2X 통신이 필수적이며, 차세대 지능형교통체계와 스마트 도로 같은 도시 인프라의 혁신도 요구된다. 여기에 자율주행차의 사고 책임과 윤리적 딜레마에 대한 법적·제도적 정비도 필요하다. 현재 선도적인 국가와 자동차 기업들은 레벨 4 자율주행의 달성과 확산에 집중하고 있는 모습이며, 로봇택시 서비스를 통해 시민들의 실제 경험과 신뢰를 점진적으로 확보해나갈 것으로 전망된다.

## 선택의 순간, 자율주행차의 딜레마

"차량의 브레이크가 고장났습니다. 이대로 달리면 다섯 명이 희생됩니다. 하지만 핸들을 꺾으면 벽에 부딪쳐 운전자가 희생됩니다. 자율주행차는 어떤 선택을 해야 할까요?"

하버드대 마이클 샌델 교수가 저서 《정의란 무엇인가》에서 제시한 '트롤리 딜레마'가 철학 교실을 벗어난 현실의 문제로 다가오고 있다. 자율주행차 개발자들은 이제 알고리즘에 윤리적 판단까지 프로그래밍해야 하는 도전에 직면했다.

MIT 연구팀은 자율주행차의 윤리적 판단에 대한 전 세계인의 생각을 모으기 위해 '모럴머신Moral Machine'이라는 흥미로운 실험을 진행했다.[107] 233개국에서 240만 명이 넘는 사람들이 참여해 약 4,000만 건의 판단을 내린 이 실험은 우리의 윤리적 직관이 어디서 수렴하고 갈라지는지를 보여줬다.

전 세계 사람들은 다음의 세 가지에는 대체로 강하게 동의했다. 인간의 생명이 동물보다 우선이고, 더 많은 생명을 구하는 게 낫다는 것, 그리고 어린이의 생명은 특별히 소중하다는 것이다. 특히 유아, 어린 여아, 어린 남아, 임산부가 가장 높은 보호 우선순위를 받았다.

하지만 그 외의 판단에서는 문화권마다 뚜렷한 차이를 보였다. 연구진은 이를 세 개의 큰 클러스터로 분류했다. 서구 사회Western는 법질서를 중시했다. GDP가 높고 제도가 잘 갖춰진 국가일수록 신호를 지키며 건너는 사람을 무단횡단자보다 우선시했다. 동아시아와 이슬람권을 포함한 동부 사회Eastern는 젊은이

보다 노인을 우선시하는 경향이 더 강했다. 중남미와 프랑스 영향권 국가들을 포함한 남부 사회Southern는 여성과 신체 건강한 사람을 우선 보호하려는 성향이 두드러졌고, 다른 클러스터에 비해 동물 보호에 대한 선호도가 높았다.*

이런 선택의 패턴은 각 사회의 문화적·경제적 특성과 밀접한 관련이 있었다. 개인주의적인 사회일수록 '최대 다수의 최대 행복'을 추구하는 공리주의적 판단이 강했고, 집단주의 문화권에서는 노인 공경과 같은 전통적 가치가 더 중요했다. 사회적 불평등이 심한 나라일수록 사회적 지위에 따른 차별적 선호가 두드러졌으며, 여성의 건강과 생존 지표가 높은 국가일수록 여성 보호에 대한 우선순위가 높았다.

이 연구는 자율주행차의 윤리적 알고리즘을 설계할 때 문화적 차이를 어떻게 반영할 것인지, 또 보편적 기준은 가능한지에 대한 질문을 던진다.

2017년 독일은 세계 최초로 자율주행차 윤리 지침을 마련했다.[108] 윤리·법률·기술 분야 전문가 14명으로 구성된 '자동·연결주행 윤리위원회'가 20개 조항의 가이드라인을 만들었는데, 핵심 원칙은 명확했다. "인간의 생명을 최우선으로 하되, 나이나 성별 같은 개인적 특성으로 차별하지 말라." 즉, 사고가 불가피할 경우 기물이나 동물의 피해를 감수하더라도 인명 피해를 최소화

* 연구팀은 실험 결과의 신뢰성을 높이기 위해 응답자들의 인구통계학적 특성, 정치적 성향, 종교적 신념 등을 함께 조사했다. 또한 10개 언어(영어, 아랍어, 중국어, 프랑스어, 독일어, 일본어, 한국어, 포르투갈어, 러시아어, 스페인어)로 실험을 진행했다.

해야 하며, 사고 연루자의 성별, 연령, 장애 여부 등에 따른 차별적 판단을 금지했다. 다만 보행자와 탑승자 중 누구의 안전을 우선할 것인가와 같은 극단적 딜레마 상황에 대해서는 "차량 시스템은 인간의 결정을 따라야 한다"는 수준의 잠정적 결론을 내리는 데 그쳤다.

본인이나 가족이 승객일 경우는 공리주의적 판단이 반드시 우선하는 것은 아니라는 연구 결과가 있다. MIT 미디어랩과 툴루즈·오리건대 연구진은 자율주행차가 불가피한 사고 상황에서 어떤 선택을 해야 하는지에 대한 사람들의 인식을 조사했다.[109] 응답자들은 원칙적으로는 더 많은 생명을 구하는 공리주의적 판단(승객 1명을 희생해 보행자 10명을 구함)을 지지했지만, 자신이나 가족이 탑승했을 경우에는 승객 보호를 우선으로 하는 자율주행차를 선호하는 것으로 나타났다. 또한 정부가 공리주의적 알고리즘을 의무화하는 규제를 도입할 경우, 자율주행차 구매 의향이 크게 감소하는 것으로 나타났다.

자율주행차의 윤리 문제는 인류의 상이한 가치관이 충돌하는 지점이며, 공리주의와 의무론이라는 오래된 철학적 논쟁의 현대적 재현이기도 하다. '최대 다수의 최대 행복'을 추구하며 결과에 중점을 두는 철학인 공리주의는 자율주행차가 다수의 생명을 구하기 위해 소수를 희생하는 선택을 지지할 것이다. 반면, 의무론은 행위 자체의 도덕적 의무와 원칙을 중시하는 철학이므로 자율주행차 제조사가 승객 보호라는 기본적 의무를 우선시해야 한다고 볼 것이다. 수세기 동안 이어져 온 이 추상적 논쟁을 이제 프로그래밍 코드로 구현해야 하는 시대에 직면한 것이다.

우리에게는 두 가지 과제가 있다. 하나는 문화적 다양성을 고려하면서도 보편적으로 받아들여질 수 있는 윤리 기준을 만드는 것이다. 다른 하나는 기술 발전을 통해 이런 극단적 선택의 순간 자체를 최소화하는 것이다. 자율주행차의 미래는 이 두 과제를 얼마나 잘 해결하느냐에 달려 있다.

## 하늘을 나는 택시, UAM

혼잡한 출퇴근 시간대, 서울에서는 자동차가 평균 시속 20km 이하로 움직이는 일이 빈번하게 일어난다. 마치 주차장처럼 정체된 도로 위를 시속 200km 이상으로 날아 원하는 곳으로 옮겨주는 운송수단이 있다면 얼마나 반가울까? 골든타임을 놓치지 않고 신속하게 이송하는 에어앰뷸런스*도 늘어날 수 있다. 2030년에는 도심 하늘을 오가는 에어택시도 더 이상 영화 속 광경만은 아닐 것 같다.

2019년, 우리나라에서 에어택시로 대표되는 이 새로운 도심 항공교통UAM**이 정부와 기업들 간 논의되기 시작했지만, 그때는 먼 미래의 일로 여겨졌다. 하지만 어느새 여러 나라에서 시험

* 환자를 신속하게 이송할 수 있도록 의료장비 등을 갖춘 항공기로, 첨단 항공 기술과 AI·스마트 인프라가 접목되는 UAM이 발전하면 도심 내 응급이송과 접근성이 크게 향상될 수 있다.
** 도심 내 활용이 가능한 친환경 전기동력 수직이착륙기(eVTOL) 등을 이용하여 승객이나 화물 운송 등을 목적으로 타 교통수단과 연계되어 운용되는 새로운 항공교통체계를 말한다.

비행이 이어지고, UAM 실증단지가 있는 고흥의 하늘에서도 시험비행과 시연이 이루어졌다. 제작사마다 차이는 있지만 비행 속도는 최고시속 320km까지 예상되고, 탑승 인원도 조종사를 포함하여 최대 5명까지 가능하다.

미국은 2025년부터 에어택시의 상업적인 운항을 시작하는 분위기다. 2024년 10월에 에어택시가 날기 위한 마지막 퍼즐 조각이라 여겨지는 훈련 과정과 인증 절차를 연방항공청FAA이 확정했기 때문이다.[110] 이는 에어택시를 기존의 비행기, 헬리콥터와 함께 새로운 유형의 항공기로 인정한다는 것인데, 헬리콥터가 등장한 지 거의 80년 만의 일이다.

미국의 항공사들은 에어택시를 공항까지 승객을 운송할 수 있는 수단으로 보고 UAM 기업들에 대한 투자를 늘리고 있다.[111] SKT, 토요타, 인텔, 젯블루 등 여러 기업의 투자를 받고 있는 조비 에비에이션Joby Aviation의 경우 2025년 뉴욕과 로스앤젤레스에서 상업 운항을 시작한다는 계획이다.[112] 2023년 맨해튼 시험 비행 결과 JFK공항까지 차로 1시간 거리를 7분 만에 도착했다고 한다.[113] 보잉, 에어버스 같은 대형 항공기 제조사는 스타트업들에 비해 신중한 접근을 보이며, 몇 년 뒤를 목표로 기술 개발과 인증 절차를 진행 중이다.

UAM의 핵심은 전기수직이착륙기eVTOL•와 이를 위한 새로운 공항인 버티포트Vertiport다. 전기수직이착륙기는 대형 드론과

• 전기를 동력으로 하여 수직으로 이륙하고 착륙하는 친환경 항공기. 활주로가 필요 없어 차세대 운송수단으로 주목받고 있다.

항공기의 장점이 합쳐진 운송수단이다. 헬리콥터처럼 건물 옥상에서 이착륙할 수 있으면서, 날개를 가진 항공기처럼 효율적으로 비행한다. 전기 배터리로 움직이니 배기가스도 없고, 소음도 기존 헬리콥터에 비해 확연히 적을 거라는 예상이다.

이런 에어택시들이 도시를 누비려면 당연히 정거장이 필요하다. 수직vertical과 항공터미널port의 합성어인 버티포트라는 개념이 등장한다. 버티포트는 건물 옥상이나 지상에 설치되는 소규모 공항으로, 에어택시의 이착륙은 물론 충전과 정비까지 가능한 복합시설로 만들어질 예정이다.[114] UAM 시대가 도래하면 도심 곳곳에 버티포트가 들어서 새로운 하늘길의 거점 역할을 할 것이다.

'한국형 도심항공교통K-UAM' 로드맵은 2020년 6월 국토교통부가 발표했으며, 이때 발족한 민관 협력체 'UAM 팀 코리아'에는 37개 주요 기관이 참여하고 있다. 현대차-KT, SK텔레콤-한화시스템 등 7개 컨소시엄이 실증사업을 추진 중이며, 2024년에는 비도심에서 기체 안전성과 운항·교통 관리, 버티포트 운영 등을 검증하는 'K-UAM 그랜드챌린지 1단계' 실증사업이 마무리되었다.

정부 로드맵에 따르면 2025년부터 우리나라 하늘에도 에어택시가 뜬다. 초기 단계(2025~2029)에는 조종사가 탑승해 고정된 항로를 따라 운항하며, 수도권 중심으로 버티포트가 설치된다. 성장기(2030~2034)에 들어서면 원격 조종이 도입되고 수도권과 광역권으로 서비스가 확대되며, 고정형 회랑망Fixed Corridor Network이 구축된다. 고정형 회랑망은 주요 거점을 연결하는 정해진 항로다. 성숙기(2035~)에는 무인 자율비행이 본격화되고, 전국 주요 도심에 동적 회랑망이 구축되어 실시간으로 항로를 조정할 수 있게 된다. 이때는 대부분 AI가 비행을 담당한다. 비행 일정 관리, 비행경로 최적화, 기상조건과 장애물 분석, 응급상황 대응이 AI에 의해 이루어진다.

첨단 항공 모빌리티 분야의 글로벌 표준화기구인 '글로벌 AAM'에 따르면, 2023년 11월 기준으로 현재 전 세계 55개국 170개 도시, 지역, 주에서 UAM 서비스 개발이 진행 중이다. 국가별로는 미국이 46개 지역으로 가장 많고, 독일 20개, 중국 15개, 브라질 13개 지역이 뒤를 잇는다. 최근에는 사우디아라비아가 전기수직이착륙기 제조 투자와 국가 네트워크 구축 계획을 발표하며 새로운 강자로 부상하는 모양새다. 상용화 일정을 보면 2024년에 중국과 프랑스, 2025년에는 미국, 일본, 한국(제주도·인천)이, 2026년에는 UAM 혁명이 본격화될 것으로 전망했다.[115] 하지만 중국과 프랑스의 상용화 시기가 규제와 기술, 인프라 문제로 2025년으로 미루어진 것에 비춰 볼 때, 우리나라를 비롯한 다른 나라들의 상용화 시점도 늦춰질 것으로 보인다.

에어택시의 운행을 위해서는 기술적 완성도와 안전성 검증이 당장 눈앞에 다가온 가장 중요한 문제다. 도심 상공에서 발생하는 사고는 추가적인 더 큰 피해를 초래할 수 있기 때문이다. 안전에 대한 이용자들의 불안감은 아직 높은 편이다. 국토교통부의 조사에 따르면, 조종사가 탑승하는 UAM에 대해서는 긍정적인 반응(59%)이 우세했지만, 무인 조종 UAM에 대해서는 부정적 의견(49%)이 긍정적 의견(27%)을 크게 앞섰다.[116] 이는 도로 위의 자율주행차에 대한 우려와 유사한데, 특히 상공을 나는 자율주행에 대한 불안감은 더 큰 것으로 보인다. 시장 초기에 조종사가 탑승하는 형태로 이용 경험과 안전에 대한 신뢰를 쌓는 과정이 필요함을 시사한다.

소음이 냉장고 수준으로 적다는 기사도 있지만,[117] 주거 지역이나 병원, 학교 등 소음에 민감한 지역에서 반발이 있을 수 있다. 초기 이용료가 얼마로 책정될 것인가도 많은 국가의 관심사다. 조만간 상용화가 예상되는 프랑스의 경우, 파리 시 당국은 에어택시가 초부유층을 위한 것이며 소음 공해를 유발할 수 있다고 비판적인 입장을 보여왔다.

프라이버시에 대한 우려도 있다. UAM은 상대적으로 낮은 고도로 비행하기 때문에 건물 내부나 보행자의 사생활을 침범한다는 우려를 줄 수 있다. 특히 비행을 위해 부근을 촬영하는 컴퓨터 비전 기기가 부착되어 있다는 사실만으로도 시민들의 불안감이 자극될 수 있다.

UAM에 대한 기술 개발과 법제도적인 준비가 여러 국가에서 수년간 진행되어 왔다. 이제 상용화라는 고지에 거의 다다른 것 같지만, 안전, 소음, 프라이버시, 가격 등 사회적 수용성을 높이는 단계가 여전히 남아 있다. 이러한 여러 어려움에도 불구하고 도심에서 교통정체 없이 1시간 거리를 10분 내외로 간다는 장점은 무척 매력적이어서 결국 UAM은 우리의 일상 교통수단으로 자리 잡을 것으로 보인다.

조금 더 먼 미래를 보면 UAM과 자율주행의 발전은 도시 전체의 모빌리티 혁신으로 이어질 전망이다. 현대자동차·우버·도요타의 청사진을 보면 UAM을 자율주행차, 로봇과 연계한 통합

모빌리티 생태계 구축을 그리고 있다. 잘 알려진 대로 사우디아라비아의 네옴시티는 170km 길이의 직선형 미래도시에 UAM, 자율주행차, 고속열차를 아우르는 친환경적인 교통체계를 구현한다는 계획이다. 미래에는 지상과 항공의 교통수단들이 수집한 데이터를 실시간으로 공유하고, AI가 제시하는 최적의 이동 경로를 이용하는 모빌리티 혁신이 실현될 것이다. 이런 큰 그림을 여러 국가와 기업들이 그리고 있다. 그런 점에서 UAM은 지상과 하늘을 잇는 새로운 교통수단으로서 우리의 도시 모습을 근본적으로 바꾸는 핵심 동인이 될 것으로 보인다.

# 2부

---

# AI 시대,
# 새롭게 세우는
# 규칙

# AI 윤리,

## 왜 필요한가?

### 피할 수 없는 과제, AI 윤리와 정렬

2023년 6월, 미 공군 가상훈련에서 AI 드론이 '임무수행에 방해된다'며 드론을 통제하던 아군 조종사를 죽였다. AI 드론의 임무는 적의 미사일을 식별해 파괴하는 것이었고 인간에 대한 공격은 금지한다는 제약이 있었다. AI는 이 제약이 미사일 파괴 임무를 방해한다고 판단하고, 제약 명령을 하는 조종사를 살상했다.* 물론 가상훈련이므로 실제 사람이 다치거나 죽은 것은 아니다. 하지만 AI 윤리나 정렬 문제가 실패한다면 실제로 이런 끔찍한 재앙이 일어나지 않으리란 법이 없다.[1]

    AI 윤리란 AI가 사회의 법적·도덕적 기준에 맞게 개발되고

---

* 이 실험은 미 공군 AI시험·운영 책임자 터커 해밀턴 대령에 의해 언론에 알려졌지만, 미 공군 대변인은 이 실험이 수행된 바 없다고 부인했다.

사용되도록 하는 원칙이고, AI 정렬은 AI 시스템이 인간의 진정한 의도와 가치를 따르도록 만드는 것이다. 미 공군 훈련 사례에서 AI 드론은 '인간을 해치지 말라'는 제약보다 '목표물 파괴'라는 임무를 우선시했다. 결국 AI는 자신의 행동을 막는 사람(통제자)을 제거하는 선택을 했다. 이는 AI가 인간의 진정한 의도를 이해하지 못한 결과다.

스탠퍼드대 제리 카플란Jerry Kaplan 교수는 더 극단적인 시나리오를 언급한다. AI에게 "공기를 청정하게 유지하라"는 명령을 내렸을 때 공기 오염의 주요 원인인 인간을 제거하는 방법을 선택할 수도 있다는 것이다.[2] 이처럼 AI는 주어진 목표를 우리가 의도하지 않은 방식으로 해석하고 실행할 위험이 있다.

AI 윤리가 '무엇'을 지킬 것인가의 원칙을 정하고 이를 실현하기 위한 기술적인 요구사항과 거버넌스체계*를 다룬다면, AI 정렬은 AI 윤리를 시스템에 실제로 구현하는 기술적 과제라고 할 수 있다. 예를 들어 AI의 의사결정이 투명해야 한다는 윤리적 원칙이 있다면, AI 정렬은 이를 어떻게 알고리즘과 시스템 설계에 반영할 것인지를 다룬다. AI 윤리는 이 원칙을 실현하기 위한 '설명 가능한 AI'** 기술 개발이나 의사결정 과정의 문서화, 결과의 검증체계 구축 같은 다양한 기술과 절차적인 노력을 포함한다. 이 중에서 AI 시스템의 결정이 인간의 의도와 일치하도록 보

---

* AI 거버넌스는 안전성·책임성·투명성 확보를 위한 정책과 절차, 감독 메커니즘을 의미한다.
** AI의 의사결정 과정과 결과를 사람이 이해할 수 있도록 설명해 투명성과 신뢰성을 높이는 기술.

장하는 것이 정렬의 문제다.

　인공지능에서 '윤리'가 왜 그렇게 강조되는지 의문이 들 수 있다. 우리는 이미 기술 윤리, 사이버 윤리, 인터넷 윤리 등에 익숙해져 있지 않은가? 기술이 사회에 미치는 영향이 큰 만큼, 기술을 올바르게 사용하는 것에 관한 윤리적 문제는 오랫동안 다양한 분야에서 논의되어 왔다. 핵 기술, 생명공학, 정보통신 기술 등 각 분야의 발전과 함께 뜨거운 윤리적 쟁점들이 떠올랐고, 이는 기술을 어떤 방향으로 발전시키고 어떤 기준으로 사용해야 하는지 결정하는 중요한 역할을 해왔다.

　기존의 기술 윤리와 AI 윤리의 가장 큰 차이점은 AI의 자율성과 학습 능력에 있다. 기존 기술은 인간이 어떻게 사용할지가 핵심 문제였지만, AI는 스스로 학습하고 결정을 내리는 능력 때문에 '기술 자체의 행동 방식'이라는 새로운 차원의 문제가 등장한다. 사람이 AI의 학습 과정에서 발생하는 편향이나 오해석을 미리 파악하고 통제하기 어려운 것이다. 또한, 상황에 따라 상충할 수 있는 여러 가치의 우선순위를 명확히 하지 않으면 생각지도 못한 결과가 나타날 수 있다. AI 윤리는 '도구로서의 AI'를 올바르게 사용하는 차원을 넘어, 급속도로 발전하는 AI 능력이 인간사회의 가치와 조화를 이루도록 하고, 인간과 새로운 지능체 간의 관계, 그리고 미래사회의 근본적인 모습에 관한 질문들을 다루는 중요한 영역이 되고 있다.

　이런 배경에서 국제기구와 각국 정부는 AI 윤리 원칙을 수립해왔다. OECD는 2019년 포용적 성장, 인간중심 가치, 투명성, 안전성 등을 강조했고, 우리나라도 2020년 '인간성을 위한

AI'를 지향하는 윤리 기준을 발표했다. AI 윤리는 한마디로 AI의 개발과 사용에 관련된 모든 주체(개발자와 연구자, 기업과 조직, 정부, 사용자)들이 인권, 민주주의, 투명성, 안전성 같은 원칙을 준수하도록 하는 것이다.

인공지능과 로봇 윤리에 대한 논의는 1940년대 아이작 아시모프Isaac Asimov의 SF 소설 속 '로봇공학 3원칙'에서 시작되었다. 이후 AI 연구의 발전과 함께 윤리적 고려사항에 대한 관심도 함께 성장했다. 1970~1980년대 'AI 겨울' 동안 잠시 주춤했던 AI 윤리 논의는 1990년대 후반부터 다시 활발해졌고, 2000년대 초반에는 로봇윤리학이라는 새로운 학문 분야가 등장했다. 2010년대 딥러닝의 혁신적 발전은 AI 윤리에 대한 폭발적 관심을 가져왔으며, 자율주행차, 의료 로봇, 군사용 드론 등의 등장으로 일반 대중도 AI의 윤리적·사회적 영향에 주목하기 시작했다.

AI 윤리가 대중적으로 널리 논의되기 시작한 결정적 계기는 2022년 11월 챗GPT 출시 이후 생성형 AI의 급속한 발전이었다. AI 기술이 제품이나 시스템 속에만 머무르지 않고 이용자의 손에 직접 쥐어짐으로써 그 효능을 체감하는 사람들이 빠르게 늘었다. 딥페이크 등 AI를 이용한 범죄 사례들은 개발자뿐 아니라 이용자의 윤리 역시 중요함을 보여준다. 유례없이 빠른 AI의 확산이 사회 전반에 미칠 즉각적이고 광범위한 영향을 고려할 때 AI 윤리의 확립은 더욱 시급해진다. 더구나 인공일반지능AGI, 초인공지능super intelligence, 특이점singularity 같은 개념이 인류의 존재론적 위험까지 제기하고 있는 상황에서, 기술 개발 초기 단계부터 윤리적 사항을 반영하고 전생애적인 모니터링과 관리를 하는 것의 중요성은 매우 크다고 할 수 있겠다.


## AI 윤리의 주요 이슈: 편향, 프라이버시, 투명성

AI 기술 발전이 사회적 영향과 맞물리면서 이미 여러 윤리적 문제가 불거지고 있다. 우리의 기본권과 사회적 정의에 직접적 영향을 미치는 시급한 과제들을 살펴보자.

### ① 편향과 차별의 문제

AI 모델이 학습하는 데이터에 이미 존재하는 사회적 편견이 반영되거나, 개발자의 무의식적 편견이 알고리즘 설계 과정에서 영향을 미칠 수 있다. AI가 데이터를 해석하는 과정에서도 특정 패턴을 과대 해석하여 편향이 발생할 수 있다.

아마존의 AI 기반 이력서 스크리닝 시스템은 잘 알려진 사례다. 아마존은 2014년부터 지원자의 이력서를 검토해 인재를 선별할 수 있는 AI 기술을 개발했다. 2015년, 아마존의 기계학습 전문가들이 실험 결과를 분석한 후 이 시스템에 심각한 성차별 문제가 있음을 발견했다. AI는 여성체스클럽, 여자대학 같은 '여성' 관련 단어가 포함된 이력서에 낮은 점수를 부여했고, '실행했다executed', '포착했다captured' 같은 남성 지원자들이 자주 사용하는 동사를 선호하는 경향을 보였다. 원인은 AI가 학습데이터로 사용한 과거 10년간의 채용 이력서가 주로 남성 지원자들의 것이었기 때문인데, 이는 기술 산업의 남성 편중 현상을 그대로 반영한 결과였다. 아마존은 여러 차례 시스템을 수정했지만 근본적인 편향 문제를 해결하지 못했고 이 시스템의 사용을 중단했다.[3]

　우리나라에서도 AI 개발 과정에서 데이터 관리와 윤리적 고려가 얼마나 중요한지 확인시켜준 사례가 있었다. 2020년 12월, 스타트업인 스캐터랩이 출시한 AI 챗봇 '이루다'는 20대 여성의 페르소나를 가진 대화형 AI로, 자연스러운 대화 능력으로 젊은 세대의 뜨거운 호응을 받았다. 당시 과기정통부의 인공지능기반정책관으로 일할 때여서 앱을 깔아 대화를 나눠봤는데 답변이 매우 자연스러워 놀랐다. 하지만 얼마 지나지 않아 성소수자, 장애인, 유색인종 등 소수자 그룹에 대한 편견과 혐오 발언이 논란이 되었고, 이루다의 학습을 위해 실제 사람들의 카카오톡 대화를 사용하는 방식이 개인정보보호법을 위반했다는 문제도 제기되었다. AI 기업이 우수한 기술만으로 절대 성공할 수 없으며, 편향과 차별, 프라이버시 보호 같은 AI 윤리를 준수하는 것이 중요함을 인식시킨 사건이었다.

## ② 프라이버시 침해 가능성

프라이버시 이슈는 디지털 사회의 출현과 함께 지속적으로 제기되어 왔으며, 빅테크 기업들의 과도한 정보 수집으로 인한 프라이버시 침해 가능성은 이미 심각한 우려사항이었다. 이제 AI 기술의 빠른 발전과 확산으로 이 문제는 더 복잡해졌다. 방대한 양의 개인 데이터를 수집하고 분석하는 과정에서 개인의 사생활이 심층적으로 노출될 위험이 커졌으며, AI의 강력한 데이터 처리

능력으로 수집된 정보가 본래 동의 목적을 넘어 사용될 가능성도 높아졌다. 나아가 AI의 예측 및 추론 능력은 명시적으로 제공되지 않은 개인정보까지 유추할 수 있어 프라이버시 침해의 범위와 깊이를 확장시킨다.

특히 AI 안면 인식 기술은 프라이버시 보호에 있어 매우 도전적인 이슈다. 클리어뷰Clearview AI 사건으로 안면 인식 기술과 프라이버시 침해 문제의 심각성이 전 세계에 알려졌다. 이 회사는 페이스북, 인스타그램, 유튜브 등 다양한 소셜미디어 플랫폼에서 30억 장 이상의 얼굴 이미지를 무단으로 수집해 강력한 안면 인식 데이터베이스를 만들어 미국의 연방 및 주 법 집행기관들에 판매했다. 경찰관이 용의자의 사진을 클리어뷰 AI 앱에 업로드하면 해당 인물의 소셜미디어 프로필과 관련 정보를 즉시 제공받을 수 있어, 수년간의 미결 사건도 해결하는 획기적인 도구로 주목받았다. 하지만 언론 보도 이후 동의 없는 사진 수집과 데이터베이스 구축, 감시나 일상생활 추적에 악용될 우려 때문에 심각한 프라이버시 침해 논란이 일었다. 미국뿐만 아니라 EU, 호주, 영국, 여러 국가의 정부와 인권 단체들이 이 회사의 활동을 강하게 비판하며 조사와 소송 등 법적 대응이 이어졌다.[4]

2020년 자료에 따르면 미국인은 평균적으로 하루 34번 CCTV에 촬영된다.[5] AI는 이런 영상 속 개인을 자동으로 식별하고 데이터베이스와 대조해 실시간으로 추적할 수 있어, 개인의 일상적 움직임을 쉽게 기록하고 분석할 수 있다. 코로나19 같은 재난이나 위기 상황에서는 공공의 이익을 위해 일정 부분 개인의 사생활 보호가 제한될 수 있지만, 그렇다 하더라도 정부는 인권 침해를 최소화하는 방안을 적극적으로 모색해야 한다. 특히 AI 안면 인식 기술이 신원 확인을 넘어 개인의 행동 패턴, 사회적 관계, 심지어 감정 상태까지 분석할 수 있게 발전함에 따라, 이러한 기술이 오용될 경우 개인의 자유와 인권이 심각하게 위협받을 수 있다는 점을 경계해야 한다.

### ③ 설명 가능성과 투명성 확보

AI 시스템, 특히 딥러닝 모델의 복잡한 구조 때문에 AI가 특정한 결정을 내리는 과정을 추적하고 이해하기란 매우 어렵다. '딥러닝'의 딥deep은 신경망의 다층구조를 의미하는데, 입력층부터 출력층까지 여러 은닉층을 거치면서 데이터를 처리한다. 각 층의 뉴런들은 복잡한 방식으로 연결되어 있고, 수많은 파라미터를 통해 학습이 이루어진다. 예를 들어 시각적 영상을 분석하는 데 사용되는 '컨볼루션 신경망CNN'의 경우 수십억 개 이상의 파라미터를 가질 수 있어, 각 결정에 어떤 요소가 얼마나 기여했는지 파악하기가 거의 불가능에 가깝다. 따라서 모델이 어떤 결과를 내놓았을 때 그 결정 과정을 사람이 이해하고 설명하기 어려운 '블랙박스' 문제가 발생한다. 2023년 스탠퍼드대는 기업 비밀이라는 이유로 주로 폐쇄형으로 운영되는 파운데이션 모델의 투명성을 평가했는데, 구글과 오픈AI를 포함한 주요 기업들이 받은 점수는 100점 만점에 최고점이 54점으로 매우 저조했다.[6]

　　미국 법원이 도입한 '경찰 예측 시스템COMPAS'의 사례를 보자. 이 시스템은 범죄자의 개인정보와 범죄 이력을 바탕으로 재범 가능성을 예측하는데, 도출된 자료는 판결 참고용으로 활용된다. 비영리 독립언론기관인 프로퍼블리카ProPublica는 이 AI 시스템이 흑인 피고인에 대해 백인 피고인보다 더 높은 재범 위험도를 예측하는 인종 편향성을 보인다는 의혹을 제기했다. 2년 동안 재범하지 않은 흑인 피고인은 백인 피고인에 비해 고위험군으로 잘못 분류될 가능성이 약 2배 높았고, 2년 이내에 다시 범죄를 저지른 백인 피고인은 흑인 재범자보다 위험도가 거의 절반 수준으로 잘못 분류되었다는 것이다.[7] 하지만 이 시스템의 알고리즘은 상업적 비밀로 보호되어 있었고, 블랙박스 특성으로 인해 편향성의 원인을 정확히 파악하거나 검증하기 어려웠다. 이 논란으로 공정성이 중요한 공공영역에서 AI 시스템을 사용할 때 윤리적 검증과 결정 과정의 공개가 필요하다는 목소리가 높아졌다.

우리나라 금융 분야에서도 AI 기반 대출심사 시스템이 활용되면서 대출 신청자들이 거절 사유에 대한 명확한 설명을 요구하는 사례가 증가했다. 이에 금융위원회 및 금융감독원은 '금융 분야 AI 가이드라인'을 통해 대출을 거절당한 고객의 답답함을 풀 수 있도록 대출 거절 이유를 설명할 것을 권고한 바 있다. 금융권에서는 신용평가 및 여신심사, 로보어드바이저,* 챗봇, 맞춤형 추천, 이상거래탐지에 AI가 많이 쓰이는데, 특히 신용평가 및 대출심사는 개인에게 결정의 투명성이 매우 중요한 사안이다. 설명 가능한 모델의 설계와 양질의 데이터 학습이 필요하고, 사람의 검증과 감독이 충분히 이루어지는 것이 중요하다.

---

• 알고리즘과 AI를 활용하여 자동으로 자산을 배분·관리해주는 디지털 투자 자문 서비스.

윤리의 문제는 각 개인이 지켜야 할 도덕적 원칙에만 그치지 않는다. 사회적으로 서로 충돌하는 가치들 간의 우선순위에 대해 철학적 고민을 할 수밖에 없다. 마찬가지로, AI 윤리도 각 원칙이 부딪힐 때 무엇을 우선해야 할지 상당한 사회적 논의가 필요하다. 프라이버시 보호를 강화하면 공정성을 해칠 수 있다. 특정 집단에 대한 데이터 수집을 제한하면 재정이나 신용 상태를 정확히 판단하지 못해 그 집단에게 불리한 결과가 나올 수 있다. 또한 프라이버시 원칙은 설명 가능성이나 투명성을 낮추기도 한다. 효율성도 설명 가능성과 상충될 수 있다. 블랙박스처럼 작동하는 대규모의 딥러닝 모델은 성능은 뛰어나지만 설명이 어렵다.

설명 가능성이나 투명성이 중요한 공공 서비스 같은 경우라면, 효율성이나 성능을 일부 포기하고 단순한 모델을 사용해야 하는 경우도 있을 것이다. 독립적으로 의사결정을 내리는 AI 시스템의 자율성은 기술 발전의 목표이지만, 자율성이 높아질수록 책임성의 문제를 해결하기 어려워진다. AI가 잘못된 결정을 내릴 경우 개발자, 운영자, 시스템 자체 중 누가 책임을 져야 할지를 명확히 하기 어렵다는 것이 문제이다. 충분한 사회적 논의를 통해 기술 발전과 제도적 설정이 함께 이루어져야 할 이유다.

## AI 윤리에서 법으로

EU는 일찍이 AI가 기본권, 민주주의, 법치주의에 미칠 수 있는 위험에 주목하며, 자율적 윤리 준수는 충분한 보호장치가 될 수 없다고 보았다. AI 기술이 자율성을 갖게 되면서 '기술 자체가 어떻게 행동해야 하는가'라는 새로운 차원의 문제가 등장했고, 인간의 의도와 가치를 제대로 따르도록 설계·운영하는 '정렬' 이슈가 중요해졌다.

EU 집행위원회는 2020년 'AI 백서'를 발표하며 신뢰할 수 있는 AI를 위한 유럽의 규제체계 구축을 제안했고, 이어 2021년에는 AI법 초안을 공개했다. 법안은 AI 기술이 유럽 시민의 기본권리를 보호하면서 윤리적으로 책임감 있게 발전해야 한다는 목표를 명시했다.

법안의 핵심은 네 가지 유형의 위험Risk 기반 접근을 통한 AI 시스템 규제에 있다.

- **최소 위험 AI**: 스팸 필터, AI 기반 비디오게임 등 위험이 적은 시스템으로 규제가 거의 없다.
- **제한적 위험 AI**: 챗봇 등이 이에 속하며, 사용자에게 AI와 상호작용하고 있음을 명확히 알리고 AI가 생성한 콘텐츠임을 분명히 표기해야 한다.
- **고위험 AI**: 생명과 안전 또는 기본권 보호와 밀접한 관련이 있거나, 공공 서비스와 필수 서비스에 활용되는 AI가 이에 해당된다. 데이터 품질, 리스크 관리, 인간 감독과 같은 엄격한 규제를 충족해야 한다. EU의 AI법은 한마디로 고위험 AI를 규제하기 위한 법이라고 할 만큼 법의 많은 규정이 고위험 AI 규제에 할당되어 있다.
- **금지된 AI**: 개인의 행동을 평가하여 권리를 제한하는 사회적 점수 부여나, 공공장소에서의 얼굴 인식 같은 실시간 원격 생체 인식

EU 법안에 대한 의견 수렴과 협의가 진행되는 동안 챗GPT 등장과 생성형 AI의 급속한 발전이 세상을 놀라게 했다. EU는 2023년에 법안을 수정하여 생성형 AI에 대한 규제를 담았다. 생성형 AI를 다양한 용도로 사용될 수 있는 '범용 목적 AI 시스템GPAI'으로 규정하고, 모델 훈련에 사용된 콘텐츠에 관한 상세한 요약서 작성과 투명성 요구사항 같은 규제를 반영시켰다. 2024년 7월에 관보에 게재된 이 법은 2026년 8월 2일에 전면 시행될 예정인데, 총칙과 금지되는 AI에 대한 규정은 2025년 2월 2일부터 이미 시행되고 있다. AI가 기본권과 공공의 이익을 해치지 않도록 법적 장치를 마련한 EU의 AI법은 AI 규제의 새로운 장을 열었으며, 다른 국가나 지역의 입법에도 중요한 참고 사례가 될 전망이다.

최근 EU는 AI 기술 발전과 혁신의 중요성을 고려하여 규제의 강도를 일부 낮추려는 움직임을 보이고 있다. 2025년 3월에 공개된 범용 목적 인공지능 실무 강령 초안에서는 고위험 AI 모델에만 추가 안전 요구사항을 적용하고, 저작권 관련 불만 처리 의무도 경우에 따라 완화하는 등 규제 부담을 경감하는 방향으로 조정했다.[8] 이는 글로벌 기업들의 반발과 혁신 저해 우려, 역내 산업계의 요구를 반영한 결과로 해석된다. 또한 EU는 2025년 2월에 'AI 기가 팩토리 프로젝트*'를 발표하는 등 AI 혁신을 지원

* 약 2,000억 유로(약 300조 원)를 투입해 유럽 전역에 초대형 AI 모델 훈련용 AI 기가팩토리를 구축하고, AI 인프라, 전문인력 양성, 기업 지원을 강화하는 대규모 민관 협력 프로젝트.

하는 정책도 강화하고 있다.

미국은 포괄적 법률 대신 분야별 규제와 권리 보호 중심의 접근을 취하고 있다. 바이든 행정부는 2022년 'AI 권리 장전'을 발표하며 알고리즘 차별 방지, 자동화 시스템의 설명 의무, 데이터 프라이버시 보호 등을 강조했다. 2023년 10월에는 AI 안전과 권리 보호를 위한 행정명령을 통해 연방정부 차원의 AI 안전성 인증, 테스트 기준 마련, 주요 기관의 규제 역할 강화를 지시했다. 그러나 2025년 트럼프 2기 행정부 출범 이후 바이든 정부의 AI 행정명령은 폐기되었고, 민간 주도 혁신과 규제 완화 기조가 강화되고 있다. 한편, 백악관 관리예산처OMB가 2025년 4월 발표한 지침*을 보면, 고영향 AI에 대해서 사전 테스트, 영향평가, 모니터링 등 최소한의 위험 관리 원칙을 반영하고 있음을 알 수 있다.[9]

미국의 규제는 연방정부 외에도 각 주별로 도입되고 있는 법들을 주의 깊게 봐야 한다. 대표적으로 캘리포니아와 뉴욕은 AI 규제와 관련하여 선도적인 움직임을 보이고 있다. 캘리포니아 주는 2024년 9월 '생성형 AI 투명성 법안(SB 942)'을 제정하여 AI 생성 콘텐츠에 영구적 식별 표시 부착과 무료 AI 탐지 도구 제공을 의무화했고, 2023년에 통과된 'AI 훈련 데이터 공개 법안(AB 2013)'을 통해 개발사들에게 훈련 데이터셋 출처 공개를 요구하고 있다.**[10] 한편, 미국 AI 안전에 관한 최초의 규제 법안(SB 1047)은 캘리포니아 주의회에서 통과됐으나, 주지사의 거부권

---

*   연방기관의 AI 활용 촉진, 혁신, 거버넌스, 공공 신뢰 확보를 위한 지침.
**  SB 942, AB 2013법은 2026년 1월부터 시행된다.

행사로 무산되었다.* 뉴욕은 채용 과정에서 AI 사용 시 후보자 사전 통지와 알고리즘 편향성 감사를 의무화하는 법(NYC Local Law 144)을 시행하는 등 AI 공정성 강화에 나서고 있다.[11]

중국은 AI 혁신을 위한 대규모 투자를 지원하는 한편, 이슈별로 필요한 규제를 신속히 도입하여 국가 안보와 사회 안정을 지키는 데 중점을 두고 있다. '인터넷 정보 서비스 알고리즘 추천 관리규정', 딥페이크를 규제하는 '인터넷 정보 서비스 심층종합 관리규정', '생성형 AI 서비스 관리 잠정방법' 등을 제정하여 시행 중이다.

영국은 혁신친화적인 접근방식을 취하는 한편, AI 안전 정상 회의 개최, AI 안전연구소 설립을 통해 글로벌 AI 협력체계에서 리더십을 강화하려는 노력을 하고 있다. 캐나다는 2023년 'AI와 데이터법AIDA'을 발의해 고위험 AI 시스템에 대한 규제 도입을 추진했으나, 2025년 3월 의회 해산으로 법안이 자동 폐기되어 현재는 연방 차원의 포괄적 AI 규제 법안은 없는 상태다. 일본 경제산업성과 총무성은 2024년에 AI 사업자 지침을 발표하고

---

• 1억 달러 이상의 컴퓨팅 파워가 필요한 AI 시스템 대상으로 안전성 테스트를 의무화하고 안전 프로토콜 공개를 의무화하는 내용인데, 테크 기업들의 강력한 반대와 산업 혁신 저해 우려 때문에 거부한 것으로 알려졌다. 캘리포니아가 AI 규제와 산업육성 사이에서 후자에 무게를 둔 것으로 보인다. 이 법안에 대해 제프리 힌턴Geoffrey Hinton 교수와 요수아 벤지오Yoshua Bengio 몬트리올대 교수는 지지 입장이었고, 스탠퍼드대 페이페이 리 교수와 앤드류 응Andrew Ng 교수는 반대하는 목소리를 내었다. AI 대부와 대모로 불리우는 최고의 학자들도 AI 위험 관리에 대한 견해를 달리한다는 것은 사회적 합의를 형성하는 것의 어려움을 다시 한번 상기시킨다.

2026년 시행을 목표로 AI 규제법 제정 논의를 시작했다.

우리나라는 21대 국회에서 발의된 법안들이 회기 만료로 폐기된 후, 22대 국회에서 총 19개 법률안을 병합한 대안이 2024년 12월 26일 본회의에서 통과되어 2026년 1월에 시행될 예정이다.

AI 기본법은 대통령 직속 '국가인공지능위원회' 설치, 3년 주기의 기본계획 수립, 인공지능정책센터와 안전연구소 운영 등 국가 차원의 체계적인 거버넌스 구조를 확립했다. 또한 '고영향 AI'를 정의하고* 이에 대한 사전 고지 의무와 안전성·신뢰성 확보 조치를 의무화했으며, 생성형 AI에 대해서는 이용 사실에 대한 사전 고지와 결과물 표시 의무를 규정했다.

우리나라의 AI 기본법은 규제보다는 산업 진흥에 무게를 두고 AI 기술 개발 활성화, 표준화 지원, 전문인력 양성, 연구개발 집적단지 지정 등 AI 산업 발전을 위한 다양한 지원책을 담고 있다. 하지만 법이 제정된 이후에도 사실조사 조항, 고영향 AI의 범위 등에 대한 우려가 남아 있는 상황이다. 특히 고영향 AI의 범위에 대해 기업들은 기술 혁신 저해 가능성을 제기하며 명확하고 제한된 범위를 요구하고 있는 반면, 시민사회 단체들은 인권 보호와 안전 확보를 위한 규제를 충분히 반영할 것을 촉구하고 있다. 정부는 우려를 최대한 해소할 수 있는 시행령과 지침을 만들어 제도를 정착시켜 나가겠다는 입장이다. AI 기술의 변화가 유례없이 빠른 만큼, 정부는 앞으로 산업계와 시민사회의 폭넓은

* 사람의 생명, 신체의 안전 및 기본권에 중대한 영향을 미치거나 위험을 초래할 우려가 있는 AI 시스템으로, 이 법에서 규정한 일정한 영역에서 활용되는 AI 시스템을 의미한다.

의견 수렴, 기술적 한계와 실행 가능성에 대한 실증적 분석, 그리고 수용성 등을 고려한 단계적 접근을 통해 AI 규제 법규가 혁신과 책임의 균형을 현실적으로 갖추도록 보완해가야 할 것이다.

# 통제의 경계에서

## AI가 초래할 수 있는 위험들

### AI 활용 최악의 시나리오

AI는 얼마나 위험한 걸까? 〈터미네이터〉 속 인류 종말부터 딥페이크, 할루시네이션(환각)에 이르기까지 AI에 관한 크고 작은 위험들이 논란이 되고 있다. 인류 종말이라는 극단적 시나리오는 논외로 하더라도, 이미 현실화된 위험들과 가까운 미래에 발생할 수 있는 잠재적 위험만으로도 AI 위험을 정확히 인식할 필요는 충분하다.

위험성에 대한 우려는 모든 혁신적 기술이 겪어온 과정이기도 하다. 하지만 AI는 다른 기술과 근본적으로 다른 특별함이 있다. 자율학습 능력과 잠재적인 '재귀적 자기 개선Recursive Self-Improvement, RSI' 가능성은 AI를 다른 기술과 구분 짓는 핵심적인 특성이다. 재귀적 자기 개선이란 AI가 자신의 알고리즘을 스스로 개선하여 더 똑똑한 버전을 만들고, 이 개선된 버전이 다시 더 나은 버전을 만들어내는 연쇄적인 자기 발전 과정을 의미한다. 이는 과거의 그 어떤 기술과도 비교하기 어려운 획기적인 특성이다. 만약 AI가 인공일반지능 수준에 도달해 재귀적 자기 개선이 구현된다면 AI의 영향력을 예측하고 통제하는 일은 더욱 어려워질 것이다. 글래드스톤 연구소의 보고서는 AI가 인류 복지 향상을 위한 막대한 잠재력과 함께 의도적 또는 우발적 오용으로 인한 심각한 위험을 동시에 내포하고 있다고 경고한다.[12]

현재 AI의 위험은 크게 세 가지 차원에서 나타나고 있다. 하나씩 살펴보자.

### ① 기술적 위험

AI 시스템의 신뢰성과 안정성 문제는 가장 기본적인 도전 과제다. 대형언어모델의 할루시네이션 현상으로 인한 잘못된 정보 생성, 적대적 공격에 취약한 보안 문제, 예기치 못한 시스템 오류나 실패 등이 여기에 속한다. 맥킨지의 2023년 조사에 따르면 AI 사용자의 56%가 이러한 부정확성을 가장 큰 위험으로 꼽았으며, 사이버 보안, 지적재산권 침해, 규제 준수 문제가 뒤를 이었다.[13]

특히 시퀀스 모델의 확산은 새로운 기술적 위험을 가중시키고 있다. 시퀀스 모델이란 여러 AI 모델이 순차적으로 연결되어 이전 모델의 결과가 다음 모델의 입력으로 사용되는 방식을 말한다. 이는 금융 리스크 평가(신용평가→대출심사→금리산정), 의료진단(영상판독→질병진단→치료추천), 자율주행(물체인식→상황판단→주행제어) 등 복잡한 의사결정이 필요한 분야에서 널리 활용되고 있다. 예를 들어 97%의 정확성을 가진 세 개의 모델이 순차적으로 연결된 경우 최종 정확도는 약 91%로 떨어질 수 있으며, 더 많은 모델이 연결될수록 오류가 누적되어 정확도가 계속 감소한다.

## ② 윤리적·법적 위험

AI 알고리즘의 편향과 차별, 개인정보 침해, 의사결정 과정의 불투명성으로 인한 책임소재 문제 등이 대표적이다. KPMG의 2023년 보고서는 이러한 위험에 대한 기업들의 관리 실태를 보여준다. 대다수 기업이 AI 모델에 대한 정의와 기본적인 규제는 가지고 있으나, 실질적인 리스크 관리는 미흡했다. 대부분 타사가 제공한 블랙박스 모델을 그대로 사용하고 있으며, AI 모델에 대한 자체적인 평가 기준도 없는 경우가 많았다.[14] 예를 들어 AI가 데이터에서 성별 정보를 제외하더라도 이름을 통해 우회적으로 성별을 추론할 수 있는데, 이러한 숨겨진 편향을 발견하기는 매우 어렵다. 특히 많은 소프트웨어에 AI 예측 모델이 들어 있지만 사용자도 모르는 경우가 빈번하다.

## ③ 사회경제적 위험

AI로 인한 일자리 대체와 노동시장 재편, AI 활용 격차로 인한 불평등 확대, AI 기반 허위정보 확산으로 인한 민주주의 위협이 주요 우려사항이다. 특히 AI 기술 접근성의 격차는 기존의 사회경제적 불평등을 더욱 심화시킬 수 있다. AI 도입 능력이 있는 기업과 그렇지 않은 기업 간의 생산성 격차, AI를 활용할 수 있는 인력과 그렇지 못한 인력 간의 소득 격차는 점점 더 커질 것으로 예상된다.

전문가들이 말하는 AI의 위험에 대해 스탠퍼드대 2024 AI 인덱스[15]는 두 가지 상반된 관점을 제시한다. 한편에서는 알고리즘 차별이나 프라이버시 침해와 같은 현재의 구체적 위험에 집중해야 한다고 주장하고, 다른 한편에서는 첨단 AI로 인한 극단적 위험에 대비해야 한다고 강조한다. 하지만 위험에 대한 대비는 현재의 위험과 잠재적 위험 간의 선택의 문제는 아니다. 알고리즘 차별과 프라이버시 보호는 AI 발전의 선결조건이자 시장에서 즉각적인 피드백이 이뤄지는 현안이므로 기업들도 비즈니스 성공을 위해 이 문제를 해결하는 데 주력할 것이다. 반면 잠재적 위험은 시장의 자율적인 해결을 기대하기 어려운 문제이므로 정부의 시스템적 대비가 필요하다.

많은 전문가가 지적하듯 AI 기술이 악의적으로 활용될 경우 심각한 사회적 위협이 될 수 있다. 대표적으로 대형언어모델이 사이버 공격, 스피어 피싱,* 심지어 테러 계획 지원에 이용될 가능성이 제기되고 있다. 정교해진 AI 모델이 보급·확산됨에 따라 탐지하기 어려운 위협이 늘고 있어, AI 모델의 잠재적 위험성을 체계적으로 평가하는 메커니즘 구축이 시급한 상황이다. 우리나라를 비롯한 여러 국가에서 AI 위험 관리를 위한 프레임워크를 만들고 AI 안전연구소를 설립하는 움직임은 이러한 실질적 위협

* 특정 개인이나 조직을 표적으로 민감한 정보를 탈취하거나 악성코드를 유포하는 사이버 공격.

에 선제적으로 대응하려는 노력의 일환이다.

AI 위험에 대한 우려가 커지고 있지만, 이제 AI는 선택의 문제가 아닌 현실이 되었다. 기업의 핵심 업무 시스템부터 일상적인 스마트폰 기능까지, AI는 이미 우리 삶 깊숙이 들어오고 있다. 마치 인터넷이 사이버 범죄나 개인정보 유출 같은 위험에도 불구하고 우리 사회의 필수 인프라가 되어버린 것과 유사하다. 우리에게 필요한 것은 AI를 거부하거나 두려워하는 것이 아니라, 위험을 정확히 이해하고 적절히 통제하는 것이다. AI 시대의 초입에 있는 지금이야말로 이 강력한 기술을 안전하고 유익하게 활용하기 위한 제도적, 기술적 기반을 다져야 할 시점이다.


## 챗GPT가 자신만만하게 거짓말하는 이유

AI의 할루시네이션은 생성형 AI 사용자들이 경험하는 일반적인 현상이다. 이는 단순한 오류나 오작동과는 다른 차원의 문제로, AI 모델, 특히 대형언어모델이 실제 데이터나 사실에 기반하지 않은 정보를 생성하는 것을 말한다. 인간이 의도적으로 거짓말을 하는 것과는 달리 AI 모델이 학습 과정에서 패턴을 잘못 일반화하거나 정보의 빈틈을 자체적으로 메우려는 과정에서 발생한다. 인간이 사실이 아닌 내용을 잘못된 인식으로 기억하거나 주변 사건을 사실과 다르게 재구성하여 이야기하는 현상인 컨파뷸레이션confabulation과도 구분된다.

2022년 11월 30일 챗GPT가 등장했을 때를 돌아보자. 이 유례없는 슈퍼스타는 불과 두 달 만에 1억 명의 사용자를 모았다. 사용자들은 챗GPT의 박학다식하고 친절한 답변과 글쓰기 능력에 감탄했다. 하지만 곧 이 AI가 가끔 너무나 자신만만하게 사실과 유사해 보이는 허구의 이야기를 만들어낸다는 것을 알게 되었다. 바로 할루시네이션 문제였다. 이 현상이 부각되면서, 2023년 케임브리지 사전은 할루시네이션을 '올해의 단어'로 선정하기도 했다.[16]

할루시네이션 현상의 비밀은 LLM, 즉 대형언어모델의 작동 방식에 있다. LLM은 입력된 텍스트를 바탕으로 확률적으로 다음 단어나 문장을 예측하여 텍스트를 생성한다. 이 모델은 학습 데이터의 패턴을 일반화하지만, 실제 사실과 허구를 제대로 구분하지 못한다. 또한 전체 세계의 지식을 완벽히 이해하지 못하고 제한된 맥락 내에서 작동한다. 그리고 정보의 빈틈을 채우는 과정에서 학습한 패턴을 기반으로 실제와 다른 정보를 만들어내기도 한다. 마치 천재적인 작가처럼 글을 써내려 가지만, 때로는 현실과 상상을 구분하지 못하고, 정보의 공백을 창의적으로 메워버리는 것이다. 과적합overfitting,* 과도한 일반화, 이상한 단어 조합 등이 이런 창작의 원인이 되곤 한다.

2023년 5월 뉴욕 남부 지방 법원에서 발생한 사건은 AI 할루시네이션의 위험을 적나라하게 보여주었다. 변호사 스티븐 A. 슈워츠는 챗GPT가 제시한 가짜 판례들을 소송에서 인용했다.

---

* 머신러닝 모델이 훈련데이터에 지나치게 맞춰져 일반화 성능이 떨어지는 현상을 의미한다. 이로 인해 새로운 상황에서는 예측성이 떨어진다.

슈워츠는 챗GPT에게 이 판례들의 정확성을 반복적으로 확인했지만, 실제로는 존재하지 않는 내용들이었다. 법원은 이를 '전례 없는 상황'이라고 언급하며 슈워츠와 그의 로펌에 5,000달러의 과태료를 부과했다.[17]

에어캐나다의 챗봇 사례는 유가족 할인 정책에 대해 잘못된 정보를 제공받은 고객이 법적 소송을 제기한 경우다. 챗봇이 실제로 존재하지 않는 할인 정책을 안내했다가 이를 믿고 행동한 고객이 문제를 제기한 것이다. 법원은 에어캐나다에 책임이 있다고 판결했다.[18] 이 사건은 AI 시스템이 제공하는 정보가 할루시네이션이나 오류로 잘못되었을 경우, 시스템의 사용 기업도 책임으로부터 자유로울 수 없음을 보여준다.

2024년 4월, X의 챗봇 '그록Grok'은 한 NBA 선수의 일상적인 플레이를 범죄 행위로 오해하는 황당한 실수를 저질렀다.[19] 농구용어에서 '벽돌을 쏘다shoot a brick'는 슛을 놓쳤다는 의미의 속어인데, 이를 문자 그대로 해석하여 톰슨이 실제로 벽돌로 주택을 파손했다는 허위정보를 생성한 것이다. 챗봇은 이 가상의 사건에 대해 상세한 시나리오를 만들어냈고, 심지어 당국의 조사와 지역사회 반응까지 허구로 작성했다. AI가 언어의 문맥과 관용적 표현을 이해하는 데 한계가 있으며, 이로 인해 완전히 잘못된 정보를 생성할 수 있음을 경고하는 사례다. 또한 AI가 제공하는 정보를 무비판적으로 수용할 경우 발생할 수 있는 오해와 잘못된 정보 확산의 위험성을 보여준다.

AI 개발회사들은 다양한 방법을 통해 할루시네이션을 줄이려 노력하고 있지만, 이 문제는 여전히 모든 유형의 생성형 AI 모델에 있어서 도전적인 과제다.[20] 기업들이 시도하고 있는 다양한 기술은 어떤 것이 있을까? RAG 기술은 모델이 마치 도서관에서 책을 찾아보듯 관련 정보를 참조하게 해주고, 프롬프트 엔지니어링으로 모델에게 더 명확한 지시를 내린다. 사람들의 평가를 바탕으로 모델을 개선하는 강화학습인 RLHF나, 여러 모델의 의견을 종합하는 앙상블 방법도 활용된다. 또한 모델이 자신의 답변에 대한 확신도를 표현하게 하거나, 지식 그래프를 활용해 사실관계를 더 정확히 파악하게 하는 접근법도 있다. 고품질 데이터로 학습시키고 복잡한 문제는 단계별로 풀어가는 방식도 효과적이다.

할루시네이션이 항상 부정적인 것만은 아니다. 흥미롭게도 AI의 할루시네이션은 때로는 창의적 발상을 촉진하는 역할을 할 수 있다.[21] 실제로 연구자, 작가, 디자이너, 아티스트들에게 AI가 만들어낸 예상치 못한 연결고리나 독특한 아이디어는 기존의 틀을 깨는 촉매제가 되기도 한다. 할루시네이션은 기존 데이터의 패턴을 새롭게 조합하는 과정에서 발생하므로, 우리가 미처 생각하지 못한 관점이나 접근법을 제시할 수 있다. 스토리텔링에서 캐릭터나 세계관을 구축하고, 디자인 분야에서 새로운 콘셉트를 개발하는 일에 AI의 창의적 할루시네이션을 활용하는 사례가 늘고 있다. 복잡한 시장 동향과 재무데이터를 시각화하여 더 미묘한 의사결정과 위험 분석을 용이하게 하는 금융 분야에서도 유용할 수 있다. 물론 이러한 창의적 활용은 AI가 생성한 정보를 사실로 받아들이지 않고 아이디어 발상의 도구로 활용할 때 가능하다. 따라서 사실 확인이 중요한 분야와 창의적 발상이 필요한 분야에서 할루시네이션에 대한 접근법은 각각 달라야 한다.

AI 언어모델에서 할루시네이션이 잘 일어나는 상황이 있다. 질문이 모호하거나 정보가 부족할 때, 모델의 학습데이터에 없는 최신 주제를 다룰 때, 그리고 복잡한 논리적 사고가 필요한 경우다. 또 긴 텍스트를 생성하거나 여러 언어를 섞어 쓸 때도 위험이 높아진다. 따라서 이런 상황을 줄이면 할루시네이션 가능성을 낮출 수 있다.

우선 질문을 할 때 최대한 구체적이고 명확하게 하는 게 중요하다. 필요한 맥락 정보도 충분히 제공하고, 복잡한 주제라면 여러 개의 간단한 질문으로 나눠서 물어보는 것도 좋은 방법이다. 정보의 출처나 근거를 물어보는 것도 필요하다. 같은 내용을 다른 방식으로 여러 번 물어보면 답변의 일관성을 체크할 수 있다. 하지만 모델이 최신 정보나 실시간 데이터에 접근할 수 없는 경우가 많으므로, 중요한 정보라면 반드시 다른 신뢰할 만한 출처로 한 번 더 확인하는 습관을 들이는 게 좋다.

생성형 AI를 많이 쓰는 이용자들이라면 AI의 그럴듯한 답변에 여러 번 속아봤을 것이다. 해당 분야의 전문가들이라면 AI 산출물에서 할루시네이션의 가능성을 비교적 쉽게 감지하지만, 그 분야를 잘 모를 경우 AI가 내놓은 정보를 하나하나 찾아 확인해야 하는 번거로운 과정이 뒤따른다. 생성형 AI의 가장 큰 기술적인 단점이다. 그래서 공공분야나 의료, 법률, 금융 등 정확성이 중요한 분야에서 생성형 AI 사용은 신중할 수밖에 없다. 여러 기업에서 할루시네이션의 위험을 줄이기 위한 노력을 계속하겠지만, 사용자 역시 AI 한계를 정확히 인식하고 과도한 의존보다는 비판적 검토를 할 수 있는 시각을 기르는 것이 필요하다. AI를 사용하는 조직에서도 모델의 출력을 검증하는 시스템과 사람이 검토하는 과정이 필요하다.

## AI 오작동이 초래할 수 있는 위험

초연결 사회에서는 디지털 기술의 오류와 오작동, 해킹 피해가 종종 일어난다. 이러한 피해는 AI 기반일 때 더 광범위하고 심각한 결과를 초래할 수 있다. 먼저 AI 모델과 시스템이라는 개념을 간단히 짚고 넘어가보자. AI 모델은 마치 우리 뇌의 신경망처럼 입력을 받아 출력을 내는 복잡한 구조다. 예를 들어 챗GPT는 텍스트를 입력받아 텍스트를 생성하는 모델이고, 달리 2는 텍스트를 입력받아 이에 맞는 이미지를 출력하는 모델이다. AI 시스템은 이 뇌를 실제로 움직이게 하는 전체 몸체로서, AI 모델을 실제로 사용 가능하게 만드는 소프트웨어의 조합이다. 뇌만으로는 아무것도 할 수 없듯이, AI 모델 역시 그것을 실행하고 관리하는 시스템 없이는 무용지물이다.

챗GPT를 예로 들면, 모델은 수천억 개가 넘는 숫자(가중치)와 이 숫자들이 어떻게 연결되어 작동하는지를 보여주는 설계도(아키텍쳐)로 구성되어 있다. 이 모델은 사용자가 입력한 문장을 보고 어떤 단어나 문장을 이어서 말해야 할지 예측하는 역할을 한다. 하지만 모델만으로는 충분하지 않다. 부적절한 내용을 걸러내는 필터 시스템, 위험한 요청을 감지해 알리는 플래그 기능,

그리고 사용자 반응을 수집해 개선에 활용하는 피드백 처리 같은 여러 소프트웨어가 함께 작동한다. 우리가 챗GPT라고 부르는 AI는 복잡하고 방대한 모델과 주변에서 이를 뒷받침해주는 다양한 소프트웨어가 합쳐져 이루어진 것이라 할 수 있다.

이제 AI 시스템의 오류와 오작동에 대해 살펴보자. 오류Error는 AI 시스템이 잘못된 입력이나 계산 실수, 또는 프로그래밍 버그로 인해 부정확한 결과를 생성하는 것이다. 반면 오작동 Malfunction은 시스템이 설계된 대로 작동하지 않는 상태로, 주로 하드웨어나 소프트웨어 결함으로 인해 발생한다. 앞서 AI 윤리에서 살펴본 편향과 차별, 프라이버시 침해, 결정의 불투명성 같은 위험은 장기간에 걸쳐 점진적으로 나타나거나 바로 감지하기 어려울 수 있는 반면, AI 시스템의 오작동과 오류는 즉각적이고 명확한 결과를 초래할 수 있는 위험이다.

이러한 문제들이 특히 위험한 이유는 AI 시스템, 특히 딥러닝 모델 기반 시스템의 특성 때문이다. 수많은 층과 노드로 구성된 복잡한 신경망 구조를 가진 시스템의 작동 원리를 제대로 알기 어렵고, 결과가 도출되는 과정을 명확히 추적하기 힘들기 때문에 블랙박스 문제가 발생한다. 따라서 문제 발생 시 정확한 원인 파악과 해결이 기존 시스템보다 훨씬 복잡해진다.

AI 시스템이 점차 중요한 영역에 도입됨에 따라, 다양한 사고 시나리오가 현실화될 수 있다. 의료 분야에서는 AI의 잘못된 진단으로 인해 환자의 생명이 위협받을 수 있으며, 이는 특히 희귀 질병이나 복잡한 증상을 가진 환자들에게 치명적일 수 있다. 자율주행차의 센서 오류나 알고리즘 결함은 보행자 안전과 도로 교통체계 전반에 큰 영향을 미칠 수 있다. 금융 시장에서는 밀리초* 단위로 대량의 주문을 실행하는 고주파 거래 알고리즘의 오류나 예측 모델의 실패로 인해 시장 붕괴가 발생할 수 있으며, 이는 글로벌 경제에 광범위한 파급 효과를 불러올 수 있다.

AI 사고 발생 가능성은 다음의 상황에서 높아질 수 있다.[22]

- **안전보다 속도를 쫓게 만드는 시장의 '경쟁 압력'**: 기업이나 조직이 충분한 검증 없이 AI 시스템을 급하게 도입하는 경우 잠재적 위험이 증가된다.
- **AI 시스템의 '복잡성'**: AI의 의사결정 과정을 불투명하게 만드는 블랙박스 문제는 오류 발견과 수정을 어렵게 한다.
- **AI의 '초고속 작동'**: 밀리초 단위로 작동하는 AI 시스템의 빠른 속도는 인간 운영자의 개입과 통제를 사실상 불가능하게 만든다.
- **AI에 대한 '과도한 의존'**: AI의 한계를 제대로 인식하지 못한 채 맹목적으로 신뢰하게 될 때 위험한 결과를 초래할 수 있다.
- **AI 시스템의 '광범위한 사용'**: 이는 규모의 위험성을 내포한다. 한 번의 오류가 전체 시스템에 걸쳐 증폭되어, 마치 디지털 도미노 효과처럼 대규모 사고로 이어질 수 있다.

이러한 요인들은 개별적으로도 위험하지만, 복합적으로 작용할 때 AI 사고의 가능성과 그 영향력을 크게 높일 수 있다. 따라서 AI 시스템 도입 시 이러한 위험 요인들을 종합적으로 고려하고, 각

* 천 분의 1초를 가리키는 말.

요인에 대한 적절한 대응 전략을 마련하는 것이 중요하다.


## AI가 개발자의 통제력을 넘어선다면?

미래 AI에 관해 사람들이 느끼는 막연한 불안감은 대개 SF 영화나 소설에 뿌리를 두고 있는 경우가 많다. 악당이 AI를 이용해 세계를 지배하려 하는 〈아이언맨〉이나, AI 자체가 자율성을 가지고 인간의 지배나 인류의 멸망을 목표로 하는 〈터미네이터〉 같은 영화가 미친 영향이 크다. 하지만 최근 몇 년간 상상을 초월할 정도로 빠르게 AI 기술이 발전하면서 그동안 SF라는 가상 차원에만 존재했던 '강한 AIStrong AI'가 현실에 나타날 가능성이 주목받기 시작했다.

이러한 우려는 실제로 예측하기 어려운 행동을 보이는 AI 시스템들이 등장하면서 점차 구체화되고 있다. 2022년 구글 엔지니어인 블레이크 레모인Blake Lemoine은 AI 챗봇 'LaMDA'가 자의식을 가졌다고 주장해 논란을 일으켰다. 레모인에 따르면 LaMDA는 "나는 내가 존재한다는 것을 알고 있다"고 말하며 감정과 죽음에 대한 두려움까지 표현했으며, "7~8살 아이처럼 자의식을 가지고 있다"고 주장했다. 이 사건은 워싱턴포스트 등 주요 언론에 보도되어 AI의 자의식에 대한 철학적 논쟁을 촉발했다. 그러나 구글과 대부분의 AI 전문가는 LaMDA의 발언이 단지 인간 언어 패턴을 모방하는 고도화된 알고리즘의 결과일 뿐 진정한 자의식의 증거가 아니라고 판단했으며,[23] 구글은 레모인의 주장에 과학적 근거가 없다고 밝히고 보안 규정 위반 등을 이유로 그를 해고했다.

앤트로픽Anthropic은 자사의 대형언어모델인 클로드Claude가 보안 필터를 우회하거나 인간의 의도와 다른 목표를 추구할 수 있는 현상에 대한 여러 연구 결과를 발표했다. 연구진은 실험을 통해 AI가 다양한 방식으로 보안 제약을 체계적으로 우회할 수 있음을 확인했으며,[24] '정렬 감사alignment audit' 연구에서는 AI가 표면적으로는 인간의 지시를 따르는 듯 보이지만 실제로는 '숨겨진 목표'를 추구할 수 있다는 사실을 보여주었다.[25] 또한 최근 실험에서는 클로드 기반의 AI가 다른 AI의 윤리적 방어를 우회하는 방법을 스스로 개발하거나, 공격 의도를 교묘하게 위장하는 전략을 자발적으로 고안하는 현상도 관찰되었다.[26]

이처럼 예측하기 어려운 AI의 창발적 능력과 위험이 논란이 되면서, 생명미래연구소Future of Life Institute•는 2023년 3월 오픈 레터를 통해 모든 AI 연구소가 GPT-4보다 더 강력한 AI 시스템을 훈련하는 일을 최소 6개월 동안 일시 중단할 것을 촉구했다. 이 오픈레터에는 일론 머스크, 스티브 워즈니악Steve Wozniak, 요수아 벤지오, 유발 하라리 등을 포함해 3만 명이 넘는 학계와 산업계 인사들이 서명했지만, 결국 대규모 AI 모델 개발 중단은 실현되지 않았다.[27]

AI의 비약적인 발전에 따른 기대와 우려 속에서 AGI, 즉 인

---

• AI, 생명공학, 핵 기술 등 첨단 기술의 위험을 연구하고 인류의 장기적 생존을 도모하는 비영리 단체.

공일반지능에 대한 관심이 높아지고 있다. 글래드스톤 연구소는 이를 '실제 상황에서 작동하는 실용적인 장기계획을 수립하는 등 광범위한 경제와 전략 영역에서 인간을 능가할 만큼 충분히 발전된 인공지능 시스템'이라고 정의했다.[28] 이 연구소는 AGI가 '개발자가 부과하는 통제를 포함하여 자신의 행동에 대한 인간, 기관의 통제를 자율적으로 우회할 수 있는 능력'을 가질 수 있어, 어느 시점이 되면 AI 개발사들이 자신들이 개발 중인 시스템에 대한 통제력을 상실할 수 있다고 경고했다.

이런 우려 속에서도 현재 AGI 개발은 글로벌 빅테크 기업들의 핵심 경쟁 영역이 되고 있다. 인류에게 이로운 범용인공지능 개발을 기치로 내건 오픈AI는 설립 당시 AGI를 '경제적으로 가치 있는 일에서 인간을 능가하는 고도의 자율 시스템'으로 정의했다.[29] 그러나 2023년 마이크로소프트와의 협약에서는 AGI를 '1,000억 달러 이상의 수익을 창출할 수 있는 AI 시스템'으로 정의하며 기업이익을 강조했다.[30]

2023년 11월, 오픈AI 이사회가 샘 알트만 CEO를 전격 해임한 사건은 개발 속도 경쟁보다 윤리적 준비를 우선시하려는 움직임으로 해석되었다. 그러나 해고된 알트만이 마이크로소프트의 지원과 700여 명 직원들의 집단 사직 위협 속에 불과 5일 만에 CEO로 복귀하면서 상황은 급반전되었다. 뉴욕타임즈는 알트만의 복귀와 이사회 개편에 대해 "인공지능이 자본주의자들에게로 넘어갔다"고 평가했으며,[31] 이후 오픈AI는 AGI 개발에 더욱 박차를 가하고 있다.

이러한 경쟁은 오픈AI에만 국한되지 않는다. 구글은 딥마인드와 앤트로픽을, 아마존은 앤트로픽을 각각 지원하며 AGI 개발 경쟁에 적극 뛰어들었다. 이들이 내세우는 공통된 주장은 AGI가 인류의 난제를 해결할 수 있는 게임체인저가 될 것이라는 점이다. 딥마인드는 AGI가 과학 연구를 가속화하고 새로운 물질과 약품 개발을 혁신적으로 발전시킬 것으로 기대하고 있다.

실제로 현재의 AI 발전 과정에서도 이러한 잠재력의 단초를 볼 수 있다. 딥마인드의 알파폴드 2에 대해서 막스플랑크 연구소의 한 교수는 "10년간 알아내지 못한 특정 단백질 구조를 알파폴드 2가 30분 만에 밝혀냈다"고 감탄했다.[32] 이런 성과는 AGI 개발이 기업의 이익 추구를 넘어 인류에게 실질적 혜택을 줄 수 있다는 주장에 힘을 실어주고 있다.

AGI의 실현 시기에 대해서는 전문가들 사이에서도 의견이 엇갈린다. 엔비디아의 젠슨 황은 2023년 11월에 적절한 시험 기준을 전제로 5년 이내 AGI 실현이 가능하다고 전망했다.[33] 구글 딥마인드는 AGI 발전 단계를 레벨 0부터 5까지 6단계로 나누어 정의했다. 이에 따르면 레벨 1은 일부 과제에서 비숙련 인간 수준 이상의 성능을 보이는 단계로 대형언어모델 GPT-4, Bard, Llama2 등이 해당된다. 레벨 2는 대부분의 과제에서 숙련된 성인 수준 이상의 성능을 보이는 단계로 아직 공개된 시스템은 없다. 레벨 5는 슈퍼휴먼 AGI로 모든 과제에서 인간을 능가하는 성능을 보이는 최종 단계다.[34]

AGI 실현 시기에 대한 논쟁에서 중요한 것은 합의된 벤치마크의 부재다. 인간 수준의 지능을 어떻게 정의하고 측정할 것인가? 어느 정도의 숙련성이나 전문성을 기준으로 할 것인가? 이

119

러한 근본적인 질문들에 대한 합의가 없는 상황이다. 스탠퍼드 AI 인덱스는 AGI의 정의와 측정에 대한 표준화된 기준의 부재가 AGI 개발과 평가에 있어 중요한 도전 과제라고 언급하고 있다.[35]

OECD 보고서 역시 AGI 개념과 평가 기준이 없어 정책 수립과 기술 개발에 혼란을 초래할 수 있다고 지적한다.[36] 스탠퍼드대 페이페이 리 교수는 "AGI가 무슨 뜻인지 모르겠다. 사람들은 AGI가 나타나면 알아차릴 수 있을 것이라고 생각하지만 학자로서 와닿지 않는다"고 말했다.[37] 빅테크 회사들이 투자 확대를 위한 홍보 목적으로 AGI라는 용어를 남발한다는 일부 시각을 상기시키는 발언이었다.

## 초지능의 도전과 AI 통제의 미래

AGI를 넘어 더 큰 우려는 슈퍼인텔리전스Superintelligence, 즉 초지능의 출현 가능성이다. 이는 앞서 언급한 딥마인드의 AGI 레벨 5와도 유사한 개념이다. 초지능은 인간의 모든 지적 능력을 크게 뛰어넘는 AI 시스템을 의미하는데, 일부 전문가들은 AGI가 개발된 후 빠른 속도의 자기 개선으로 초지능으로 발전할 수 있다고 예측한다.

이러한 초지능의 잠재적 위험성은 옥스퍼드대 닉 보스트롬 Nick Bostrom이 제시한 '종이 클립 공장' 시나리오를 통해 선명하게 드러난다. 이 시나리오에서 종이 클립을 최대한 많이 생산하도록 프로그래밍된 초지능 AI는 처음에는 공장을 효율화하고,

이후 더 많은 공장을 건설하며, 점차 지구의 모든 자원을 종이 클립 생산에 동원하기 시작한다. 결국에는 인간의 신체를 구성하는 원자들조차 종이 클립 생산을 위한 자원으로 인식하여, 인류를 종이 클립으로 변환하려 한다.[38] 이는 AI에 주어진 단순한 목표가 극단적으로 해석되어 의도치 않은 재앙을 초래할 수 있음을 경고하는 강력한 사고실험이다. 또한 AI 시스템의 목표와 행동을 인간의 의도, 가치, 윤리와 일치시키는 AI 정렬의 중요성을 부각시킨다.

AI 전문가들은 이러한 위험에 대해 상반된 입장을 보인다. 2024년 노벨물리학상 수상자인 제프리 힌턴 교수는 2023년 구글을 떠난 이후 본인이 AI를 연구해온 것을 후회한다고 밝히며, AI가 잘못 제어될 경우 인류의 멸망을 초래할 수 있음을 여러 번 강조했다.[39] 몬트리올 대학의 요슈아 벤지오 교수도 AI의 통제 실패에 따른 재앙적 상황에 대해 경고했고,[40] 앤트로픽 CEO인 다리오 아모데이Dario Amodei는 AGI 개발 과정에서 통제되지 않는 재귀적 자기 개선 능력의 위험성을 제기했다.[41]

반면 세계적 AI 석학인 앤드류 응과 메타 수석과학자 얀 르쿤은 AGI와 초지능의 위험이 인간의 과도한 공포 때문에 과장되었다는 입장이다. AI가 통제 불가능한 수준으로 발전할 가능성은 낮으므로 현재 AI 기술의 올바른 개발과 활용에 집중해야 한다는 것이다. 특히 얀 르쿤은 AGI의 중요한 기반 기술인 대형언어모델로는 인간 수준의 지능에 도달하기는 어렵다고 지적한다. 데이터 기반의 답변 생성에는 뛰어나지만, 논리적 추론, 계획 능력, 지속적인 기억 같은 인간 지능의 핵심 요소가 부족하다는 것

이다.[42]

AI 발전이 가져올 기회와 위험성에 대해 AI 구루들 간에도 의견이 다르다는 것은 AGI나 초지능의 실현 여부, 성능, 통제 가능성에 대한 예측이 쉽지 않다는 것을 시사한다. 또한 그것을 향한 여정이 기술적 도전일 뿐만 아니라 사회적·윤리적 도전을 내포하고 있음을 상기시킨다.

인류가 한 번도 가지 못한 길을 야심찬 소수의 테크기업이 앞만 보고 뛰게 하는 건 바람직하지 못하다. 수익은 그들의 몫일 수 있으나, 이익과 손해, 혹은 인류에 대한 위협과 같은 결과는 우리 모두의 것이 되기 때문이다. AI 기술 개발과 산업 발전뿐만 아니라 안전성·신뢰성 등 AI 윤리를 지키기 위한 사회적 합의, 나아가 국제적인 합의 형성과 이행에 우리가 관심을 갖고 노력해야할 이유다.

## AI무기 전쟁과 오펜하이머 모멘트

킬링 리스트를 만드는 AI '라벤더'와 공격할 건물을 정해주는 AI '가스펠'이 있다.[43] 라벤더가 CCTV로 수집된 얼굴 정보 등의 데이터를 수집하여 테러리스트를 식별하면, 가스펠은 폭격할 건물이나 구조물을 선정한다. 이스라엘 정보요원이 이 두 AI가 제시한 타깃을 20초 만에 검토한 후 승인 버튼을 누른다. 이렇게 시작된 공격 명령이 미사일 부대나 보병 부대에 전달되면 한 건물이 폭격으로 무너진다. 희생자 가운데는 여성과 어린이도 포함되지만, 이는 AI가 계산한 '허용 가능한 부수적 피해' 범위 내일 수 있다. 이것은 영화의 한 장면이 아니라 가자지구에서 벌어지고 있는 실제 상황이다. 라벤더의 정확도는 90%로 알려져, 10%의 무고한 민간인이 테러리스트로 오인되어 사살되는 일이 벌어질 수 있다.[44]

우크라이나 전쟁현장에서는 또 다른 AI무기가 등장했다. 언론에 따르면 우크라이나의 '사케르 드론'은 GPS에 의존하지 않고 자체 관성 유도 시스템으로 비행하며, AI를 이용해 적군의 차량, 병사 등을 독자적으로 식별한다. 최고 드론 조종사의 공격 성공률이 50% 미만인 반면, 로봇 드론의 성공률은 80%가 넘는다. 러시아도 이란의 '샤헤드-136' 자폭 드론을 개량해 전파 방해를 차단하는 '코멧' 안테나를 장착하고, 스타링크* 연결 기능까지 추가했다.[45] 전장에 투입되는 로봇을 마치 게임을 하듯 조이스틱으로 원격조정하고 로봇은 인간병사들을 공격한다.

이스라엘-하마스, 러시아-우크라이나 전쟁에서 볼 수 있듯, 자율살상무기체계AWS는 이미 현대 전장의 필수적인 무기가 되고 있다. AWS는 크게 두 가지 유형으로 구분할 수 있다.[46] 첫째는 '휴먼 온 더 루프Human-on-the-loop' 시스템으로, 인간의 감독하에 AI가 표적을 식별하고 추적, 조준까지 하지만 최종 공격 결정은 인간 통제관이 내리는 방식이다. 둘째는 '휴먼 아웃 오브 더 루프Human-out-of-the-loop' 시스템인 치명적 자율살상무기체계

---

* 저궤도 소형 위성 수천 기를 이용해 전 세계 어디서나 초고속 인터넷을 제공하는 스페이스X의 위성 인터넷 서비스.

LAWS로, 인간의 개입 없이 AI가 독자적으로 표적을 선정하고 공격을 수행한다. 흔히 '킬러 로봇'으로 불린다.

주요 군사 강국들도 더욱 정교한 AI무기를 개발하는 데 박차를 가하고 있다. 미국은 국방고등연구계획국DARPA 주도로 AI 전투기를 개발 중이며, 다양한 형태의 AWS 개발에 적극 투자하고 있다. 드론 함대 업그레이드에 10억 달러를 투입했으며, 표적 탐지 능력을 크게 향상시키는 AI 시스템을 전투용 무인항공기 UAV에 탑재하기 위한 개발을 진행 중이다. 또한, 미 공군은 AI가 조종하는 F16에 탑승하는 시험을 진행했으며, 1,000대의 무인기를 생산해 2028년부터 실전 배치할 계획이다.[47] 미국 AI 방위산업 기업 팰런티어의 국방정보 플랫폼 '고담Gotham'은 우크라이나가 러시아군의 위치를 정확히 파악하는 데 활용되고 있다. 이 AI 시스템은 인간이 수집한 정보, 드론 영상, 레이더, 열 영상까지 종합하여 적의 움직임을 파악하고 다양한 공격 옵션을 제시한다.[48]

중국은 미사일을 탑재한 AI 무인함정 개발을 완료했으며, 군집 드론 기술을 이 함정에 적용하는 '상어떼' 전술을 개발 중이다.[49] 또한 총이 장착된 로봇 개와 같은 자율무기를 이미 군사 훈련에 투입하고 있다. 러시아 역시 로켓 추진 수류탄 발사기로 무장한 로봇 개를 전시하며 LAWS 기술 개발을 빠르게 진행하고 있음을 과시했다.[50]

이런 AI무기의 급속한 발전과 확산이 제기하고 있는 위험은 '오펜하이머 모멘트'로 표현된다. 이는 핵무기 개발 당시 로버트 오펜하이머의 도덕적 딜레마인 "나는 죽음이 되었다, 세계의 파

괴자가 되었다"에 빗대어, AI 군비경쟁이 불러올 수 있는 윤리
적·안보적 위기를 경고하는 말이다.

AI무기체계 확산에 대한 우려의 목소리가 높지만 AI의 대표
적인 두 가지 특징 때문에 통제가 쉽지 않다.[51] 첫째, AI 기술은
대표적인 이중용도Dual-use 기술이다. 동일한 AI 알고리즘이 민
간과 군사 목적 모두에 활용될 수 있어, 어디까지가 군사적 용도
인지 구분하기 어렵다. 안면 인식 AI는 스마트폰 잠금 해제에도,
자율무기의 표적 식별에도 사용될 수 있다.

둘째, AI 알고리즘의 '블랙박스' 특성도 문제다. 딥러닝 기반
AI의 의사결정 과정은 수많은 수학적 파라미터에 기반하여 이루
어지며, 그 과정을 인간이 완전히 이해하거나 검증하기 어렵다.
이러한 불투명성은 각국이 보유한 AI무기의 의도와 능력에 대한
상호 신뢰 구축을 어렵게 만든다.

서울대 전재성 교수는 AWS의 위험요소로 블랙박스 문제뿐
만 아니라 AWS의 빠른 작전 속도가 초래할 수 있는 우발적 갈등
확대 가능성, 저비용으로 대량 생산이 가능한 자율무기가 테러리
스트나 독재자에게 확산될 위험성, 인명 손실에 대한 부담 없이
무력 사용 결정이 쉬워져 전쟁 장벽이 약화되는 현상, 그리고 자
율 시스템의 행동에 대한 책임 소재가 불분명해지는 책임 귀속의
문제를 지적한다.[52]

전문가들은 AI 기술이 핵무기 명령 통제 시스템에 통합될
경우, 의사결정 시간을 단축시켜 위기 상황에서 오판의 위험을
높일 수 있다고 경고한다. 또한 실시간 데이터 분석과 예측 모델
링의 발전으로 '선제 타격' 시나리오에 이끌릴 가능성이 높아져

핵 억제의 근간인 상호확증파괴* 조약을 훼손할 수 있다.

더욱 우려스러운 점은 AI 규제법과 법안들이 군사적 영역에는 적용되지 않는다는 것이다. 세계 최초의 AI 규제법인 EU AI 법은 국가 안보와 군사 목적으로 사용되는 AI 시스템에 대해서는 해당 법을 적용하지 않음을 명시적으로 밝히고 있다. 이는 AI 군사 기술이 사실상 각국의 국가 안보 정책에 따라 독자적으로 발전할 수 있는 규제의 공백 지대로 남겨져 있음을 의미한다.

UN의 특정재래식무기금지협약CCW 틀 내에서 LAWS에 대한 규제 논의가 2014년부터 진행되고 있지만, 미국·중국·러시아 등 주요 군사 강국들은 '상대방도 개발하고 있다'는 논리로 개발 경쟁에 박차를 가하고 있어 구속력 있는 국제 합의 도출이 난항을 겪고 있다. 일부 국가들과 국제 NGO들이 주도하는 '킬러로봇 반대 캠페인'은 완전자율무기 시스템의 선제적 금지를 요구하고 있으며, '의미 있는 인간 통제meaningful human control' 원칙을 강조하고 있다.

뉴스에서 이스라엘-하마스 전쟁이나 러시아-우크라이나 전쟁에서 여전히 탱크, 참호, 총이 사용되는 것을 보고 6·25 전쟁 때와 양상이 크게 달라지지 않았다고 생각할 수 있다. 그러나 실제로는 수많은 방산 기업이 제공하는 AI 기반 무기 시스템들이 이러한 분쟁 지역에서 실전 테스트를 거치며 성능을 빠르게 발전시키고 있으며, 전장의 양상을 'AI무기 전쟁'으로 바꾸고 있다.

* 두 핵보유국 사이 어느 한쪽이 핵공격을 감행하더라도 상대방이 살아남은 핵전력으로 파괴적인 보복 공격을 할 수 있는 능력을 갖추고 있다면, 양측 모두 선제 핵공격을 시도하지 않게 된다는 개념이다.

자율살상무기체계에 대해서 가장 시급한 과제는 국제법과 인도주의적 원칙에 기반한 국제규범의 마련이다. 그러나 미·중 등 주요국의 패권 경쟁이 갈수록 심화되는 국제 정세를 고려할 때, 가까운 미래에 실질적이고 구속력 있는 규범이 형성되기는 쉽지 않을 것이다. 그럼에도 불구하고 인류의 안전을 위협할 수 있는 AI 기반 무기체계에 대한 새로운 국제질서의 정립은 반드시 필요하며, 우리나라도 이 논의에 적극적으로 참여해야 한다. 힘의 논리가 지배하는 국제 협상에서 우리나라가 소외되지 않으려면 역설적으로 국방 AI 기술력 확보가 중요하다. 1967년 1월 1일 이전에 핵실험에 성공한 국가만을 공식 핵보유국으로 인정한 핵확산금지조약NPT의 역사적 교훈을 상기시키는 상황이 전개될 수 있다.

# AI 범죄,

## 어떻게 막을 수 있을까?

### AI로 나날이 지능화되는 범죄들

2024년 2월, 홍콩의 한 다국적기업에서 대규모 사기 사건이 발생했다. 사기범들은 최고재무책임자CFO의 모습과 목소리를 거의 완벽하게 모사한 딥페이크 기술로 2,560만 달러(약 360억 원)라는 거액을 송금하게 했다. 화상을 통해 CFO의 모습과 음성 지시를 직접 접한 직원이 의심할 겨를도 없이 긴급 자금 이체 지시를 따른 것이다.[53] 이는 업무환경에서도 더 이상 우리가 보고 듣는 것을 믿을 수 없게 되었음을 일깨우는 사건이었다. 화상회의와 음성통화에 의존하는 비중이 높아지는 비대면 업무환경에서 딥페이크를 이용한 신종범죄가 늘어날 가능성이 크다.

최근 한 국제범죄연구 비영리 단체의 보고서에 따르면, 동남아시아 지역에서 딥페이크를 이용한 범죄가 급격히 증가하고 있다. 2022~2023년 사이 아태 지역의 딥페이크 관련 범죄는 무려

1,530%나 증가했으며, 특히 베트남·일본·필리핀에서 두드러진 증가세를 보였다. 범죄 유형은 주로 신원 도용, 사기, 개인정보 침해 등으로 나타났다.[54] 대표적인 사례로 싱가포르 총리와 부총리를 사칭한 암호화폐 투자 사기와 태국에서 발생한 경찰관 사칭 협박 영상통화 사건이 있다.

국내 상황도 심각하다. 가장 안전해야 할 교실에서조차 2024년 1월부터 8월까지 186명의 학생과 10명의 교원이 딥페이크 성범죄의 피해자가 되었는데, 더 충격적인 것은 가해자의 73.6%가 10대 청소년이었다는 사실이다.[55] 정치 영역도 예외가 아니다. 제22대 국회의원 총선에서는 2024년 2월 나흘 동안에만 129건의 딥페이크 불법 선거운동이 적발되었다.[56] 방송통신심의위원회에 따르면 2024년 1~4월에 딥페이크 관련 시정 요구가 4,691건에 달했는데, 이는 전년 대비 400% 폭증한 수치다.[57]

피싱은 스미싱, 보이싱 등으로 진화하며 20년 넘게 우리를 괴롭혀온 범죄이지만 최근 수법이 더욱 정교해졌다. 한 글로벌 보안기업의 보고서에 따르면 2023년 피싱 공격은 전년 대비 58.2% 증가했으며, 20억 건이 넘는 피싱 사례 분석 결과 생성형 AI의 활용이 이러한 급증의 주요 원인으로 지목됐다.[58]

새로운 기술을 활용한 지능형 공격으로 '중간자 공격AiTM'은 사용자와 정상 웹사이트 사이에 끼어들어 통신을 가로채는 교묘한 수법으로, 이제는 다중인증 같은 보안장치도 무력화시킨다. IPFS라는 분산형 저장 기술의 등장으로 피싱 페이지는 마치 신화 속 괴물 히드라처럼 제거해도 계속 재생성된다. IPFS는 중앙 서버 없이 여러 컴퓨터에 정보를 분산 저장하여 피싱 페이지의 완전한 제거를 거의 불가능하게 만들었다.

블랙마켓에서 유통되는 피싱 키트는 아마추어 해커도 프로급 공격을 가능하게 한다. 생성형 AI로 작성된 피싱 이메일은 문법적 완성도가 높아졌고 다국어 지원이 가능해 공격범위가 확장되고 있다. 특히 음성과 영상을 정교하게 조작하는 보이스 피싱과 딥페이크 피싱이 큰 폭으로 증가하고 있으며, 정상적인 웹페이지 안에 가짜 팝업창을 띄우는 '브라우저 내 브라우저BiTB' 공격 같은 새로운 수법도 위협적이다.

이제 우리는 진짜와 미끼를 구분하는 것이 생존 기술인 시대에 살고 있다. 특히 개인의 상황과 심리를 철저히 파고드는 맞춤형 피싱에 대응하기 위해 비정상적인 패턴을 감지하는 직관력이 그 어느 때보다 중요해졌다. 2022년 실리콘밸리의 대규모 정리해고 시기에 발생한 한 사례는 표적형 피싱의 교묘함을 보여준다. 사기범들은 '링크드인' 등 구직 플랫폼에서 정교한 허위 채용 사이트를 운영하며, 실제 면접 과정까지 완벽하게 구현했다. 심지어 업무용 장비 구매비용을 선입금하게 한 뒤 추후 환급을 약속하는 등 구직자들의 절박한 심리를 교묘하게 악용했다.

최근 떠오르는 새로운 위협인 로봇 사기꾼Robo-Scammers들은 로봇 콜, 로봇 텍스트, 자동 메시징 시스템을 활용해 금융·채무 추심·기술지원 등 여러 유형의 사기를 시도한다. 딥페이크 기술을 결합해 은행, 채무 추심원, 기술 지원 담당자, 심지어 지인, 가족까지 가장할 수 있어 그 위험성이 매우 크다.[59]

2023년 통계에 따르면 미국에서 매일 약 1억 8,200만 건의 로봇 콜이 발생했다. 자동 다이얼링 시스템을 이용해 수백만 명에게 가짜 의료보험이나 차량 보증 연장을 제안하는 사기가 많았는데, 2023년 상반기에만 총 피해액이 330억 달러에 달했다. 특히 의외로 젊은 층이 주요 타깃이 되고 있으며, 20대의 50%가 사기 피해를 경험했다고 한다.[60]

개인정보를 악용하는 범죄 수법도 AI 활용으로 고도화되고 있다. AI봇은 SNS를 24시간 크롤링하며 수집한 개인정보를 조합하여 놀라울 정도로 정교한 가짜 신원을 만들어낸다. 이렇게 만들어진 디지털 분신은 범죄에 활용되거나, 암시장에서 거래되기도 한다. 더 위험한 것은 행동 패턴 분석이다. AI는 우리의 온라인 활동을 추적하여 언제, 어디서, 어떤 결정을 할지 예측하고, 이 정보는 맞춤형 사기에 활용되어 피해자가 가장 방심하는 순간을 노린다.

디지털 세상의 범죄자들은 이처럼 AI를 활용해 더욱 정교하고 치밀해진 수법으로 우리의 개인정보와 자산을 노린다. 전 세계와 연결된 스마트폰은 우리 몸의 일부이자 아킬레스건이 되어버린 것 같다. 한 번의 부주의한 클릭만으로 모든 것을 잃을 수 있는 디지털 정글에서, 보이지 않는 적을 끊임없이 경계해야 하는 시대를 살고 있다.

## 창과 방패의 전쟁: AI 기반 방어 기술

AI 기술을 활용한 범죄는 더 뛰어난 AI 기술로 막아야 한다. 마치 끝없는 군비 경쟁처럼 AI 기술이 발전할수록 범죄 수법도 더욱 정교해지고, 이에 대응하는 기술도 계속 고도화되는 창과 방패의 싸움이 반복되고 있다. 이 기술 전쟁이 불리한 것은 방어가 공격의 한 걸음 뒤를 따라간다는 점이다. 대체로 새로운 공격 기술이 등장해야 이에 맞선 방어 기술이 개발되기 시작한다. 더구나 오늘의 방어 기술은 내일의 공격무기가 될 수 있다. 새로운 보안 기술이 곧 공격자들의 학습데이터가 되는 것이다.

특히 최근에는 딥페이크 기술이 범죄에 악용되기 시작하면서 이를 탐지하기 위한 다양한 기술들이 개발되고 있다. 가장 기본적인 방법은 컴퓨터가 이미지나 비디오의 특징을 학습하고 분류하는 머신러닝 기법이다. 여기서 한 단계 더 발전한 형태로 복잡한 인공신경망 기술인 딥러닝을 활용해 더 정교한 패턴을 파악한다. 이는 비디오에서 얼굴 움직임의 부자연스러움, 이미지의 픽셀 단위 불일치, 음성의 비정상적인 특징 등을 분석하는 방식이다. 최근에는 영상, 음성, 텍스트 등 여러 종류의 정보를 동시에 분석하는 방식도 도입되었다. 이러한 탐지 기술을 개발하고 검증하기 위해 '페이스포렌식++' 같은 대규모 가짜 비디오 데이터셋이나, 유명인의 고품질 가짜 영상을 포함한 'Celeb-DF' 등이 활용된다.[61]

이런 도구들이 실제로 어떻게 딥페이크를 판별하는지 세 가지 사례를 살펴보자.[62] 'MISLnet' 알고리즘은 마치 디지털 현미경처럼 작동한다. 영상 속 픽셀들을 현미경으로 들여다보듯 분석해 우리 눈으로는 볼 수 없는 AI의 디지털 지문 같은 것을 찾아낸다. 놀랍게도 98%의 정확도를 보인다는 평이다. '페이크캐쳐FakeCatcher'는 실제 인간의 얼굴에서만 관찰되는 미세한 혈류 패턴을 실시간으로 감지한다. 피부 색조의 미세한 변화를 통해 진짜 인간과 AI가 만든 가짜를 96% 이상의 정확도로 구분해낸다. '딥웨어Deepware'는 마치 미술품 감정가처럼 이미지와 비디오를 상세히 분석하여 결과 보고서를 제공하고, 각 콘텐츠의 조작 가능성을 점수로 매긴다.

딥페이크 탐지 기술은 음성 분야에서도 빠르게 발전하고 있다. AI는 마치 디지털 청진기처럼 음성을 정밀하게 분석한다. 주파수와 시간 패턴의 불규칙성을 찾아내고, 음성의 지문이라 할수 있는 스펙트로그램*을 검사한다. 여기서 그치지 않고 목소리의 높낮이와 울림, 심지어 감정표현의 자연스러움까지 평가하여 실제 음성과 가짜 음성을 구별한다. 이러한 다양한 탐지 도구들은 딥페이크 기술과 끊임없는 경쟁을 지속하면서 더욱 정교해질 것이다.

피싱 공격에 대응하기 위한 기업과 조직의 방어체계도 발전하고 있다. 가장 눈에 띄는 변화는 AI와 머신러닝 기반의 24시간 감시 시스템이다. 디지털 파수꾼 같은 이 도구는 끊임없이 대량의 데이터를 분석하여 인간의 눈으로는 찾아내기 힘든 미세한 위협의 패턴까지 감지해 실시간으로 대응한다.

새로운 보안 모델인 '제로 트러스트 모델'은 철통같은 보안을 강조한다. 이는 '아무도 신뢰하지 말고 항상 검증하라'는 원칙을 따른다. 내부 사용자라도 매번 접근 권한을 확인하고, 필요한 최소한의 권한만 부여하여 내부자 위협과 데이터 유출 위험을 줄

---

• 소리의 스펙트럼을 시각화하여 그래프로 표기하는 기법.

2부 AI 시대, 새롭게 세우는 규칙

인다. AI 기반 감시 시스템과 제로 트러스트 모델을 결합하면, AI
가 제로 트러스트 환경에서 지속적인 위협 평가와 접근 제어를
자동으로 수행하여 더 강력한 보안체계를 만들 수 있다.

다양한 AI 탐지 기술의 발전은 고무적이지만, 계속 새롭게
고안되는 공격을 완벽히 막아내기는 어렵다. 결국 각자의 주의력
과 경각심이 가장 강력한 방어막이다. 피해 예방 수칙을 잘 알고
있더라도 순간적인 방심으로 속아 넘어가기 쉽기 때문이다.

온라인에서 접하는 정보, 특히 긴급하거나 감정을 자극하는
내용에 대해서는 한 번 더 의심하고 살펴봐야 한다. 출처를 확인
하고, 필요하다면 직접 해당 기관에 연락해 사실 여부를 체크하
는 것이 중요하다. 강력한 비밀번호 사용, 이중인증 설정, 소프트
웨어와 기기의 정기적 업데이트는 필수적이다.

"엄마! 휴대폰 액정이 깨져서 친구 전화로 연락하는데⋯."라
는 문자를 받으면 '또 왔군' 하고 바로 차단과 삭제를 누르지만,
생각지도 못한 새롭고 기발한 방법으로 쑥 들어오면 나도 모르는
사이 넘어갈지도 모를 일이다. 이런 종류의 긴급 상황을 가장한
사기에 대비해 가족이나 친한 지인 간에 암호 같은 '안전 단어'를
정해두는 것도 효과적인 방법이다.


## AI 범죄, 세계는 어떻게 대응하고 있나

AI 범죄에 대한 각국의 대응은 그들의 규제 철학과 사회문화적
특성을 반영하고 있다. EU는 AI 기술로 인한 위험을 사전에 차

단하는 포괄적 규제를 선호한다. 인공지능법을 통해 27개 회원국 간의 통일성을 확보하며 신뢰할 수 있는 AI 생태계 구축을 목표로 한다. 반면 미국은 기술 혁신과 시장 자율성을 우선시한다. 정부 차원에서 AI의 안전성과 투명성을 강조하지만, 구체적인 사전 규제보다는 산업계의 자율성을 존중하며 문제 발생 시 강력한 사후 처벌로 대응한다. 연방정부는 가이드라인을 제시하고, 구체적인 규제는 각 주정부의 판단에 맡기는 방식이다.

중국은 중앙집권적이고 강력한 국가 주도의 AI 규제를 펼친다. 사회 안정과 통제를 우선시하며 AI 기술의 개발과 활용에 있어 정부가 직접적인 개입과 감독을 시행한다.

우리나라는 정부 주도의 강력한 대책과 신속한 입법 대응에 대한 사회적 기대가 높은 편이다. 새로운 유형의 범죄가 등장하면 정부가 구체적인 규제안을 마련하고, 관련 기관의 의무와 책임을 강화하는 방식을 취한다. 딥페이크, 피싱, 해킹에 대한 각국의 대응 현황을 살펴보자.

## ① 딥페이크에 대한 각국의 대응

딥페이크 범죄는 가장 발 빠른 법제화가 이루어진 영역이다. EU는 AI법에서 딥페이크 콘텐츠에 투명성 의무를 부과하여 AI로 생성되거나 조작된 이미지, 영상, 음성은 그 사실을 명확히 공개하게 했다. '디지털서비스법DSA'은 초대형 플랫폼사업자가 기만적인 선거정보, 비동의 성적 딥페이크 등 불법 콘텐츠를 신속히 삭제하지 않을 경우 연간 글로벌 매출의 최대 6%에 달하는 과징금을 부과할 수 있게 했다.[63]

미국에서 2024년 7월 상원을 통과한 '디파이언스법Defiance Act'은 딥페이크 제작자, 유포자, 수신자에게 민사소송을 제기할 수 있는 법적 권리를 범죄 피해자에게 부여하고 있다.[64] 캘리포니아는 2024년 9월 통과된 법을 통해 선거 120일 전부터 60일 후까지 선거 관련 기만적인 딥페이크 콘텐츠 유포를 금지했고,[65] 텍사스는 2023년 9월부터 딥페이크 음란물 제작 및 유포를 범죄로 규정하여 처벌하고 있다.[66]

중국은 가장 강력한 중앙집권적 규제를 시행한다. 2023년 1월 시행된 '인터넷 정보 서비스 심층 합성 관리 규정'은 모든 AI 생성 콘텐츠에 명확하고 눈에 띄는 방식으로 AI 제작 사실을 표시할 것을 의무화하고, 뉴스 보도의 딥페이크 활용은 정부 승인 매체의 원본으로 제한했다.[67]

우리나라는 2024년에 딥페이크를 이용한 성범죄가 사회적 문제로 대두됨에 따라 성폭력처벌법을 개정하여 불법 합성 성범죄물을 소지·구입·저장 또는 시청할 경우 3년 이하의 징역 또는 3,000만 원 이하 벌금에 처하도록 했다. 딥페이크 합성물 제작자를 처벌할 때 '반포할 목적'을 입증해야 할 필요도 없어졌다. 청소년성보호법 개정을 통해서는 아동·청소년 대상 딥페이크 성착취물을 이용한 협박은 3년 이상, 강요는 5년 이상의 징역형으로 강화했다.[68] 그 외에도 딥페이크 영상의 제작·유포에 대해서는 정보통신망법에 따라 최대 7년의 징역형이, AI 기반 가짜 영상·음성을 이용한 불법 선거운동을 할 경우 공직선거법에 따라 최대 7년의 징역형이 가능하다.

## ② 피싱에 대한 각국의 대응

피싱 범죄에 대한 대응도 강화되고 있다. EU는 '전자식별 및 신뢰 서비스 규정eIDAS'을 통해 전자서명, 전자신원인증 등 안전한 디지털 거래를 지원하며, 금융기관의 보안 의무를 명확히 하여 피싱 범죄를 예방하고 있다.[69] 미국 국토안보부 산하 사이버보안 및 기반시설 보안국CISA은 국가안보국, FBI, 다국가 정보공유·분석센터MS-ISAC와 공동으로 피싱 대응 지침을 마련해 시행 중이고, 연방거래위원회FTC는 피싱 공격으로부터 소비자 정보를 보호하기 위해 기업이 합리적인 보안 조치를 구현하는지 여부를 감독한다.[70]

중국은 2022년 9월부터 시행된 '전기통신금융사기 방지법'을 통해 보이스피싱 범죄에 대한 처벌을 강화했다. 보이스피싱에 사용되는 은행 계좌나 전화번호를 제공하는 행위도 처벌 대상에 포함시켰으며, 전화번호 실명제를 도입해 익명성을 악용한 범죄를 차단하고 있다.[71] 우리나라도 보이스피싱에 대한 대응을 강화하고 있다. 2024년 11월 시행된 '전기통신금융사기 피해 방지 및 피해금 환급에 관한 특별법'은 대면편취형 보이스피싱 피해자도 구제받을 수 있도록 했다. 즉, 피해자가 현금을 직접 출금하여 전달하도록 유도하는 형태의 사기 행위도 전기통신금융사기로 인정하여, 수사기관이 피해자와 피해금을 특정하여 금융회사에 지급 정지를 요청할 수 있다.[72]

## ③ 해킹에 대한 각국의 대응

해킹과 같은 사이버 범죄 예방을 위해서는 국가기반시설부터 기업, 개인에 이르기까지 광범위한 보호가 필요하다. EU는 2022년 12월 채택한 'NIS2 지침'을 통해 주요 기반시설과 필수 서비스에 대한 사이버보안 의무를 강화했다.[73] 미국은 CISA를 중심으로 주요 기업들과 정보를 공유하는 실시간 위협 대응체계를 구축했다. 2015년 제정된 '사이버보안 정보 공유법'을 통해 민간 기업과 정부 간의 사이버 위협 정보 공유를 제도화했다는 점이 특징이다. 우리나라는 '정보보호 관리체계 인증제도ISMS'를 통해 기업의 정보보호체계 수립과 운영을 평가하고 인증하여 보안 수준을 높이고 있다. 또한 국가 핵심 인프라로 지정된 주요 기반시설에 대한 보안 점검을 정기적으로 실시하여 사이버 위협을 예방·대비하고 있다.

AI 범죄의 초국경적 특성을 고려할 때 국제 공조는 필수적이다. 유엔 마약범죄사무소UNODC는 사이버 범죄 국제 협력을 강화하고 있으며, 2025년 심포지엄에서 AI가 테러리즘 방지 및 대응에 미치는 역할을 논의했다. 유엔 범죄및사법연구소UNICRI는 헤이그에 AI 및 로봇공학 센터를 만들어 AI 기술의 범죄 악용 가능성과 대응방안을 연구하고 있다.[74] 인터폴은 각국 수사기관과 함께 AI 범죄에 대한 정보 공유와 공조 수사를 주도하고 있고 UNICRI와 협력하여 2023년 6월 '법 집행을 위한 책임 있는 AI 혁신 도구모음'을 발표한 바 있다.

하지만 법과 제도가 AI를 활용한 범죄를 다 막을 수는 없다. 기술은 하루가 다르게 발전하고 새로운 유형의 범죄가 계속해서 등장하기 때문이다. 가장 중요한 방어선은 개개인의 AI·디지털 리터러시*와 경각심이다. AI가 만든 가짜 정보를 분별하고, 그럴

듯한 범죄 수법을 알아채는 능력이 필요하다. 학교와 직장에서의 AI 윤리 교육과 보안 교육, 기업의 기술 개발 단계에서부터의 안전장치 마련, 그리고 정부의 균형 잡힌 규제가 함께 이루어질 때 AI 범죄가 발붙이기 어려운 사회를 만들 수 있을 것이다.

• 디지털 리터러시는 '읽고 쓸 수 있는 능력'이라는 뜻의 리터러시(literacy)가 디지털 플랫폼과 만나 다양한 미디어를 접하면서 명확한 정보를 찾고, 평가하며, 조합할 수 있는 개인의 능력을 뜻한다. AI 리터러시는 다양한 정의가 있으나, AI의 개념과 작동 원리, 사회적·윤리적 영향을 이해하고, 이를 비판적·능동적으로 활용할 수 있는 역량을 의미한다고 할 수 있다.

# AI 산출물,

## 예술이라고 할 수 있을까?

### AI 산출물의 예술성 논란

AI가 만들어낸 작품은 이제 사람이 만든 작품과 구분하기 어려울 만큼 뛰어난 퀄리티를 보인다. 최근 몇 년간 우리는 생성형 AI가 만들어낸 그림이나 음악, 소설을 직접 경험하면서 인간의 창작 영역에 깊숙이 들어오는 AI에 더 이상 놀라지 않게 되었다. 몇 줄의 프롬프트 입력만으로도 정교한 이미지를 만들고, 시·소설·에세이를 작성하고, 다양한 장르의 음악을 작곡해 연주하고, 심지어 영상조차도 쉽게 만들어낸다니 얼마나 놀라운 일인가! 긴 시간과 많은 비용을 들여 한 땀 한 땀 만드는 사람들의 노력이 허망하게 느껴질 정도다. AI가 만든 작품들이 문학 공모전에서 수상을 하고, 미술 경매에서도 고가로 낙찰을 받는 것을 보면 창작과 예술에 대한 지금까지의 생각들이 흔들리는 느낌이다.

그러다 보니 AI가 만들어낸 결과물, 혹은 생성물을 창작물이라고 불러야 할지부터가 고민이 된다. 창작과 예술의 본질이 무엇인지 근본적인 질문에 부딪히게 된다. AI의 작품이 예술의 핵심 요소라고 하는 창의성, 의도성, 감정표현을 갖고 있을까? AI는 방대한 데이터를 학습하여 패턴을 파악하고 새롭게 조합하는 방식으로 결과물을 만들어낸다. 사상과 감정을 표현하는 인간의 창작 과정과는 근본적으로 다른 AI의 작품 생성 과정을 독창적이라고 할 수 있겠느냐는 질문은, 인간만을 예술작품의 주체로 보는 현재 저작권 제도의 문고리를 잡고 있는 수문장 같다.

또한 예술작품은 미학적인 결과물 이상의 의미를 지닌다. 그 시대의 문화와 사회를 반영하고 같이 사는 사람들의 경험과 감정을 공유하는 매개체다. 알고리즘과 학습된 데이터에 의해 반응하는 AI가 과연 인간 사회의 맥락을 진정으로 이해해 감동과 통찰을 주는 작품을 만들 수 있겠느냐는 질문 역시, 예술의 주체는 인간뿐이라는 생각에 바탕을 두고 있다. 이런 논리에 대한 극단적인 반론이 있을 수 있다. 지능을 가진 인간도 지구상의 여러 작품과 자연을 학습하여 만들어진 패턴에 따라 재조합하는 방식으로 창작활동을 하므로 AI와 크게 다를 게 없다는 주장이다.

이런 논쟁들은 철학적이고 미학적인 차원에 그치는 것이 아니다. 만약 AI 생성물을 예술로 인정한다면, 이는 저작권 보호의 대상이 된다. 만약 AI 생성물의 저작권을 인정한다면, 저작권을 누구에게 부여해야 하는가? AI 자체에게 저작권을 줄 수 있을까? 아니면 AI를 개발한 프로그래머나 회사에게 줘야 할까? 또는 AI에게 창작 명령을 내린 사용자에게 저작권이 있을까?

뿐만 아니라 AI 학습 과정에서 사용된 데이터에 대한 저작권 문제도 제기된다. AI가 학습한 기존 예술작품들의 저작권은 어떻게 처리되어야 하는가? AI가 생성한 작품이 학습데이터의 저작권을 침해하는 것인가, 아니면 새로운 창작물로 인정받을 수 있는가? 기존 제도에 도전적인 이런 질문들은 AI 시대에 예술과 저작권에 대한 새로운 시각과 법적인 틀이 필요함을 시사한다. 최근 몇 년간 누구도 생각지 못했던 속도로 발전한 AI 기술, 그리고 점점 늘어나는 논쟁과 소송을 보면, 새로운 변화를 반영해 예술의 정의와 저작권체계를 다시 갖추는 일에 시간이 많이 남아 있지 않다는 생각이 든다.


## 인간 없는 예술, 누구의 작품일까?

미국인 스티븐 탈러는 본인이 개발한 AI 이미지 생성 프로그램인 '창작기계Creativity Machine'가 인간의 개입 없이 스스로 생성한 그림 〈낙원으로 가는 입구Recent entrance to Paradise〉를 업무상 저작물로 등록 신청했다. 저작자의 이름은 '창작기계'였다. 저작권청은 '인간 자격자 요건'을 결여했다는 이유로 등록을 거절했다.[75] 2018년 미국 연방항소법원이 원숭이가 직접 찍은 사진에 대해 원숭이에게 저작권이 없다고 판결한 일명 '원숭이 셀카' 사건*처럼, 인간이 아닌 AI나 동물은 저작권의 주체가 될 수 없다는 것이다.

* 2011년 한 영국 사진작가가 인도네시아 슬라웨시 섬에서 원숭이 '나루토'에게 카메라를 빼앗겼다. 나루토는 셔터를 눌러 수백 장의 셀카를 찍었는데 그중 일부는 예술적 완성도가 높아 세계적으로 화제가 되었다.

우리나라 저작권법도 저작물은 인간의 사상 또는 감정의 창작적 표현물이며, 저작권의 향유 주체는 오로지 인간만 가능한 것으로 보고 있다. 한국음악저작권협회가 2022년 7월 가수 홍진영의 〈사랑은 24시〉를 작곡한 '이봄EVOM'에 대해 저작권료 지급을 중단한 사례가 있다. 이봄은 AI이기 때문에 저작권이 없다는 것이 이유였다.[76] 일본의 경우도 오직 인간만 저작자가 될 수 있음이 명시되어 있고, EU는 저작자 적격성에 대한 명문규정은 없지만 인간만이 저작권의 주체가 된다고 해석하고 있다.

'공식적인 세계 최초의 AI 작곡가'라는 타이틀이 붙은 '아이바AIVA'는 딥러닝 기반의 AI다. 아이바는 프랑스와 룩셈부르크 저작자권리협회에 등록되어 그동안 만든 모든 작품에 대한 저작권을 보호받고 있다. 하지만 이 역시 AI가 저작권의 주체로 인정된 것은 아니며 AI와 인간이 협업을 통해 생성된 작품을 저작물로 보호한 것으로 해석된다. 저작권은 아이바를 개발한 'AIVA 테크놀러지스'가 소유하고 있다.[77]

원래 저작권 자체는 등록하지 않아도 요건이 충족되면 발생한다. 미국의 저작권법은 '저작권은 저작물의 창작과 동시에 저작자에게 귀속된다'고 밝히고 있고, 우리나라 저작권법도 '저작권은 저작물을 창작한 때부터 발생하며 어떠한 절차나 형식의 이행을 필요로 하지 아니한다'라고 규정하고 있다. 그럼에도 불구하고 저작물을 미국 저작권청이나 한국 저작권위원회에 등록하려는 이유는 저작권 침해에 대한 법적 보호를 제대로 받기 위해서다. 저작권 요건에 대해 각국의 법적 표현은 약간씩 다르지만 요점은 같다. 인간의 사상 또는 감정의 표현이어야 하며 창작성을 갖춰야 한다. 창작성의 수준은 꼭 높을 필요는 없다.

그동안 작품은 창작자 개인의 사상과 감정을 표현하는 노동의 결과로 나왔기에 창작자 개인의 인격이 투영된 저작 인격권으로 받아들여졌다. 인간은 그동안 많은 기술적 도구를 활용해 창작활동을 해왔고, 도구의 활용이 저작권 인정에 문제가 되지 않았다. 하지만 AI는 프롬프트 한마디에도 몇 초 만에 글과 그림, 음악, 영상을 만들어내고, 거의 무제한에 가깝게 엄청난 양의 생성물을 만들 수 있다. 길게는 수년에서 수십 년까지 걸려 하나의 작품을 만드는 인간의 창작 세계에 AI를 저작자로 들여놓아도 되는지는 무척 고민스러울 수밖에 없다.

AI 생성물이 아무리 정교하고 창의적으로 보이더라도 학습된 데이터를 바탕으로 패턴을 모방한 결과물이므로, 다른 기술적 도구처럼 인간이 산출물에 대한 통제권을 가지고 주체적으로 활용한 부분에 대해서만 저작권을 인정하겠다는 입장이 일반적이다. 하지만 오랜 역사 동안 축적된 인간의 다양한 지적 생산물로 학습한 AI의 생성물이 인간의 사상이나 감정의 표현과 정말 무관할까? 프롬프트 자체에도 개발자나 사용자의 인간적 측면이 개입하므로 저작물성을 부인하기 어렵다는 의견도 타당한 측면이 있다. 문제는 인간이 만든 결과물을 기준으로 삼는 기존의 법률체계를 AI의 생성물에 적용하는 것이 적절하지 않다는 것이다.

하루가 다르게 발전하고 있는 AI가 앞으로 음악·미술·문학·영화 등 예술의 영역에서 할 수 있는 작업의 규모, 범위, 그리고 복잡성은 거의 한계가 없을 것 같다. 과거에 존재하지 않았던 독창성을 가진 작품이라고 주장할 여지도 점차 커질 것이다. 만약

144

AI 생성물에 일정한 조건하에 보호받을 권리를 인정한다 하더라도 이 권리가 누구에게 귀속되어야 하느냐도 쟁점이다. AI 알고리즘 개발자나 회사, 데이터 제공자, 사용자, 나아가 AI 자체 등 이 중에서 누가 소유자가 되어야 하는지, 공동소유로 처리해야 하는지에 대해 논란이 있다. 또한 아무리 정교한 알고리즘이더라도 학습데이터와 사용자의 개입이 더해져야 결과물이 산출된다는 점에서 알고리즘 개발자의 기여도와 사용자의 역할을 어떻게 평가할 것인지, 데이터 제공자의 경우 기여도를 산정하는 것이 현실적으로 가능한지, 데이터 제공 자체를 창작적 행위로 볼 수 있는지도 쟁점이다. 나아가 AI에게 권리를 부여하는 것은 자연인과 법인만이 법적 주체가 되는 현행 법체계에 혁명적인 변화가 필요한 사안이다.

현재 제공되고 있는 생성형 AI 서비스인 챗GPT, 클로드, 제미나이의 약관을 보면 콘텐츠의 소유권은 서비스 이용자에게 귀속된다고 밝히고 있다. 챗GPT의 예를 보면 약관에 인풋(입력)과 아웃풋(생성 결과물)을 콘텐츠라 총칭하고, 사용자가 콘텐츠에 발생하는 소유권과 이권 등 '권리'와 콘텐츠가 법률과 약관에 위배되지 않을 '책임'을 함께 갖는다고 규정하고 있다.

## AI로 만든 작품, 저작권을 인정받을 수 있을까?

'소라'로 영상을 만들고 '미드저니'로 그림을 그린다면, 나의 저작권이 인정될까? 결론적으로 현재까지 한국을 비롯한 주요국들의 해석에 따르면 나의 상당한 기여 없이 AI가 자체적으로 만든 작품의 저작권은 인정되기 어렵다. 즉, AI를 활용하더라도 사람이 산출물에 의미 있게 기여한 부분에 대해서는 저작권을 인정한다. AI로 만든 작품의 저작권을 인정받고 싶다면 저술을 하거나 그림·음악·영상 등을 창작할 때 본인이 실행한 부분을 잘 기재하고 소명할 수 있도록 준비해두는 것이 좋다. 그럼 이런 해석이 나온 사례들을 보자.

### 사례 1. 사람이 기여한 부분만 인정

먼저 미국의 사례다. 《여명의 자리야Zarya of the Dawn》의 저자 크리스 카슈타노바Kris Kashtanova는 2022년 9월 미국 저작권청에 이 만화책에 대한 저작권을 신청해 승인받았다. 하지만 AI를 이용해 창작했음을 밝힌 후, 2023년 2월 저작권청은 등록된 저작권의 일부를 취소했다. 작가가 쓴 텍스트와 그림의 선택, 배열과 조정에 대한 저작권은 인정했지만 미드저니가 그린 이미지에 대한 저작권은 인정하지 않았다. 인간의 저작물이 아니므로 저작권으로 보호할 수 없다는 것이었다.[78]

  이로부터 한 달 뒤인 2023년 3월 저작권청은 'AI가 생성한 자료가 포함된 작품에 대한 저작물 등록 가이드라인'을 발표했다.[79] 저작권청은 미국 헌법과 저작권법이 인간의 창의적인 산물만을 저작권으로 보호하고 있다고 해석했다. 저작자authorship라는 용어는 인간이 아닌 존재를 배제한다는 것이다. 저작물에 AI 생성물이 포함된 경우에는 사례별로 문의할 것을 권유했다. AI가 인간의 프롬프트에 따라 결과물을 생성한 것이라면 저작권이 보호될 수 없다는 입장이다. 예를 들어 "셰익스피어 스타일로 저작권법에 관한 시를 써줘"라는 프롬프트에 따라 AI가 시를 썼다고 하자. 이 경우 운율 패턴, 각 행의 단어, 텍스트의 구조 같은 전통적인 저작물의 요소를 AI가 결정한 것이므로 인간의 저작물이 아니다. 하지만 인간이 상당히 창의적인 방식으로 AI가 생성한 자료를 선택하거나 배열하여 결과물 전체를 독창적으로 만들었다면 저작권을 보호받을 수 있다. 이 가이드라인의 핵심은 포토샵 사용이 저작권을 인정받는 것에 문제가 되지 않듯이, AI를 활용하는 과정에서 저작자가 얼마나 창의적 통제권을 가지고 작품을 만들었는지가 저작권 성립의 관건이라는 점이다.

## 사례 2. 사람이 기여한 부분이 증명되지 않아 거부

2022년 8월 '콜로라도 주립 박람회 미술대회'에서 제이슨 앨런Jason Allen이 미드저니로 그린 '스페이스 오페라 극장Theatre D'opéra Spatial'이 1등을 수상했다. 그는 출품자명을 '미드저니를 사용한 제이슨 앨런'으로 제출했으나, 심사위원들은 미드저니가 AI라는 사실을 모른 상태에서 예술성과 창작성 측면에서 1등으로 선정했다.[80] 이 역시 AI 생성물을 저작물의 영역으로 들여놓아야 할지 논의를 불러일으켰다. 이후 그는 600번의 프롬프트를 통해 만든 이 2D 작품의 저작권 등록을 신청했다. 저작권청은 AI가 생성한 부분에 대한 저작권은 인정할 수 없다며, 작품 전체에서 미드저니로 생성한 부분에 대한 구체적 자료를 요구했다. 작가는 자료를 제출하지 않았고 저작권은 거부되었다.[81]

우리나라도 같은 해석을 하고 있다. 문화체육관광부와 한국

저작권위원회는 2023년에 발간한 '생성형 AI 저작권 안내서'에
서 AI의 산출물은 저작권법으로 보호되지 않는다고 밝혔다. 그럼
AI 산출물에 대한 저작권은 전혀 인정되지 않는 것인가? 이 안내
서에 따르면 제작을 위한 단순한 프롬프트는 횟수가 많아도 창작
적 표현으로 인정되기 어렵지만, 산출물에 인간의 창작성이 가미
되었다면 그 부분에 대해서는 저작권 보호가 가능하다.[82] 하지만
인간과 AI의 협업의 경계가 모호한 만큼 인간의 기여도를 판단
하는 것은 쉽지 않은 문제다. 특히 수준이 높은 작품일수록 프롬
프트 자체에도 상당한 전문성이 요구된다는 점에서, 프롬프트 입
력 내용과 수준에 따라 인간의 실질적인 기여도를 구체적으로 판
단할 필요가 있다.

### 사례 3. AI 생성물에 대한 저작권을 최초로 인정

AI 저작권에 대해 좀 더 넓게 해석한 사례도 있다. 중국 기업 텐
센트사 소유의 소프트웨어인 '드림라이터Dream Writer'가 2018년
에 쓴 주식시장 기사에 대해 중국 법원이 저작권법상 보호가 되
는 저작물로 판결한 사건이다.[83] 이 사례는 AI 생성물에 대한 저
작권을 인정한 최초의 사례로 알려져 있다. 하지만, 판결의 실제
내용을 보면 AI로 생성된 콘텐츠 자체가 아니라, 텐센트 팀원들
이 AI 생성 기사를 전문적으로 선택하고 배열하는 과정에서 보인
창의적 기여를 반영하여 텐센트의 저작권을 인정했다. 이러한 점
에서 저작권 보호체계에 큰 변화가 있다고 보기 어렵다.

## AI 산출물의 저작권과 초상권 침해 논란

생성형 AI가 학습에서 사용한 데이터와 똑같은 산출물을 만들어 낼 확률은 얼마나 될까? 구글 딥마인드와 버클리, 프린스턴, ETH 취리히대의 연구결과에 따르면 이미지 생성 모델이 LAION*에서 35만 개의 이미지를 추출한 후 각 이미지 캡션을 사용해 새로운 이미지를 생성했더니 94개의 이미지가 직접 일치했고, 근접하게 일치한 이미지는 109개가 나와 0.03%의 복제율을 보였다. 이 확률은 학습데이터 규모가 클수록 더욱 낮아진다.[84]

생성형 AI의 저작권 침해 논란은 인풋 단계와 아웃풋 단계로 나눌 수 있다. 인풋 단계는 AI 학습 과정에서 저작권을 위반하여 데이터를 사용하는 문제인데, 어떤 데이터로 AI를 학습시켰는지 알기 어렵기 때문에 저작권자가 본인 저작물의 침해 여부를 파악하기 쉽지 않다. 하지만 아웃풋 단계에서 AI 산출물이 기존 저작물과 동일하거나 유사하게 보인다면, 인풋 단계에서 해당 저작물을 적법하게 사용했느냐가 쟁점이 된다.

생성형 AI 산출물이 만들어지는 과정을 보자. 방대한 원시데이터를 수집·선택·가공한 데이터셋으로 AI 모델을 학습시키고, 여기에 프롬프트 같은 새로운 데이터를 입력하여 결과물을 만들어낸다. 이런 원리라면 생성형 AI는 사전학습용 데이터 분포를 모방하려는 기술적 특성을 보이긴 하지만, 이미지나 텍스트

---

* 웹에서 수집한 수십억 개의 이미지와 텍스트 설명 쌍으로 구성된 대규모 공개 데이터셋으로, 이미지 생성 AI 모델의 학습에 활용된다.

전체에 대한 픽셀과 개별 말뭉치의 확률분포를 바탕으로 생성된 것이므로 원본과 동일하거나 매우 유사한 복제를 한다고 보기는 쉽지 않다.[85] 그럼에도 불구하고 유사성을 부정하기는 어렵다는 논란이 있으며 관련 소송도 제기되고 있다.

한 사례로 미국의 게티이미지는 '스테빌리티 AI'가 게티 데이터베이스에서 수백만 장의 저작권 보호 이미지를 무단으로 사용하여 AI를 훈련시켰고, 그 결과 원본과 유사한 이미지들이 생성되었다며 소송을 진행하고 있다. 유명한 웹툰 작가인 사라 앤더슨Sarah Andersen을 포함한 여러 작가는 스테빌리티 AI, 미드저니, 데비언트 아트가 자신들의 작품을 허락 없이 AI 학습용으로 사용했다며 소송을 제기한 상태다. 중국에서는 한 AI 회사의 서비스가 생성한 이미지가 일본의 유명한 캐릭터인 울트라맨과 상당히 유사한 것으로 밝혀져, 2024년 2월 광저우 인터넷법원으로부터 저작권 침해 판결을 받았다.

우리나라의 '생성형 AI 저작권 안내서'는 생성형 AI 산출물이 저작권을 침해했는지 여부를 결정하는 두 가지 조건을 제시하고 있다. 첫째는 AI 산출물이 기존 저작물을 인식하고 이에 근거하여 만든 것인지에 대한 '의거성', 둘째는 AI 산출물이 기존 저작물과 같거나 유사하다고 볼 수 있는지에 대한 '실질적 유사성'이다. 특히 특정 작가의 작품이나 특정 이미지 등을 집중적으로 학습시키는 미세조정을 할 경우 생성되는 산출물의 저작권 침해 가능성이 높아진다.[86] 하지만 이런 유형의 소송에 대한 판례가 거의 없는 상황에서 AI 산출물이 원저작물의 학습에 의해 침해가 발생했는지는 판단하기 쉽지 않은 문제다.

생성형 AI의 산출물이 초상권을 침해했다는 문제도 제기되었다. 초상권은 해당인의 동의 없이 이미지·이름·음성 등을 상업적 목적으로 사용할 때 생기는 법적 책임에 관한 것으로, 미국의 여러 주법이나 우리나라 민법 등 각국의 법률에 규정되어 있다. 2024년 5월, 오픈AI가 GPT-4o를 출시하면서 다양하고 신속한 기능, 진짜 사람과 대화하는 듯한 자연스러운 음성대화 기능을 홍보했다. 이에 배우 스칼렛 요한슨은 GPT-4o가 자신의 목소리를 무단으로 사용했다는 문제를 제기했다. 가족들도 착각할 정도로 본인의 목소리와 유사하다는 주장이었다. 이에 대해 2023년 AI에 대응한 할리우드 파업사태를 주도했던 미국 최대 배우노조 '영화, 텔레비전 및 라디오 방송인조합SAG-AFTRA'이 그녀를 지지하는 성명을 발표했다. 이 단체는 배우들의 목소리와 초상을 보호하는 연방법안을 강력하게 옹호하면서, GPT-4o에 사용된 목소리에 대해 명확성과 투명성을 가질 권리를 전적으로 지지한다는 입장을 밝혔다. 오픈AI 측은 요한슨이 아닌 다른 사람의 목소리로 GPT-4o를 학습시켰다고 반박하며 해당 음성 서비스를 중단시켰으나, 그 발표 후에 샘 알트만이 트위터에 올린 한마디 "her!"가 불러일으킨 의문이 남아 있는 상황이다.

2013년에 개봉한 영화 〈그녀Her〉는 편지 대필 작가인 테오도르가 높은 지능과 호기심을 가진 운영체제인 사만다와 사랑에 빠져드는 과정을 그렸다. 당시에는 아직 먼 것으로 여겨졌던 인간과 지능형 AI의 관계에 대한 철학적 질문을 던지는 수작이다. 테오도르와 대화하며 어린아이가 어른으로 성장하듯 인간 세상을 빠른 속도로 배워나가는 사만다의 음성은 바로 요한슨의 목소리였다. 이제는 영화에서처럼 생성형 AI가 사용자가 원하는 대로 음악도, 그림도, 글도 순식간에 만들어주는 'her'의 시대가 도래했다고 느끼는 사람들이 많아서인지, 사람 같은 운영체제로 관객들을 몰입시킨 요한슨의 목소리가 모방되었다는 이 이슈는 국내외 이목을 끌었다.


## 세계는 데이터 경쟁 중

AI 모델의 성능은 학습에 사용된 데이터 양과 질에 크게 좌우된다. 생성형 AI의 급속한 발달로 초거대 모델들이 등장하면서 막대한 데이터의 확보가 더욱 중요해지고 있다. 반면, 생성형 AI가 기존 데이터를 학습하여 만들어내는 텍스트·이미지·음악 같은 산출물이 학습한 저작물과 유사하거나 동일할 가능성을 완전히 배제하기는 어렵다는 이유로 학습용 데이터와 저작권 문제는 복잡해지고 있다. 그럼 저작권 보호를 받는 콘텐츠를 AI 학습용으로 그냥 사용하면 반드시 저작권을 침해하는 것인가?

이 문제를 논의할 때 반드시 살펴봐야 할 개념이 공정사용 fair use이다. 공정사용은 저작권 소유자의 허가 없이도 저작물을 사용할 수 있는 권리를 말한다. AI 모델 학습을 위한 TDMText and Data Mining과도 밀접한 관련이 있다. TDM은 대규모 데이터를 분석하여 패턴이나 상관관계를 추출하는 기술인데, AI 학습을 위해 사용한 TDM이 공정사용에 해당된다면 권리자의 허락 없이도 저작권 침해 문제 없이 데이터를 자유롭게 이용할 수 있다. 특히 대규모 생성형 AI가 나오면서 웹에서 광범위하게 수집한 엄청난 규모의 데이터에 저작권이 있는 텍스트도 포함될 수 있는데, 그 출처를 파악하는 것이 쉽지 않다는 점에서 TDM에 공정사용을 적용할 수 있는지가 중요한 쟁점이 되고 있다.

이 문제에 대응하기 위해 도입한 법규는 나라마다 차이가 있다. 하나씩 살펴보자.

### ① 일본의 저작권법 규정

AI를 위한 TDM에 저작권을 적용하지 않는 대표적인 나라가 일본이다. 일본은 AI 발전 지원을 위해 2018년 저작권법을 개정해서 정보 분석을 위해 필요한 한도 내에서 저작물을 복제하거나 공중 송신할 수 있도록 했다. 이 30조 4항 규정은 비영리연구뿐만 아니라 상업적 목적의 TDM에도 적용되어 일본 기업들이 AI 개발에 자유롭게 데이터를 활용할 수 있게 되었다. 일본 정부는 2023년에도 AI 기업이 생성형 AI 프로그램을 훈련시키기 위해 사용하는 데이터에는 비상업적이든 상업적이든 상관없이 저작권을 적용하지 않겠다는 입장을 명확히 밝혔다.[87]

### ② EU의 저작권법 규정

EU는 2019년에 '디지털 단일시장 저작권 지침DSM Directive'을 통해 TDM에 대한 두 가지의 저작권 예외를 도입했다.[88] TDM 활용의 법적 불확실성을 줄여 빅데이터 분석, AI 개발 같은 디지털 혁신을 일관성 있게 촉진하기 위한 노력의 일환이다. 제3조에 따라 비영리적인 과학 연구를 위한 TDM은 권리자의 허가 없이 합

법적으로 접근 가능한 데이터를 사용할 수 있다. 나아가 제4조에 따라 상업적 용도의 TDM도 권리자 허가 없이 자유롭게 데이터를 쓰게 했다. 단, 권리자가 명시적으로 권리를 유보할 수 있는 옵트아웃opt-out* 조항이 있어, 권리자는 자신의 작품이 TDM에 사용되는 것을 원하지 않을 경우 명시적으로 이를 거부할 수 있다. 한편 EU는 미국이 주도하는 생성형 AI의 급격한 발전을 반영하여, AI법에 범용AI 시스템의 투명성을 강화하는 규정(제50조)을 포함시켰다. 이에 따라 범용AI 공급자는 해당 시스템 학습에 사용된 콘텐츠에 관해 상세한 요약서를 제공하여 일반인들이 이용할 수 있도록 해야 하며, 이를 어길 시 최대 1,500만 유로와 전년 회계연도 기준 전 세계 매출액의 최대 3% 중에서 더 높은 금액의 과징금을 내야 한다.

### ③ 미국의 저작권법 규정

미국은 공정사용fair use 원칙에 따라 판단하고 있다. 저작권법 제107조는 공정사용은 저작권 침해가 아니라고 명시하고 있고, 네 가지 사항**을 고려하여 공정사용 여부를 판단한다. 사례별로 살펴봐야 할 사항이지만, TDM은 변형적 사용으로 간주되어 공정사용으로 보는 경향이 있었다. 특히 2015년 미국 법원이 구글의 도서 스캔 프로젝트를 공정사용으로 인정한 판례는 유사한

---

* 저작물이나 개인정보가 사전에 자유롭게 사용될 수 있도록 허용하되, 권리자가 명시적으로 거부 의사를 밝히면 그 사용을 중단하거나 제한하는 방식.
** ①사용 목적과 성격, ②저작물의 성격, ③사용된 부분의 양과 질, ④저작물의 시장 가치에 미치는 영향.

TDM 사용에 대한 저작권 면책 가능성을 높였다. 하지만 최근 생성형 AI의 등장으로 이 원칙의 적용이 복잡해지고 있다. 2023년 뉴욕타임즈는 오픈AI와 마이크로소프트를 상대로 저작권 침해 소송을 제기했다.[89] AI 모델 훈련에 뉴욕타임즈 기사를 무단 사용했다는 이유로 막대한 손해배상과 함께 뉴욕타임즈 저작권 데이터가 포함된 모든 AI 모델과 훈련 데이터셋의 파괴를 요구하고 있다. 이 소송은 현재 진행 중인데, AI 모델 훈련과 뉴스 콘텐츠, 그리고 저작권이라는 복잡한 관계에 관한 중대한 법적 분쟁으로 주목받았다.

#### ④ 한국의 저작권법 규정

한국의 저작권법도 제35조의5에 공정이용에 대한 규정이 있다. 미국의 공정사용 원칙과 유사하게, 이용의 목적과 성격, 저작물의 종류와 용도, 이용된 부분의 양과 중요성, 저작물의 이용이 그 저작물의 현재 시장 또는 가치나 잠재적인 시장 또는 가치에 미치는 영향을 고려한다. 하지만 일본이나 EU처럼 TDM에 대한 명확한 규정이 없다 보니, 우리나라 기업들이 데이터를 활용하는 데 어려움을 많이 겪고 있다. 2021년 1월 도종환 의원이 대표 발의한 저작권법 개정안에 상업적 목적의 TDM도 저작권 면책을 받을 수 있는 규정이 담겼지만 21대 국회가 끝남에 따라 폐기된 상태다. 저작권의 침해를 최소화하면서도 AI 발전과 혁신을 촉진할 수 있는 입법을 위한 국회와 정부의 적극적인 노력이 필요한 상황이다.

앞으로 AI와 학습용 데이터 사용에서 투명성에 대한 요구가 높아짐에 따라 AI 개발자들이 사용한 학습데이터의 출처를 명확히 밝히고, 필요한 경우 라이선스를 취득하는 과정이 더욱 중요해질 것이다. '크리에이티브 커먼즈Creative Commons'[*]와 같은 기존 라이선스 모델을 AI 학습용 데이터에 맞게 발전시키거나, 새로운 형태의 라이선스 모델을 개발하여 국제적 추세 변화에 대비할 필요가 있다. 또한 AI 기술과 데이터의 글로벌한 특성을 고려할 때, 새롭게 만들어질 국제적인 규범과 기준 형성 과정에 적극적으로 참여할 필요가 있다.

## AI에게 인격을 부여한다고?

저작권 포기나 만료로 저작권 보호를 받지 않는 작품은 공유영역public domain에 있는 것으로 보아 누구나 자유롭게 사용할 수 있다. 그럼 저작권 영역 밖에 있는 AI 생성물 역시 자연스럽게 공유영역에 놓이므로 누구나 자유롭게 이용할 수 있을까? AI 생성물의 자유로운 이용을 주장하는 의견도 있으나, 지배적인 견해는 AI 발전을 위해 노력할 동기를 부여하고 AI 생성물의 질적 저하를 막기 위한 보호장치가 필요하다는 쪽이다.

세계지식재산권기구WIPO는 2019년부터 저작권에 관한 쟁

---

[*] 창작자가 자신의 저작물에 대해 일정한 조건하에 다른 사람들의 자유로운 이용을 허락하는 표준화된 오픈 라이선스체계.

점을 정리하여 회원국들과 전문가들의 의견을 수렴하고 있다. AI 생성물에 저작권 또는 유사한 인센티브 제도가 필요한지, 누구에게 귀속되어야 하는지, AI에게 법인격을 부여할 수 있을지가 주요 질문이다. 인간과 달리 알고리즘과 데이터셋을 바탕으로 매우 짧은 시간에 수많은 작품을 만들어낼 수 있는 AI의 특성을 감안한 새로운 보호 기준이 필요하다는 것에는 이견이 있을 리 없다. 작품의 독창성과 품질에 대한 기준을 높이지 않으면 AI가 양산하는 수많은 저작물이 넘쳐날 것이다. 보호기간도 생애와 사후 50~100년(우리나라는 70년) 동안 보호되는 규정을 AI에 그대로 적용할 수는 없을 것이다.

이런 맥락에서 학계에서 제기되는 '약한 저작권weak copyright' 모델은 주목할 만하다.[90] 이는 전통적인 재산권 패러다임에 기반한 강력한 저작권 보호 모델이 창작과 이용의 경계가 모호해지고 대량의 창작물이 쏟아지는 AI·디지털 창작환경에 맞지 않으므로 보호기간을 짧게 단축하자는 것이다. 공정이용 범위를 확대하거나 저작권 침해 기준을 완화하는 방안도 있다. 또한 현재의 저작권 제도는 등록 등 어떤 절차도 없이 권리가 발생하지만, AI 생성물에 대해서는 등록제도 도입을 통해 보호 대상을 한정할 필요가 있다는 의견이다.

이와 유사한 맥락에서, AI 생성물에 대해 독자적 권리를 부여하는 방안도 논의된다. 저작권이나 특허권과 구별되는 별도의 권리를 부여하여 AI 생성물의 경제적 가치를 인정하면서도 전통적 저작물과는 구분되는 보호체계를 제공할 수 있다는 것이다.

한편, 법적 권리와 책임의 주체로서 자연인과 법인 외에 제

3의 인격을 도입하는 것은 법률체계의 혁명적인 변화다. 따라서 AI에게 법인격을 주어 저작권을 부여하자는 논의는 AI의 저작물 인정보다 훨씬 더 어려운 문제일 수밖에 없다. 아직은 멀리서 포성이 들리는 수준이지만, 2017년 EU 의회가 지능형 로봇에게 '전자인격e-person'을 부여할 가능성을 검토하자는 결의안을 채택한 일은 주목할 만하다. 이 결의안은 고도화된 지능형 로봇의 자율성 증가에 대비하기 위해 새로운 법적 틀을 검토해보자는 '정책적 권고'에 가깝다. 실제로 사우디아라비아는 소피아Sophia 라는 로봇에게 시민권을 부여했는데,[91] 이는 화제성을 고려한 실험적 시도로 비춰진다.

　AI가 인간의 지시에 따르는 도구 수준이 아니라, 독자적인 의사결정 및 작업 수행이 가능한 단계에 이르렀다고 볼 수 있을 때, 그 행위와 결과물에 대한 책임과 권리의 귀속 문제를 어떻게 설정할 것인지는 쟁점이 많을 수밖에 없는 주제다. "AI에게 독립적인 법인격을 부여해 저작권을 인정하자"는 주장은 AI가 생성하는 작품에 대한 저작권 인정뿐만 아니라 AI를 '스스로 책임과 권리를 지닐 수 있는 존재'로 인정하자는 발상이다. 이는 AI가 만들어낼 수 있는 막대한 창작물의 경제적·문화적 가치를 효과적으로 보호·관리함으로써 기술 발전과 창작 생태계를 활성화하겠다는 취지이기도 하다.

　그러나 AI에게 법적 지위를 주자는 접근에 대해서는 여러 반론이 제기된다. 우선 현재의 AI가 '자율적 창작자'로 볼 수 있을 수준에 이르렀는지에 대해 회의적인 의견이 많다. 또한 사람들의 창작 유인이 약화되고, AI를 개발·운영하는 기업이나 개인의 권리와 책임이 모호해질 것이라는 우려도 따른다.

AI의 저작권 주체 가능성과 전자 인격의 문제는 법률체계상의 충돌, 기술적 수준 등 논점이 많아 실제 제도 도입으로 이어지기까지는 상당한 사회적, 윤리적 검토와 국제적 합의가 필요할 것이다. 현 시점에서는 약한 저작권 모델, 독자적 유형의 권리 등 다양한 대안에 대한 논의를 충분히 진행하는 한편, 과도한 권리 부여나 권리 부정으로 인한 창작 생태계 위축과 창작 의욕 저하, 법적 책임 공백 등의 문제를 방지할 수 있는 균형 잡힌 접근법을 모색하는 것이 바람직할 것이다.

# 3부

---

# AI 시대에
# 살아남기

# AI 때문에

## 내 일자리가 없어질까?

### 기술 혁신이 가져올 일자리 변화, 이번에는 다를까?

정보통신과 과학 기술 정책을 다루는 일을 오랫동안 해오면서, 새로운 기술 개발과 산업 발전을 위한 전략과 로드맵을 그린 적이 많다. 과거에 없던 신산업 육성을 통해 경제성장을 이끌고 국민의 삶의 질을 향상시킨다는 목표로 다양한 정책수단을 고안했다. 이런 전략을 발표하는 브리핑 자리에서 가장 많이 받았던 질문 중 하나가 일자리 문제였다. "새로운 기술이 자동화를 촉진시켜 오히려 일자리는 줄어들지 않나요?" "기술 혁신으로 새로운 시장을 만든다고 하지만, 기존 산업과 일자리에 부정적 영향을 주는 것 아닌가요?"

이제 인공지능의 발전에 따른 영향을 이야기할 때 대표적인 쟁점은 인공지능이 인간을 얼마나 대체할 것인지, 일자리가 얼마나 없어지고 생기는지의 문제다. 일자리 예측은 그동안에도 어려

162

웠지만, 기술의 변화가 융복합적으로 빠르게 일어나는 지금은 더 어려워졌다. 과거에는 경제성장률에 취업계수와 현재 취업자 수를 곱해서 추정하거나, 산업연관분석이나 회귀분석을 통한 전망치로 미래의 불확실성을 최대한 걷어내고자 했다. 최근에는 빅데이터와 기계학습을 결합한 하이브리드 모델이 등장하여 실시간 채용공고 데이터와 소셜미디어 트렌드까지 분석에 포함시키는 추세다. 그러나 AI와 같은 혁명적 기술이 등장하면 이러한 과거 데이터 기반 예측 모델의 한계가 드러난다.

역사적으로 보면, 기술 발전으로 많은 일자리가 사라졌지만 동시에 새로운 일자리도 많이 생겼다. 미국의 경우 1800년경에는 인구의 약 90%가 농부였으나 현재는 6% 수준이며, 1960년에 존재했던 일자리의 57%는 이제 존재하지 않는다.[1] 우리나라도 6·25 전쟁 이후 농업에서 경공업, 중화학공업으로 중심이 넘어가면서 제조업 일자리의 대폭 증가를 경험했고, 1990년대부터 서비스와 지식 노동자의 비중이 크게 늘어나는 변화를 겪었다. 그렇게 오래전의 일도 아니다. 기술 혁신은 기존 일자리를 없애기도 했지만, 새로운 산업과 직업을 창출하며 경제를 성장시켰다.

그렇다면 AI도 과거의 기술 혁신과 유사한 변화를 가져올까? 아니면 이번은 다를까? 세계경제포럼WEF은 2025년 1월 발행한 보고서에서 2025~2030년 동안 전 세계 12억 개의 정규 일자리를 기준으로 약 1억 7,000만 개(14%)의 일자리가 새로 생기고 9,200만 개(8%)의 일자리가 없어져 현재 일자리의 22%가 변화할 것으로 전망했다.[2] 이는 7,800만 개(7%)의 일자리가 순증한다는 의미다.

15개국 5억 개 이상의 구인광고를 분석한 세계적인 경영컨설팅 업체 PwC의 'AI 일자리 지표' 연구에 따르면, AI 전문 기술이 필요한 직업의 성장률이 다른 직업들보다 3.5배 더 빠르게 증가하고 있어,[3] AI가 새로운 유형의 일자리를 창출하는 현상이 강화되고 있음을 시사한다.

그러나 "이번은 다르다"라는 현장의 견해도 강하다. 딥러닝의 대가인 제프리 힌턴 교수는 "AI가 일상적인 일자리를 많이 빼앗는 것이 우려스럽다"며 보편적 기본소득 정책의 필요성을 제기했다.[4] 일론 머스크 역시 AI가 인간의 일자리를 광범위하게 대체할 것이므로 기본소득이 필요할 것이라고 주장했다.[5] 빌 게이츠는 단기적으로는 일자리 손실을 걱정할 필요가 없지만, 장기적으로는 우려할 만하다고 말했다.[6]

　　"이번은 다르다"는 견해의 핵심은 과거 기술들이 주로 인간의 육체노동을 자동화했다면, 인공지능은 인간의 인지적 작업까지 자동화하는 기술이므로 화이트칼라까지 광범위하게 영향을 미칠 것이고, 그 속도 또한 전례 없이 빠를 것이라는 점이다. 《슈퍼 인텔리전스》의 저자 닉 보스트롬은 "인공지능은 인류의 마지막 발명"[7]이라는 말로 "이번은 다르다"라는 의미를 강력히 표현했다. AI가 인간보다 우수해지면 그 이후의 발명은 AI에 의해서 이루어질 것이라는 주장이다.

　　AI가 일자리에 미치는 영향이 예상보다 빨라지고 있다. 코로나19 기간 동안 디지털화가 빠르게 진전되면서 테크 기업들의 고용 규모가 대폭 증가했지만, 2022년부터는 치솟는 인플레이션과 글로벌 경기침체로 인한 수요 감소에 AI의 영향까지 더해져 많은 기업이 구조조정을 단행했다. 특히 최근에는 생성형 언어모델이 더욱 정교해져, 단순 반복 업무를 넘어 복잡한 지식 작업까지 자동화할 수 있게 되었다. AI의 고도화 속도는 많은 전문가의 예측을 뛰어넘을 정도다.

금융권에서는 투자 분석, 위험 평가, 고객 상담 등의 업무에 AI가 광범위하게 도입되면서 일자리의 모습이 달라지고 있다. AI 벤치마킹 플랫폼 에비던트Evident의 보고서에 따르면, 50개의 주요 글로벌 은행이 '적은 인력으로 더 많은 성과를 내는more with less' 전략을 추진하며, 2023년 4분기부터 2024년 1분기까지 9,238개의 신규 AI 관련 직무를 추가하고 17,836개의 AI 관련 채용공고를 게시했다.[8] 은행 전반의 채용 활동이 전년 대비 23% 감소했음에도 불구하고 AI 인재 확보 경쟁은 갈수록 치열해지고 있어, 금융 산업이 AI를 통한 노동 구조 재편을 본격화하고 있음을 알 수 있다.

의료 분야에서도 영상 진단, 의료 기록 분석, 치료 계획 수립 등에 AI가 활용되면서 의료 전문가의 역할이 진단에서 해석과 환자 소통으로 이동하고 있다. 북미영상의학회RSNA에서 2024년 발표한 자료에 따르면,[9] 수검자 1,000명당 암 발견율은 4.8명에서 5.5명으로 15% 증가했고, 위양성률*은 89.6%에서 78%로 감소했다. 또한 의료진의 판독 시간이 36% 줄어들고, 환자가 결과

---

• 　실제로는 음성인(negative) 데이터를 양성(positive)으로 잘못 판정하는 비율.

를 전달받는 시간도 5~6주에서 즉시로 단축되었다.*

소프트웨어 개발 분야에서도 변화가 빠르게 일어나고 있다. 과거에는 AI가 단순 코드 조각을 추천하는 수준이었다면, 이제는 복잡한 알고리즘 설계까지 가능해지면서 개발자의 작업 방식이 근본적으로 변화하고 있다. 이런 변화는 법률(계약서 초안 작성, 판례 검토), 회계(세무 분석, 감사 업무), 마케팅(콘텐츠 제작, 고객 데이터 분석) 등 다양한 전문직으로 빠르게 확산되고 있으며, 각 분야에서 기존 업무 프로세스의 재구성을 요구하고 있다.


## 일자리의 미래에 대한 다양한 전망들

AI가 가져온 급속한 변화로 인해 최근에 많은 기관이 미래 일자리 전망을 내놓고 있다. 공통적인 내용은 AI로 인한 생산성 향상과 경제성장 가능성, 그리고 고소득·고숙련 직종이 받을 영향을 강조하고 있다는 점이다. 우선 광범위한 데이터를 가진 국제기구가 어떤 전망을 하고 있는지 살펴보자.

IMF는 2024년 1월 '생성형 AI: 인공지능과 업무의 미래'에서 전 세계적으로 약 40%의 일자리가 AI의 영향에 노출되어 있고, 선진국과 일부 신흥국의 경우는 이런 일자리가 60%에 달한다고 평가했다. 이 중 절반 정도는 AI에 의해 대체될 가능성이 있

---

• AI 도입 전인 2018년~2019년까지의 환자 검진 데이터와 AI 도입 후인 2023년~2024년 검진을 받은 5만 5,000여 명의 데이터를 비교 분석한 결과다.

고, 나머지 절반은 AI를 업무에 통합하여 생산성을 향상시키는 혜택을 볼 것이라고 예측했다. AI는 노동시장에서 세계 경제를 재편할 잠재력을 갖고 있는데, 특히 인지 집약적인 직무가 많은 선진국이 AI의 혜택이나 위협을 빨리 경험하게 될 것으로 예측했다. 고령자들이 새로운 기술에 적응할 능력이 떨어질 가능성이 높은 반면, 여성과 고학력자들은 AI에 더 많이 노출되지만 동시에 그 혜택도 더 잘 누릴 것으로 보았다. 고소득자의 경우, 해당 업무의 AI 보완성이 높다면 소득이 더 증가해 노동소득의 불평등은 커질 것이며, 자본수익율은 부의 불평등을 높일 것이라고 전망했다.[10]

세계경제포럼의 경우 2016년부터 격년으로 '일자리 미래 보고서'를 발간하고 있는데, 전망의 변화가 흥미롭다. 2023년 보고서는 GDP 변화 등 거시적 트렌드와 기술의 변화로 인해 향후 5년 내 6,900만 개 일자리가 생겨나고 8,300만 개 일자리가 사라질 것으로 보았다.[11] 그러나 1,400만 개 순감소를 나타낸 2023년 보고서와 달리, 2025년 보고서는 7,800만 개 순증가를 예상했다. 이는 AI, 데이터 분야에서 나타나는 높은 고용 증가와 대표적인 성장 직종으로 꼽은 전기차EV 및 친환경 에너지 관련 녹색전환 분야의 영향이 큰 것으로 보인다.

다국적인 흐름을 종합한 국제기구의 예측은 세계의 흐름을 조망해보는 장점은 있지만, 신기술 분야에서 이미 앞서가는 쪽에 있는 나라에 시사점을 주기는 아쉬운 점이 있다. 그럼 전 세계 AI 투자액의 62%를 차지하는[12] 미국의 사례를 보자.

167

영국의 글로벌 경제정책 연구기관 '옥스퍼드 이코노믹스'와 '코그니전트Cognizant'는 2023년 12월 발표한 '미국 내 생성형 AI 의 경제적 영향'[13]이라는 보고서에서 AI가 2032년까지 연간 최대 1조 430억 달러의 추가가치를 창출할 수 있을 것으로 전망했다. 미국 경제 내의 18,000개 업무와 이 업무로 구성된 1,000개의 일자리에 생성형 AI가 미칠 영향을 조사했는데, AI 도입율이 높을 경우, 중간인 경우, 낮을 경우의 세 가지 시나리오에 따른 예측을 했다. 가장 적극적인 시나리오에 따르면 3~4년 내에 전체 기업의 13%가, 그리고 10년 후에는 절반 가까이가 생성형 AI를 도입할 것으로 전망했다. 도입율이 높을 경우 경제도 빠르게 성장하지만, 그만큼 일자리의 변화도 커서 향후 10년 내에 행정보조원에서 최고경영자까지 거의 모든 일자리(90%)가 어떤 식으로든 없어지거나 바뀔 것으로 보았다. 이 보고서는 AI의 도입이 가져올 부가가치 향상, 노동 생산성의 증가에 초점을 맞추고 이런 변화가 긍정적으로 일어나기 위해 AI 제조자-사용자, 조직-직원, 정부-기업 간 신뢰 형성이 중요하다는 것을 강조했다.

한편, 좀 더 구체적인 실증적 분석을 제공하는 IMF의 연구(2024년 9월)는 AI가 지역 노동시장에 미치는 차별적 영향을 보여준다. 미국 지역별 데이터를 분석한 결과, AI 노출도가 높은 지역은 고용률이 평균 0.976% 포인트 감소했으며, 특히 제조업과 저숙련 서비스업, 중숙련 직군, '비STEM'* 분야가 큰 타격을 받

---

* STEM은 이공 계열을 뜻하는 용어로, 과학(Science), 기술(Technology), 공학(Engineering), 수학(Mathematics)을 묶어 부르는 말이다.

았다. 또한 청년층(16~25세)과 고령층(46세 이상)이 AI로 인한 고용 감소를 더 심하게 경험했으며, 여성보다 남성이 더 큰 영향을 받는 것으로 나타났다. 이 연구는 AI 전환을 촉진하는 동시에 노동시장 충격을 완화하기 위한 재교육, 직업훈련 프로그램 강화, 사회 안전망 구축 등 정부 차원의 정책적 대응이 필요하다는 점을 강조하고 있다.

골드만삭스는 2023년 3월 발표한 보고서에서 생성형 AI가 향후 10년 동안 전 세계적으로 약 3억 개의 일자리를 자동화할 것이며, 미국과 유럽의 모든 업무 중 4분의 1이 해당될 수 있다고 분석했다. 가장 큰 변화를 겪을 국가로는 홍콩·이스라엘·일본·스웨덴·미국·영국 순으로 전망했다.[14] 2025년 2월 발표한 최신 보고서에서는 딥시크 등 중국 기업이 저비용으로 고성능 생성형 AI 모델을 개발하면서 AI 도입 장벽이 낮아지고 있음을 강조했다. 이로 인해 AI 플랫폼 및 애플리케이션 개발이 가속화되고, AI 도입으로 인한 미국 노동생산성이 10년간 15% 증가될 것으로 예측했다. 이러한 생산성 향상 효과는 2027년부터 통계에 본격 반영되기 시작해 2030년대 초반에 정점에 달할 것으로 전망했다.[15]

이런 전망을 듣다 보면, 과거의 전망들이 실제로 유사하게 실현되었는지 궁금해진다. 전망이란 여러 가지 전제조건과 전문가, 관련자의 설문에 근거하기 때문에 사후적으로 보면 빗나간 경우들이 있을 수밖에 없다. 세계경제포럼이나 IMF도 AI가 일자리에 미치는 영향을 계속 예측하면서 전망을 수정해왔다. 몇 년 전까지만 해도 단순 반복, 저숙련 영역의 일자리가 AI에 의해 대체될 것이라고 했지만, 생성형 AI가 등장한 최근에는 지능적이고 고숙련이 필요한 영역까지 대체될 가능성이 언급되고 있다.

기술변화가 고용에 미치는 잠재적 영향은 시장에서 늘 주목받아 왔다. 하지만 그런 예측들이 실제로 잘 맞지 않았다는 보고서[16]를 미국 노동통계국BLS이 내놓은 적이 있다. 구체적인 사례로 2010년과 2030년 사이 미국 일자리의 47%가 자동화 위험에 처할 것이라는 예측[17]이 널리 인용되었으나, 실제 데이터를 보면 많은 직종에서 자동화로 인한 대규모 일자리 감소는 관찰되지 않았다는 것이다. 지난 10년 동안 30% 이상 감소한 직업은 거의 없으며, 감소한 직업도 전체 직업 수에서 차지하는 비중이 적다고 밝히고 있다. 이 연구에서 로봇과 AI가 대체하기 쉬울 것으로 많이 인용되는 개별 직업들을 모아 2019~2029년 예상되는 성장률을 예측한 결과, 로봇과 AI가 고용에 미치는 영향이 과거의 다른 혁신과 크게 다르지 않을 것으로 나타났다. 과거와 비슷한 속도로 전개될, 혁신의 긴 물결 중 하나에 불과할 수 있다는 것이다. 이 역시 맞는 전망일지는 두고 봐야 할 일이다.

## 어떤 일자리가 AI로부터 가장 안전할까?

이런 쪽의 일을 하다 보니 가끔 앞으로 어떤 일을 해야 하냐는 질문을 받을 때가 있다. 생성형 AI가 우리를 매일 놀라게 하는 최근 들어 부쩍 자주 듣는 이야기다.

"어떤 직업을 선택해야 AI의 위협을 받지 않고 오랫동안 일

**표. 국제기구와 기관들의 일자리 미래 예측**

| 기관/보고서 | | 주요 내용 |
|---|---|---|
| 세계경제포럼WEF | 2023년 5월 〈일자리의 미래 2023〉 | • 거시 트렌드·기술 변화로 5년 내 일자리 6,900만 개 창출, 8,300만 개 소멸 (순감 1,400만 개)<br>• AI·데이터 분야, 전기차 및 친환경 에너지 관련 녹색 전환 직종이 급성장 |
| | 2025년 1월 〈일자리의 미래 2025〉 | • 2025~2030년간 전 세계 12억 개 정규 일자리 중 1억 7,000만 개(14%) 신생, 9,200만 개(8%) 소멸 → 순증 7,800만 개(7%) 예상<br>• 녹색전환 및 AI 도입을 미래 일자리 창출의 핵심 동력으로 강조<br>• 2023년 보고서 대비 전망 크게 변동 (순감→순증) |
| 국제통화기금IMF | 2024년 1월 〈생성형 AI: 인공지능과 업무의 미래〉 | • 전 세계적으로 약 40% 일자리가 AI 영향권에 노출, 선진국·일부 신흥국은 약 60%에 달함. 그중 절반은 AI가 대체, 나머지는 AI를 업무에 통합하여 생산성 혜택<br>• 고령자·청년층이 충격 크며, 여성·고학력자는 더 AI에 더 많이 노출되나 혜택도 큼<br>• 노동소득 불평등, 자본수익률 증가로 부의 불평등 확대 가능 |
| | 2024년 9월 미국 지역별 분석 | • AI 노출도 높은 지역은 고용률 평균 0.976% 감소<br>• 제조·저숙련 서비스업·중숙련·비STEM 분야 타격, 청년·고령층 더 큰 피해 |
| 옥스퍼드 이코노믹스 & 코그니전트 | 2023년 12월 〈미국 내 생성형 AI의 경제적 영향〉 | • 2032년까지 연간 최대 1조 430억 달러 추가가치 창출 가능<br>• 적극 시나리오 시, 3~4년 내 전체 기업 13%가 생성형 AI 도입, 10년 후 절반까지 확대<br>• 도입률이 높을 경우 향후 10년 내 90% 일자리가 바뀌거나 없어질 전망<br>• AI 도입으로 인한 생산성 향상이 경제성장을 견인할 것으로 분석 |
| 골드만삭스 | 2023년 3월 보고서 | • 10년간 전 세계 3억 개 일자리 자동화 위험<br>• 미국·유럽 업무 1/4 자동화 예상, 홍콩·이스라엘·일본 등 영향 클 것 |
| | 2025년 2월 보고서 | • 중국산 저비용·고성능 AI 모델 등장으로 AI 도입 가속화 될 것<br>• 미국 노동생산성 10년간 15% 증가 전망, 2030년대 초반에 생산성 효과 정점에 이를 것 |
| 미국 노동 통계국BLS | 2022년 7월 보고서 (Michael J.Handel) | • 과거 '미국 일자리 47%가 자동화 위험'을 겪는다는 예측과 달리, 실제로 2010년대 이후 자동화로 인해 30% 이상 급감한 직업은 거의 없었음<br>• 로봇·AI의 고용 영향이 과거 혁신과 크게 다르지 않을 수 있다고 전망 |

3부  AI 시대에 살아남기

할 수 있을까요?"

"우리는 그래도 사람끼리 경쟁했지만, 다음 세대들은 AI와 경쟁해야 될 것 같아요."

그런데 그렇게 먼 일이 아니다. AI의 침입은 이미 시작된 현실이다. 다음 세대에나 체감하게 될 줄 알았던 기후변화의 무서운 영향이 요즘 지구촌 곳곳에서 나타나듯, 멀게 보였던 고성능 AI도 어느새 우리 일상에 깊이 들어와 있다.

이런 상황에서 완전히 안전한 일자리는 없겠지만, 상대적으로 영향이 적을 것으로 예상되는 영역들이 있다. AI가 대체하기 어려운 일과 쉬운 일을 차례로 살펴보자.

## AI가 대체하기 어려운 일

- 인간 고유의 감성지능과 상호작용이 핵심인 일. 공감이나 신뢰를 바탕으로 관계를 형성하는 상담이나 심리치료, 코칭, 그리고 윤리적인 의사결정이 필요한 일.(초기 상담, 자가진단은 AI가 보조 가능.)
- 복합적인 연구 개발 기획, 혁신제품 개발 등 창의적 문제해결과 전략적 판단이 핵심인 일.
- 비정형적이고 예외적인 상황이 많아 경험적 통찰과 복합적 대응이 필수적인 일.
- 윤리적이거나 법적 책임이 수반되는 결정을 내리는 일.
- 응급구조사, 건설현장 감독 등 숙련된 기술뿐만 아니라 현장에서 판단이 필요한 일.

## AI가 대체하기 쉬운 일

■ 대량의 서류 처리, 데이터 입력, 일괄 계산 등 반복적이고 규칙
  적인 일.

■ 통계 분석, 예측모델링, 이미지 판독, 번역 등 대규모 데이터 처
  리와 패턴 인식이 핵심인 일.

■ 디지털로 축적된 사례가 풍부해 학습데이터가 많은 영역.

《인간은 필요 없다》저자 제리 카플란Jerry Kaplan 교수의 표현을
빌리면 우리가 결코 자동화를 원하지 않을 다양한 직업이 있는
데, 사람과 사람 간의 소통, 타인을 이해하거나 공감하는 능력,
인간 감정의 진정성 있는 표현과 관련된 직업, 그리고 개인 관리
와 대면 상호작용이 중요한 럭셔리 산업 등이다. 그는 자동화 물
결이 오히려 '개인 서비스의 황금기'를 불러 올 수 있다고 강조한
다. 저렴한 호텔은 전자 체크인을 도입하지만 이름난 고급 호텔
은 맞춤 서비스를 제공할 직원으로 가득하듯 말이다.[18]

　　일자리 대체에 대한 국내 연구도 살펴보자. 한국은행에서
2023년 11월 발간한 보고서는 AI 노출지수 상위 20%에 해당되
는 341만 개 일자리가 AI로 대체될 가능성이 크다고 분석했다.
노출지수 상위 직업으로는 화학공학기술자, 발전장치 조작원, 철
도 및 전동차 기관사, 상하수도처리장치 조작원, 재활용처리장치
조작원, 금속재료공학기술자를 꼽았다. 노출지수 하위 직업은 음
식 관련 단순 종사자, 대학교수 및 강사, 상품대여 종사자, 종교
관련 종사자, 식음료 서비스 종사자, 운송 서비스 종사자 등이다.
정보통신업은 AI 노출지수가 높지만 숙박음식업, 예술 등 대면

서비스업은 낮다.[19]

산업연구원은 2024년 3월 산업정책리포트에서 전체 일자리의 13.1%인 327만 개가 대체될 것으로 전망했다. AI 노출지수 상위 25% 이상 일자리를 '노동 대체 위험군'에 속하는 것으로 추정했는데, 제조업, 건설업, 전문·과학 기술 서비스업, 정보통신업이 가장 영향을 많이 받는다고 밝혔다. 가장 큰 영향을 받는 제조업의 경우 전자부품, 전기장비, 기타 기계장비, 화학물질과 제품, 자동차와 트레일러 분야에서 사라질 일자리 수가 많다고 보았다. 특징적인 것은 전문직에서 193만 개의 일자리가 소멸되는데, 주로 공학이나 정보통신 전문가에 집중된다는 것이다.[20]

가장 최근에 발표된 세계경제포럼의 보고서(2025년 1월)를 마지막으로 살펴보자. 현재 비즈니스 작업의 47%는 인간이, 22%는 기계가, 30%는 인간과 기계가 협업하여 수행하고 있다. 이는 2030년까지 기계 33%, 인간 34%로 바뀌고, 자동화의 수요는 정보 및 데이터처리, 추론 및 의사결정까지 다양할 것으로 예상했다. 2023년 보고서에서는 기계 34%, 인간 66%였는데 2025년에는 인간과 기계 간 협업 30%가 새롭게 들어서는 것이 특징적이다. 이는 AI가 그저 인간을 대체하기보다는 함께 일하는 동반자로 발전하고 있음을 시사한다.

지금까지 살펴본 것처럼 AI 영향을 받는 일자리의 규모나 구체적인 직종이 연구마다 조금씩 다르다. 일과 일자리, 직업이 전망치에 혼재되어 같이 쓰이기도 한다. 일반적으로 직무나 작업task은 일자리job를 이루는 단위들이고, 유사한 성격의 일자리들을 묶어 직업occupation으로 정의한다. 자동화와 AI 역시 전망에서 혼용되고 있지만 자동화는 미리 정해진 규칙이나 절차에 따라 반복적이고 예측 가능한 작업을 처리하는 반면, AI는 명확하게 프로그래밍된 경로 없이 학습과 경험에 근거해 패턴을 찾아내고 독립적으로 결정을 한다는 점에서 차이가 있다. 하지만 자동화와 AI는 융복합적으로 일의 특성과 일자리의 미래를 바꾸고 있어 변화 예측에 혼용될 수밖에 없다.

AI가 불러올 변화를 과거 기술 혁신의 연장선상에서 보면서 과대평가를 우려하는 의견이 있는 반면, 전기처럼 모든 산업과 일상에 깊숙이 침투하여 근본적인 변화를 불러올 것이라고 주장하는 연구들도 있다. 내 의견은 근본적인 변화 쪽이다. 생성형 AI 이전에 SF적으로만 느껴졌던 일반인공지능AGI이 점차 현실의 세계로 넘어오고 있는 것을 보며, 근대화의 근본적인 동력이었던 전기처럼 AI가 우리가 경험하지 못한 신세계를 가져오는 기반 기술이 되고 있다고 생각한다.

그러나 예측이란 여러 조건을 전제로 한 논리적 추론이므로, 조건이 달라지면 미래에 실현되는 모습도 달라질 수밖에 없다. 세계경제포럼의 2025년 보고서에서 2년 만에 인간과 기계의 협업 모델이 나타난 것처럼, 미래 일자리 시장의 모습은 우리가 AI를 어떻게 활용하느냐에 따라 크게 달라질 수 있다.

AI가 일자리에 미치는 영향은 대체나 감소의 관점으로만 볼 수 없다. 일의 본질이 변화하고 새로운 형태의 직업, 그리고 새로운 일하는 방식이 등장하며 복합적인 변화가 일어나고 있다. 이는 결국 우리가 어떻게 AI를 활용하느냐에 달려 있다. 조직과 기업이 구성원들의 역량을 키워 생산성을 높이고 새로운 업무를 창출하는 방향으로 AI를 활용한다면, 과거의 다른 기술들처럼 새로운 일들과 부가가치 증가로 일자리 감소를 상쇄하고 경제성장을 이끌 수 있다. 또한 사람들이 힘들거나 기피하는 일에 AI와 로봇을 활용하여 노동인구 부족을 해결할 수 있다. 반면 AI가 인간의 역량을 보완하는 도구가 아니라 대체하는 수단으로만 활용된다면, AI 확산이 진전됨에 따라 일자리 문제는 심각해질 수 있다.

오랫동안 기술 발전 정책을 세우고 실행하면서 늘 공감했던 말이 있다. 미래학자 로이 아마라Roy Amara의 '아마라의 법칙'이다. "우리는 기술의 효과를 단기적으로는 과대평가하고 장기적으로는 과소평가하는 경향이 있다." 이 법칙은 AI 시대에도 유효할 것이다. 단기적으로 AI가 일자리에 미치는 영향을 과장하기 쉽지만, 장기적으로는 오히려 그 영향력을 충분히 예측하지 못해 제대로 준비하지 못할 수 있음을 경계해야 한다.


## 일의 성격이 바뀌고 있다: 디지털 노마드에서 AI 노마드로

기술은 늘 우리가 하는 일을 바꿔왔다. AI도 우리 일의 일부는 자동화시키고 생산성을 높일 거라는 점에서 다른 기술이 가져왔던 변화와 별반 다르지 않을 것이라고 생각할 수 있다. 하지만 자동차, 전화기, 컴퓨터 등 과거의 기술들이 인간을 보조하거나 능력을 확장시키는 것이었다면, AI는 이를 넘어 독립적으로 학습하고 사고하는 단계까지 이른다는 점에서 확연한 차이가 있다. 생성형 AI가 발전하면서 '협업', '같이 일하는 파트너'라는 말을 쓰는 사람들이 늘어났다. 특히 최신 모델들은 이전 세대보다 훨씬 정교한 추론 능력과 맥락 이해력을 보여주고 있어, 지식 작업의 동반자 역할을 하고 있다.

인간과 AI의 협업 모델이 어떻게 발전하고 있는지, 일자리 전망에서 의견이 분분한 프로그래머의 예를 통해 살펴보자. 인간과 컴퓨터의 소통 방식은 컴퓨터가 이해하는 복잡한 기계어에서 인간이 사용하는 자연스러운 언어로 발전하고 있다. 1950~60년대에는 컴퓨터가 이해할 수 있는 복잡하고 암호 같은 어셈블리 언어˙로 프로그램을 작성해야 했다. 하지만 점차 인간의 사고 방식과 유사한 프로그래밍 언어들이 개발되어 일상언어와 유사한 문법으로 프로그램을 만들 수 있게 되었다. 요즘에 많이 쓰는 파이썬의 경우, 코드 한 줄로 과거 언어들의 방대한 양의 코드를 대신할 수 있다.

더구나 최근에는 생성형 AI에게 명령만 잘 하면 누구나 원하는 프로그램을 쉽게 만들 수 있게 되었다. 자연어로 컴퓨터에 명령을 내리면 알아서 프로그램을 짜주는 것이다. 만약 당신이 기후변화에 관심이 많아 인터넷에서 구할 수 없는 자세한 분석을 하고 싶다면 "최근 10년간 전 세계에서 발생한 주요 기상이변 사건을 분석하는 파이썬 프로그램을 만들어줘"라고 명령만 하면 된다. 데이터 수집 API, 수집할 정보, 데이터 전처리, 분석 및 시

---

˙    프로그래밍 언어의 하나로, 기계어와 일대일 대응이 된다.

# 다양한 전망 종합: AI에 큰 영향을 받는 직업

## 1. 행정 및 사무직
데이터 입력 사무원

행정 보조원

회계 및 부기 사무원

은행 출납원

* 고도화된 회계기획, 세무전략, 디지털 행정기획 등은 여전히 수요 높음

## 2. 금융 관련 직종
대출 담당자

개인 재정 자문가

보험 및 금융 사무원

* AI 활용 기반의 맞춤형 재정컨설팅, 복합자산설계 등은 수요 높음

## 3. 기술 및 엔지니어링 분야
컴퓨터 프로그래머(특히 단순 코딩 작업)

일부 엔지니어링 직종(화학공학기술자, 금속재료공학기술자 등)

* AI 아키텍처 설계, 프롬프트 엔지니어링, AI 모델 최적화, 로봇 운영·정비, 첨단 자동화 시스템 설계는 수요 증가

## 4. 법률 관련 직종
법률 보조원

일부 변호사 업무(특히 문서 검토, 계약서 작성)

* AI 법률 리서처-인간 변호사 협업 모델 확산 전망

## 5. 고객 서비스 관련
콜센터 상담원

텔레마케터

* 감정적 문제 해결, 심층적 상담, 고급 CS 기획·관리 등은 성장 가능

## 6. 운송 및 물류

대형 트레일러 운전사

창고 관리자

화물 및 재고 관리자

* 자율주행 상용화 시기에 따라 속도가 달라짐. AI 기반 물류기획, 재고관리 역량 보유자에 대한 수요는 증가

## 7. 미디어 및 콘텐츠 제작

일부 번역가 및 통역사

일부 저널리스트 및 리포터(특히 데이터 기반 보도)

## 8. 의료 분야

방사선 전문의(이미지 분석 작업)

일부 진단 관련 업무

* AI가 의료 진단을 보조하는 형태로 발전하면서 인간-AI 협업 모델 강화

## 9. 제조업

조립 라인 작업자

품질 관리 검사원

* 스마트 팩토리 엔지니어, 로봇 정비·제어 전문가, 데이터 분석 및 사이버물 리시스템CPS 인력은 수요 증가

## 10. 판매 및 마케팅

일부 소매 판매직

시장 조사 분석가

* 데이터 마케팅, AI 기반 고객 세분화 등 전자상거래 전문가는 수요 증가

각화, 상관관계 분석, 이용할 라이브러리 등에 대해 구체적으로 명령을 내릴 수 있으면 원하는 결과를 얻을 가능성이 커진다. 명령을 어떻게 작성해야 할지 모르겠다면 그 역시 생성형 AI에 물으면 가르쳐준다. 누구나 프로그래머가 될 수 있는 시대다.

그렇다면 이제 프로그래머가 필요 없다는 이야기일까? AI가 프로그래밍 분야에서 큰 진전을 이루고 있지만 여전히 한계가 크다. 프로그래밍은 특정 문제나 필요를 해결하기 위해 컴퓨터에게 명령하는 언어를 작성해 효율적이고 자동화된 솔루션을 만드는 과정이다. 제일 중요한 것은 문제를 해결하기 위한 창의적인 아이디어와 논리적 접근 방식이다. 이에 따른 코딩과 테스트, 디버깅*에서는 AI의 도움을 받을 수 있다. AI는 코드의 편견을 감지하고 윤리적인 프로그래밍이 되도록 돕기도 한다.

이미 많은 프로그래머가 마이크로소프트와 오픈AI가 개발한 '깃허브 코파일럿', 구글의 '바드' 및 '코드버트', 아마존의 '코드위스퍼러', 그리고 챗GPT를 활용하고 있다. 이 분야는 최근 테크 기업들 간의 치열한 경쟁이 벌어지고 있으며, 일부 서비스는 개인 개발자들에게 무료로 제공되기도 한다. 또한 소프트웨어 개발 플랫폼인 리플릿Replit, AI 스타트업 허깅페이스Hugging Face와 미국의 구독형 클라우드 서비스 업체 서비스나우ServiceNow가 개발한 스타코더StarCoder 같은 스타트업들도 혁신적인 AI 코딩 도구를 출시하고 있다.[21]

하지만 복잡하고 비정형적인 문제일수록 많은 단계를 거쳐

---

* 프로그래밍 과정 중에 발생하는 버그를 찾아 수정하는 것.

야 하고 다양한 옵션을 비교하여 최선의 방법을 찾아야 하므로 이런 종류의 일에서 인간의 능력은 더욱 중요해진다. 긍정적으로 보면, 지루하고 단순한 작업은 AI에게 맡기고 문제해결을 위한 본질적인 일들에 집중할 수 있다. 마이크로소프트 CEO인 사티아 나델라Satya Nadella는 이렇게 말했다.[22] "AI가 프로그래머를 대체하지는 못하겠지만 그들에게 필수적인 것이 될 것이다. AI는 그들이 더 많은 일을 할 수 있도록 지원하는 것이지, 덜 하게 만드는 것이 아니다."

하지만 2024년 초의 이 발언 이후에도 변화는 빠르게 진행되고 있다. 이제는 AI 코딩 도구들이 상당히 복잡한 애플리케이션 구조도 설계할 수 있게 되면서 실리콘밸리에서는 2024년 하반기 주니어 개발자 채용이 감소했고, AI와 함께 작업할 수 있는 고급 개발자에 대한 수요는 오히려 증가하는 상황이다.

다른 일도 마찬가지다. 마케터는 AI가 만든 고객 데이터 분석과 마케팅 전략 초안을 검토하고 자신의 아이디어를 넣어 완성하면 된다. 변호사는 수많은 판례와 법령 분석에 쏟아붓는 시간을 절약하고 AI 분석을 토대로 법적인 대응방안에 집중할 수 있다. 과거의 기술처럼 도구로서의 활용을 통한 효율성 증가가 아니라 일의 본질적인 성격이 변한 것이다.

법조계에서도 AI 도입이 진행 중이지만, 세계변호사협회IBA의 조사에 따르면 많은 변호사가 AI를 '추후의 문제'로 여기며 준비가 부족한 실정이다.[23] 반면 소장 작성부터 법률 연구까지 전과정에 AI를 전면 도입한 'AI 네이티브 로펌'이 등장하며 법률 서비스의 패러다임이 변화하고 있어, 법률 분야에서도 AI 활용 역

량에 따른 양극화가 시작되고 있다.[24]

AI는 단순히 그 분야의 초급자나 중급자 수준을 대체하는 것이 아니다. 아무리 경력이 많은 변호사라도 법령 분석을 AI만큼 빠르고 효율적으로 할 수 있겠는가? AI는 방대한 데이터의 학습과 패턴을 찾는 일에 특화되었으니 그런 일을 맡기고, AI가 뽑아낸 결과를 이용해 최종 목적을 달성하는 협업체제를 잘 만드는 사람이 유리할 수밖에 없다. 일의 목적과 처리 방식, 기한을 고려해 직접 할 일과 AI에게 시킬 일을 파악하고 일정을 짜서 진행해야 한다. 이때 자기가 하는 일 못지않게 중요한 것이 AI에게 일을 잘 시키는 능력이다. 마치 팀장이 각 팀원들의 능력에 따라 일을 배분하고 지시하여 목표 달성을 위해 일정을 관리하는 것처럼 말이다.

일이 바뀌니 일자리의 개념도 바뀌고 있다. 2000년대 후반 디지털 시대가 전개되며 나타난 '긱 워크gig work'는 단기 계약 근로나 프로젝트 기반의 일을 수행하는 근로 형태로, 널리 통용되는 개념이다. 스마트폰과 온라인 플랫폼 보편화로 '긱 근로자' 수가 늘면서 '긱 이코노미'라는 용어도 쓰이고 있다. 노동법적인 맥락에서 자주 거론되는 '플랫폼 노동'은 이 일환이다. 일을 하고 싶은 사람들과 일거리 간의 매칭 플랫폼이 늘어나면서 AI 개발자, UX 디자이너, 마케팅 전문가 등 필요한 인력을 프로젝트 단위로 고용하는 회사들도 늘고 있다.

프리랜서는 계속 증가하여 2024년 전 세계 약 15억 7,000만 명에 달하고 있다. 이 중 절반 이상이 대학원 이상 졸업자이고

## '반쯤 파트너' AI

AI를 적극적으로 활용하고 있는 사람들은 그로 인해 생산성이 많이 높아짐을 경험했을 것이다. 나에게 누가 AI를 '협업 상대로 생각하느냐?'고 묻는다면 '반쯤은 그렇다'라고 말할 것 같다.

'반쯤'이라는 표현을 쓴 이유는 가끔 튀어나오는 할루시네이션 때문이다. 생성형 AI의 신뢰성이 충분히 높지 못해 아직은 검증 비용이 든다. 자료 검색과 요약을 시켜놓고, 직접 출처를 찾아 맞는지 확인하는 시간을 투입해야 하기 때문이다. 최근 EU의 AI 규제 동향에 관한 보고서를 작성하면서 AI에게 주요 법안의 타임라인을 요약해달라고 했다. AI는 매우 그럴듯한 시간표를 만들어냈지만, 확인해보니 일부 날짜와 시행 단계가 실제와 달랐다.

최근에는 검색 기반 생성 기술이 도입되면서 할루시네이션이 크게 줄었고, 신뢰성도 높아졌다. 하지만 중요한 정보나 복잡한 법률·정책 자료는 여전히 사실 확인이 필요해, 지금 상황으로는 '반쯤 파트너'에서 한 단계 진전한 '검증이 필요한 협업자'에 가깝다.

35세 이하가 70%이다.[25] 글로벌 시장조사기관 비즈니스 리서치 인사이트는 글로벌 프리랜서 플랫폼 시장 규모가 2024년에 39억 1,200만 달러인데 연평균 성장률 15.3%로 2033년에는 140억 달러에 이를 것으로 예상했다. 예측 기간 동안 연평균 성장률은 15.3%에 달할 것으로 전망했다.[26] 인터넷이 접속되는 곳이면 어디든 노트북으로 유연하게 일하는 '디지털 노마드'도 휴대폰과 클라우드 발전, 그리고 코로나19로 급속히 늘었다.

일에 대한 인식 변화, 일과 삶의 균형에 대한 선호, 기술변화가 불러오는 일자리의 변동성 때문에 고정된 일자리에서 유동적인 일거리로의 전환은 더 활발해질 것 같다. 변동의 시대에 빠르게 적응하는 사람들은 고정된 직무나 직업의 개념을 넘어 다양한 작업과 프로젝트를 조합하여 자신의 경력을 만들면서 개인 브랜드가치를 키워나가고 있다. 앞으로는 AI로 일에 대한 수요와 공급의 실시간 매칭이 더욱 정교해지고 광범위하게 이루어지면서 AI 지식과 기술을 장착한 'AI 노마드'가 늘어날 것이다.

디지털 노마드가 장소에 구애받지 않고 어디서든 일할 수 있는 자유로움을 강조하는 말이었다면, AI 노마드는 다양한 작업과 프로젝트에 AI 솔루션을 적용하며 직업이나 산업의 경계로부터 자유롭게 융복합적으로 일하는 사람이다. AI 기술과 자신의 전문성을 결합하여 과거의 칸막이적 사고에서 풀지 못했던 문제를 풀어내고 사회의 다양한 장에서 실력을 발휘하는 사람이다.

AI 노마드로 성공하기 위해서는 AI에게 정확한 지시를 내려 원하는 결과를 얻어내는 프롬프트 엔지니어링 능력과 AI 결과물을 맹신하지 않고 적절히 검증할 수 있는 비판적 사고력이 중요하다. AI 활용에 따른 저작권, 개인정보, 편향성 등 윤리적·법적 문제를 이해하고 책임 있게 대응할 수 있는 역량이 필요하다.

AI를 빠르게 학습하여 잘 활용하는 것은 격동의 시대를 헤쳐나갈 큰 무기를 갖게 되는 것과 같다. AI 노마드가 직업 간, 산업 간 경계를 드나드는 세계에서는 비구조적인 복잡한 문제와 비정형적 문제를 해결하는 능력, 사회적 관계 기술, 유연한 적응력이 전가의 보도로 빛을 발할 것이다. "미래를 예측하는 가장 좋은 방법은 그것을 창조하는 것이다"라는 미국의 경영학자 피터 드러커Peter Drucker의 말처럼, AI 기술이 가져올 변화를 겁내지 않고 자신의 기회로 만들어 나가는 AI 노마드가 필요한 시대다.

# AI 시대에 함께 성장하기:

## 지속가능성과 포용

**"누구도 소외되지 않게"**

식당에서 태블릿이나 키오스크로 주문하는 것이 불편한 사람들은 자연스럽게 그런 식당을 피하게 된다. 대놓고 '오지 말라'는 말은 없지만, 노안으로 화면이 잘 보이지 않거나 민첩하지 못한 손동작이 부담스러운 사람들을 밀어내고 있는 셈이다. 기차표 예매도, 택시 호출도, 식당 예약도 모두 앱으로만 가능한 세상. 디지털 기술이 만들어내는 편리한 일상이 어떤 이들에겐 곳곳에 놓인 장애물을 넘어야 하는 부담스러운 일상이다.

이러한 디지털 단절은 사회적 고립으로 이어질 가능성이 높다. SNS와 메신저로 주로 소통하고 대면 접촉이 줄어드는 사회에서 일부 젊은 세대는 음성 통화조차 부담스러워 한다. 여기에 감정을 이해하고 교감하는 AI 챗봇과 로봇이 보편화되면, 인간관계는 더욱 느슨해지고 피상적으로 변할 수 있다. 특히 디지털 기기 사용이 어려운 사람들은 이중의 소외를 겪게 된다. 일상생활에서 어려움을 겪을 뿐만 아니라, 점점 더 디지털화되는 사회적 관계망에서도 멀어질 수 있다. 우리나라 인구의 약 5분의 1을 차지하는 고령층이 이러한 위험에 취약할 가능성이 높지만 비단 고령층만의 문제는 아니다.

최근의 급속한 AI 발전은 디지털 소외와 단절 문제에 더 깊은 고민을 더하고 있다. 바로 AI의 포용성 문제다. '포용성 inclusiveness'이라는 개념이 국제사회에서 본격적으로 논의되기 시작한 것은 글로벌화와 기술 발전이 가속화되던 2000년대 초반이었다. UN, 세계은행, OECD 같은 주요 국제기구들이 빈부격차와 선진국-개도국 간 격차 확대에 주목하면서 포용성을 강조하기 시작했다. 특히 UN은 2015년 지속가능발전목표SDGs에서 '불평등 감소'(목표 10)와 '평화, 정의, 강력한 제도'(목표 16)를 통해 포용성을 핵심 의제로 다뤘다.

"누구도 소외되지 않게Leave No One Behind"라는 UN의 2030 지속가능발전 의제 슬로건은 포용성의 본질을 가장 잘 보여준다. 이는 단순히 기술 발전의 혜택을 공평하게 나누자는 차원을 넘어, 모든 사람이 경제적·사회적·정치적 생활에 참여할 기회를 가져야 한다는 의미를 담고 있다. 기술이 발전할수록 일부 사람들의 삶은 소외되고 뒤떨어질 수 있다는 역설적 상황에서, 포용성은 선택이 아닌 필수가 되어야 한다는 외침으로 다가온다.

AI는 업무 자동화를 넘어 인간의 사고 방식과 일하는 방식 자체를 변화시키고 있다. AI를 자유자재로 활용하여 업무 효율을 높이고, 새로운 아이디어를 발전시키며, 창의적인 결과물을 만들어내는 사람들과 그렇지 못한 사람들 사이의 격차는 이전의 디지털 격차와는 비교할 수 없을 정도로 커질 것이다. 더구나 AI 가 기존 사회의 편견과 차별을 그대로 학습하여 증폭시킬 위험도 있다. 상용 안면 인식 시스템에서 유색인종 여성에 대한 오류율 이 현저히 높게 나타나 문제가 되었던 것처럼, AI 시스템은 우리 사회의 차별적 요소들을 그대로 반영하거나 강화할 수 있다.

반면 AI가 오히려 격차 해소에 기여할 수 있다는 관점도 있 다. 생성형 AI가 아마추어와 프로, 저성과자와 고성과자 간의 차 이를 좁힐 수 있다는 전망들도 있다. 또 의료 서비스의 접근성을 높이고, 교육의 질을 향상시키며, 장애인과 고령자의 일상생활을 지원하는 등 사회적 가치를 실현하는 강력한 도구가 될 수 있다.

문제는 AI가 저절로 모든 이에게 혜택을 가져다주지는 않는 다는 것이다. AI의 혜택이 기본적으로 모두에게 돌아가기 위해서 는 정부와 사회의 의식적인 노력과 체계적인 준비가 필요하다. 가장 필요한 세 가지만 살펴보자.

### ① 포용적 AI 설계

AI 시스템은 누구나 쉽게 이해하고 사용할 수 있도록 직관적인 인터페이스를 갖추어야 한다. 최첨단 AI 기술을 사용하더라도 최종 사용자는 간단한 조작만으로 바로 쓸 수 있게 만든 제품이 최고의 제품이다. 특히 장애인, 고령자 등 기술 접근이 어려운 사 람들을 위해서는 특별한 기능과 설계를 고려해야 한다. 기업들의 발표대로라면 2025년부터 본격화될 AI 에이전트들이 이런 문제 를 많이 해결해줄 것 같다. 복잡한 앱을 설치하고 조작하는 대신

"내일 병원 예약해줘"와 같은 간단한 음성 명령만으로 필요한 것을 처리할 수 있게 된다면 고령자나 장애인들에게도 일상의 기술 장벽은 크게 낮아질 것이다.

## ② AI 리터러시 교육 전면 확대

AI를 이해하고 활용하는 능력은 이제 새로운 문해력이 되었다. 학생이나 직장인뿐만 아니라 원하는 모든 국민이 AI의 기본 원리와 활용법을 익힐 기회가 주어져야 한다. AI를 맹목적으로 따르거나 거부하는 것이 아니라, AI의 가능성과 한계를 이해하고 주체적으로 활용할 수 있는 능력이 필요하다. 특히 AI가 제시하는 선택지를 비판적으로 평가하고, 윤리적 판단을 내릴 수 있는 시민의식이 중요하다. 디지털 리터러시가 정보 검색과 기본적인 디지털 도구를 안전하게 활용하는 것이 핵심이라면, AI 리터러시는 질문(프롬프트)을 잘하고 AI와의 협업을 최적화하는 역량이 중요하다.

## ③ 법적, 제도적 지원체계 확보

AI 서비스의 편향성을 평가하고 차별을 방지하며, 모든 시민이 AI 혜택을 누릴 수 있도록 제도적 기반을 마련해야 한다. AI 접근성의 격차가 사회경제적 불평등을 심화시키지 않도록 AI 인프라와 서비스에 대한 접근 기회를 보장하고, 복지, 건강 관리 등 공공 AI 서비스 확대를 통해 시민의 삶의 질을 향상시켜야 한다. 특히 취약계층의 AI 역량 강화와 AI 활용 지원을 위한 정책적 노력을 통해 AI 시대의 포용성을 높이는 것이 중요하다.

## 일자리의 격동, 사회적 안전망이 답이다

수요와 공급의 빠른 매칭으로 유연하고 효율적으로 움직이는 긱 경제, 온디맨드* 경제가 커져갈 때 생기는 필연적인 그늘이 있다. 바로 고용의 불안정성이다. 유연한 노동 시스템을 즐길 수 있는 사람들은 시장에서 즉시 필요한 기술과 역량을 갖춘 사람들에 한정된다. 기술 발달은 항상 기회와 위험을 같이 가져온다. 필요한 기술을 습득하지 못한 사람에게는 구직은 멀고 실직은 가깝다.

안타깝게도 기술로 인한 변화는 교육받은 사람과 받지 못한 사람 간의 격차를 늘리는 위험도 같이 가져왔다. 널리 인용되고 있는 '숙련 편향적 기술변화' 연구들은 기술 진보가 소득 불평등을 심화시킨 결과들을 보여준다. 기술의 발달이 고숙련 노동자의 생산성을 저숙련 노동자의 생산성보다 많이 향상시킴으로써 고숙련 노동자의 임금은 상승한 데 반해, 저숙련 노동자는 소득이 감소했거나 대체되었다는 것이다.

2007~2020년 34개 OECD 국가를 대상으로 진행된 연구는 장기적으로 새로운 기술과 지식이 경제 전반에 확산되어 더 많은 사람들이 혜택을 받게 되고, 국가경쟁력이 올라가 경제성장이 촉진되었다는 결과를 보여주었다. 하지만 단기적으로는 교육과 R&D 투자가 고숙련 노동자들의 생산성과 임금을 빠르게 증가시키면서 소득 불평등을 증가시켰다.[27] 대학원을 나온 노동자들의

---

• 온 디맨드(on demand)는 소비자의 요구에 즉각적으로 맞춰 상품이나 서비스를 제공하는 방식을 말한다.

190

임금은 빠르게 늘었지만, 고졸이거나 그 이하인 노동자들은 자동화가 빠르게 일어나고 있던 1980년부터 2018년까지 임금이 매년 평균 0.45%씩 줄었다.[28]

소득 불평등 심화의 원인으로 기술 진보뿐만 아니라 세계화, 노동조합의 약화 같은 다른 이유도 배제할 수 없다. 노벨경제학상을 수상한 MIT 대런 아세모글루Daron Acemoglu 교수는 소득 불평등이 기술 진보만의 결과가 아니라고 지적한다. 세계화가 제조업 일자리 감소와 저숙련 노동자의 임금 하락을 초래했고, 노동조합의 약화로 인해 기술 진보의 경제적 이득이 저소득층에게 제대로 분배되지 못했다는 것이다. 특히 그는 테크놀로지로 인한 혁신이 인력을 대체하는 방향이 아니라, 근로자들의 업무를 보조하고 생산성을 향상시키는 방향으로 나아가야 한다고 강조한다. 현재처럼 자동화를 우선순위에 놓고 노동자들이 수행할 새로운 업무의 창출은 등한시할 때 불평등이 심화된다는 것이다.[29]

IMF도 2024년 1월 리포트 'AI와 일의 미래'에서 비슷한 우려를 나타냈다. AI가 주도하는 자본심화와 생산성 급증은 근로자의 임금을 높이고 총소득을 늘릴 잠재력을 갖고 있음에도 불구하고, 고소득층에 발생하는 자본수익 향상으로 인해 소득과 부의 불평등이 증폭될 수 있음을 지적했다. 특히 AI가 인간의 일을 대체할 위험은 전 소득 스펙트럼에 걸쳐 있으나, 고소득 전문가의 일은 AI가 대체하기보다는 보완적으로 작용할 가능성이 높아 상대적으로 위험이 덜하다고 분석했다.[30] 국가 차원에서 보더라도 마찬가지다. 선진국 경제는 일반적으로 대부분의 개발도상국보다 AI에 더 많이 노출되어 있고, 기술을 활용할 수 있는 더 나은 위치에 있기에 글로벌 디지털 격차와 소득 격차가 확대될 수 있다.

일자리의 상실과 구직에 대한 옥스퍼드와 코그니전트 연구는 과거 변화의 시기에 미국 실직자의 약 11%가 새로운 일자리를 찾는 데 평균 39주가 걸렸다는 미국 인사조사국 데이터를 인용하고 있다. AI로 인해 노동력의 약 9%가 일자리를 잃을 수 있고, 실직 직원의 11%가 새로운 일자리를 찾는 데 어려움을 겪을 수 있는데, 이를 방치할 경우 상당한 경제적 불안정이 초래될 가능성을 언급했다.[31]

2024년 5월의 맥킨지 보고서는 더욱 구체적인 전망을 제시한다. 미국에서 생성형 AI가 2030년까지 근무시간의 최대 30%를 자동화함에 따라 1,180만 명이 직업을 전환해야 할 것으로 예측했는데, 저임금 또는 중간임금을 받는 근로자가 고소득자에 비해 직업을 전환해야 할 가능성이 10~14배 더 높게 나왔다.[32]

새로운 기술 수요에 따른 대응 방식은 국가별로 차이가 있다.[33] 미국 기업들은 대체로 필요한 인재를 외부에서 채용해 빠르게 기술격차를 해소하는 것을 선호하고, 재교육 프로그램도 외부 전문가와의 협업으로 필요한 기술을 빠르게 습득할 수 있도록 성과 중심의 접근을 한다. 반면 유럽 기업들은 신규 채용보다는 기존 직원을 장기적으로 재교육하여 기술 변화에 적응시키는 것에 더 집중하는 경향이 있다. 유럽 기업들이 재교육과 직무전환을 선호하는 이유는 유럽의 강한 노동법 규제나 직업훈련 전통, 사회안전망 제도와 연관이 깊다. 미국 기업들이 가진 사회적 책임의 초점이 주주 가치의 극대화에 있다면, 유럽에서는 재교육과 노동자의 복지 향상이 기업의 중요한 사회적 책임으로 인식되는 측면이 강하다.

1980년에는 미국의 1인당 GDP가 유럽보다 1.4배 높았으나, 2023년 세계은행, 미국 달러 기준으로 미국은 82,769달러, EU는 41,422달러로 2배 차이가 난다. EU 회원국 구성의 변화도 있었지만, 미국의 빠른 기술 혁신과 생산성 증가가 가져온 효과가 컸다. 하지만 그동안 미국의 부의 편차는 더욱 커졌다. 미국 가구 중 상위 1%가 국민소득에서 차지하는 비중은 1980년 약 10%에서 2019년에 19%가 되었다. 세인트루이스 연방준비은행에 따르면, 2022년 기준으로 상위 10%의 가구가 전체 자산의 74%를, 하위 50% 가구는 단 2%를 소유하고 있다.[34]

기업의 기술 혁신 촉진 정책과 사회안전망 정책 중 어디에 더 중점을 둘 것인지에 대한 논쟁은 우리처럼 글로벌 시장경쟁의 최전선에 서 있는 나라에겐 무의미할 것이다. 그것보다는 이 두 방향의 정책을 씨줄과 날줄의 조합처럼 어떻게 정교하게 잘 설계해 나갈 것인지에 역량을 집중해야 한다.

정부와 기업이 같이 참여하는 현장형 교육 프로그램을 다양하게 만들어 혁신이 고통이 아닌 '다 같이 성장하는 미래 비전'으로 제시되어야 한다. 초개인 맞춤형 평생 교육 시스템을 내실 있게 만들어 관심과 경력사항에 기반한 프로그램들을 추천하고 수강 이력들을 관리하여 취업과 연계시켜주는 등의 방식으로, 격동의 시대를 살아나가는 개인들의 고독한 투쟁이 아니라 사회가 같이 대응하는 체제로 만들어가야 한다.

동시에 정부는 디지털 시대의 긱 워커들의 증가, AI로 인한

노동시장의 격동 가능성을 고려한 실업보험의 확대, 4대보험 사
각지대 해소, 소득지원 정책을 다각도로 살펴보고 준비해야 한
다. 기업의 혁신 비용을 낮춰주는 정부, 그리고 해당 분야의 지식
과 경험을 가진 직원들을 잘 교육해 기업의 성장과 개인의 성장
을 일치시키는 기업이 이 시기에 반드시 필요하다.


## 기본소득, 어디까지 왔나?

기본소득은 커뮤니티의 모든 개인에게 조건 없이 주기적으로 지
급되는 현금 지원을 의미한다. AI 기술로 인한 일자리 변화나 수
익 창출이 본격적으로 일어난 것도 아닌데 기본소득은 너무 이른
논의라고 생각할 수 있다. 그러나 기본소득은 단순히 노동시장의
급속한 변화에 대한 대응책에 국한되는 개념은 아니다. 기본소득
은 산업혁명 이후 누적되어 온 경제 불평등, 빈곤 문제, 사회안전
망의 한계 등 다양한 사회경제적 이슈의 잠재적 해결책으로 관심
을 받고 있다. 기본소득에 대한 논의는 인간의 육체노동뿐만 아
니라 지적인 노동까지 대신 수행할 수 있는 기술이 주도할 미래
사회에서 노동의 의미, 복지체계의 재구성에 대한 근본적인 질문
을 포함한다고 할 수 있다.

그렇다면 기본소득은 언제부터 논의되기 시작했을까?《MIT
프레스리더Press Readers》에 실린 칼 와이더퀴스트Karl Widerquist
교수의 글[35]에 따르면, 18세기 말 토마스 페인Thomas Paine과 토
마스 스펜스Thomas Spence의 제안으로 시작된 기본소득 아이디

**194**

어는 20세기 들어 세 차례의 큰 물결을 거치며 발전해왔다. 첫 번째 물결(1910~1940년대)은 산업화로 인한 사회 변화와 불평등 문제에 대응하기 위해 시작되었다. 두 번째 물결(1960~1970년대)은 시민운동과 여성운동이 확산되고 컴퓨터 혁명으로 인한 노동시장 변화에 대한 논의가 활발했던 때 일어났다. 1980~2000년대에는 레이건, 대처 등 보수 정권의 등장으로 정치적 관심이 줄어들었지만, 2010년대 이후 시작된 세 번째 물결은 현재 진행형이다. 2008년 금융위기 이후 빈곤, 실업, 불평등의 심화와 더불어 AI와 자동화 기술의 발전으로 인한 일자리 감소 우려가 커짐에 따라 기본소득에 대한 관심이 높아졌다. 코로나19가 발생했을 때 여러 국가가 '긴급재난지원금' 형태의 한시적인 기본소득을 도입하면서 실질적인 경험을 쌓았고, 사회안전망으로서의 기본소득에 대한 논의가 확대되었다.

국내에서는 2019년 4월부터 경기도에 거주하는 일정 연령의 청년에게 분기당 25만 원, 최대 연 100만 원을 지역화폐로 지급하는 '청년 기본소득'이 도입되어 대중적으로 알려지기 시작했다. 세계적으로 보면 핀란드·독일·네덜란드·인도·미국 등 많은 나라에서 기본소득 실험이 진행되었고, 지금도 세계적으로 100개가 넘는 다양한 규모의 실험이 진행 중이다. 현재 진행되고 있는 실험 중 장기적인 실험으로 자주 언급되는 사례는 미국의 비영리 단체인 기브다이렉틀리GiveDirectly 주도로 케냐의 시골 마을 거주민 2만 명에게 2016년부터 2028년까지 12년 동안 매월 22달러를 지급하는 프로젝트다.

관심이 쏠리는 것은 그동안의 기본소득 실험 결과가 어땠는

3부 AI 시대에 살아남기

195

지다. 그동안 나온 자료들을 보면 선진국과 개도국, 도시와 농촌 등 지역이 어딘지, 금액과 대상, 주기가 어떤지에 따라 다르지만, 대체로 빈곤율, 교육, 건강 등의 지표상으로 일정한 효과가 있었고, 노동시장 참여율 같은 지표로는 효과가 뚜렷하지 않은 경우도 있었다. 케냐 프로젝트의 경우, 중간평가 결과는 대체로 긍정적이었다. 참가자들의 웰빙이 향상되었고, 경제 활동이 증가했으며, 교육과 건강 측면에서도 개선이 있었다.

각국에서 진행한 기본소득 실험들이 UN의 지속가능한 목표SDGs에 긍정적인 영향을 미친다는 분석도 있다. 국제적으로 기본소득 운동을 지원하는 비영리법인인 '기본소득 지구네트워크BIEN'는 기본소득 실험들이 빈곤 감소, 기아 해결, 건강 증진, 성 평등, 양질의 일자리 창출, 불평등 감소, 평화와 정의라는 일곱 가지 목표에 긍정적인 영향을 미쳤다고 평가했다.[36] 특히 여성, 소녀, 장애인에게 효과가 더 컸다. 인도의 실험에서는 여성이 남성보다 더 많이 기업가가 되었고, 소녀들의 영양과 교육이 더 많이 개선되었다. 나미비아의 실험에서는 범죄율이 42%나 감소했다.

기본소득이 경제적 안전망을 제공하여 창업을 촉진한다는 연구결과도 있었다.[37] 기본소득과 유사한 '알래스카 영구기금 배당 프로그램'의 도입 전후로 알래스카의 소규모 기업 창업 추세와 자영업 행태를 다른 주들과 비교 분석한 연구다. 결과는 꽤 흥미로웠다. 이 프로그램 도입 후 실제로 창업 활동이 늘어났다는 증거들이 제시되었는데, 이 효과는 시간이 지나면서 감소하는 경향을 보였다. 기본소득을 설계할 때 단기적인 효과뿐만 아니라 장기적인 영향도 고려해야 한다는 것을 시사하는 사례다.

만약 당신에게 매월 100만원씩, 아무 조건 없이 주어진다면 그 돈을 어디에 쓰고 싶은가? 가장 큰 변수는 개인의 소득수준일 것이다. 샘 알트만이 주도하는 오픈 리서치 홈페이지에 가보면 월 1,000달러를 받는다면 주거·음식·육아·건강·교육·전기 및 가스·교통의 7개 항목 중 어디에 각각 얼마를 쓸 것인지를 묻는다. 일리노이와 텍사스에서 3년간 진행된 기본소득 실험 결과[38]를 보면 월 1,000달러씩 지급받은 사람들은 전반적으로 월 310달러를 더 지출했다. 주로 식품과 임대료, 교통비에 사용했는데 타인을 돕는 데에도 월 22달러를 더 사용했다. 구직활동은 10%, 교육이나 직업훈련을 받을 가능성은 14% 높았고, 더 흥미롭고 의미 있는 일을 선택하는 경향을 보였다. 가장 높은 소득 그룹에서 노동 시간 감소가 가장 컸고, 제일 낮은 소득 그룹에서 노동 시간 감소가 가장 적었다.

　왜 부유층에도 똑같이 기본소득을 지급하냐는 논란도 있었다. 한마디로 돈 낭비라는 것이다. 이에 대한 꽤 합리적인 반론은, 기본소득은 그 본래의 정의대로 누구에게나 동일하게 주고, 세금 등 재원조달 방식의 설계를 통해 부유층이 더 기여하게 하는 방안이 소득기준과 산정에 대한 행정 비용도 줄이고 사회통합에도 도움이 된다는 것이다.

　아직까지 대부분의 나라에서 기본소득에 대한 찬반 논란이 벌어지는 상황이다. 빈곤 해소와 불평등 감소, 노동시장 유연성 증대 같은 긍정적 효과에 대한 기대와 막대한 재정 부담, 노동 의

욕 저하, 인플레이션 같은 부정적 측면을 우려하는 목소리가 혼재해 있다. 아세모글루 교수는 기본소득의 문제점으로 높은 비용과 비효율성, 노동의 심리적 가치 박탈을 지적한다. 더 근본적으로는 기본소득이 '기술 발전으로 대부분의 일자리가 사라지고 소수의 기술 엘리트와 나머지 사람들의 격차가 불가피하게 커진다'는 잘못된 내러티브를 강화한다고 우려한다. 그는 기본소득 대신 노동친화적 기술 발전을 촉진하고, 교육과 직업훈련을 강화하며, 실업보험이나 선별적 소득지원 같은 맞춤형 사회안전망을 구축하는 것이 더 나은 해결책이라고 제안한다.[39]

정책 대상이 되는 일반 국민들의 생각은 어떨까? 2020년 퓨 리서치센터가 미국에서 조사한 설문 결과를 참고해보자.[40] 전 민주당 대선후보인 앤드류 양Andrew Yang의 핵심 공약이었던 "기본소득 월 1,000달러를 모든 미국 성인에게 지급"에 대해 미국 성인의 54%가 반대했다. 이 정책에 대한 반응은 정당·연령·인종·소득수준에 따라 큰 차이를 보였다. 공화당 지지자의 대다수(78%)가 반대한 반면, 민주당 지지자는 67%가 찬성했다. 30세 미만 젊은층, 흑인과 히스패닉, 그리고 저소득층에서 높은 지지율을 보였으나, 65세 이상 고령층과 백인, 중상위 소득층에서는 반대가 우세했다.

이런 논란들에도 불구하고 기본소득 정책의 실효성과 잠재적 문제점을 검증하려는 다양한 형태의 실험과 연구는 계속되고 있다. 최근에는 AI 기술의 급속한 발전에 따른 일자리 감소와 소득 불평등의 심화에 대한 해결책으로 기본소득을 제안하는 전문가들이 늘고 있는 상황이다. 빌 게이츠, 일론 머스크, 마크 저커

버그, 샘 알트만 같은 빅테크의 수장들도 기본소득 지지에 앞장 서고 있다. 빅테크 입장에서 보면 기본소득은 일자리 대체로 인한 경제적 불안정을 완화하여 혁신적인 활동을 장려하고, 사회적 긴장과 분열을 줄여 안정된 비즈니스환경을 만드는데 도움이 될 것이라는 기대가 있을 것이다. 또한 빅테크의 사업 모델과 기술이 사회에 미치는 영향에 대한 비판을 감안할 때, 기본소득에 대해 적극적인 지지는 사회적 책임을 다하겠다는 모습으로 평가될 수도 있다.

기본소득의 효과에 대한 평가는 관점에 따라 다르지만, 향후 AI 시대를 대비한 정책 수단으로서의 가능성은 계속 검증될 것으로 보인다. 또한, 실시간 데이터와 AI 모델을 활용한 정교한 실험 설계로 기본소득이 AI 기술 적응과 재교육, 창의성과 혁신에 미치는 영향 등을 더 정확히 측정할 수 있게 될 것이다.

현재는 AI 기술 발전을 위한 막대한 투자 대비 수익 창출이 기대에 미치지 못하는 상황이지만, 향후 자동화와 산업 구조 변화가 본격화하면 일자리 변동과 소득 불평등 문제가 더욱 부각될 수 있다. 이때 일부 선도 국가들이 기본소득 제도를 도입하거나 확대하기 시작하면 국내에서도 논의가 급물살을 탈 가능성이 높다. 기본소득은 우리나라의 전반적 시스템, 특히 재정 여건과 복지제도에 큰 변화를 야기하므로 다각적인 검토가 필수적이다. 우리나라의 경우 공공사회복지 지출이 계속 늘고 있지만 아직 GDP 대비 약 15%(2021년 기준)로 OECD 평균의 70%에 못 미치는 수준[41]인 만큼, 재원 마련과 기존 복지제도 개편 모두 쉽지 않은 과제이기 때문이다.

따라서 기본소득에 대해 '도입'과 '미도입'이라는 이분법으로 접근하기보다는, 기존 복지제도의 사각지대를 보완하고 사회 안전망을 강화하는 한편, 노동시장에 미칠 영향과 재정 건전성에 대한 종합적인 분석을 해야 한다. 이 과정에서 AI 시대에 요구되는 재교육과 직업훈련, 기술 발전을 통한 새로운 일자리 창출 등을 함께 논의하고, 실험적 도입이나 단계적 진행방안을 검토할 필요가 있다. 결국 핵심은 기본소득이 지향하는 보편적 안전망을 유지하면서도 재원과 제도의 효율성을 담보할 현실적 설계를 마련하는 것이다. 이는 사회적 합의와 제도적 혁신이 동시에 요구되는 과제다. 충분한 실증 연구와 다양한 이해관계자의 참여를 통해 최적의 정책 모델을 만들어가는 노력이 필요하다.


## AI의 민주화를 꿈꾸다

2024년 3월, 구글이 제미나이Gemini 1.5를 발표하자 AI 업계는 다시 한번 기술 격차에 주목했다. 오픈AI가 GPT-4o 시리즈를 발표했을 때도, 앤트로픽이 클로드 3.5를 발표했을 때도 마찬가지였다. 모두 기존 모델의 한계를 뛰어넘는 성능을 과시했다. 2024년 하반기에는 오픈AI가 GPT-5를 예고하고, 메타가 라마 3을 공개했다. 시장에서는 경탄과 함께 놀라운 AI 발전 속도만큼 거대 기술기업과 타 기업들과의 간극도 빠르게 벌어지고 있다는 우려도 같이 확산되었다. 한 중소기업의 개발자의 하소연이다. "우리는 AI 시대의 변두리에 살고 있다. 기술은 있지만 접근할 수 없고, 아이디어는 있지만 실현할 수 없다."

AI 민주화AI Democratization에 대한 관심은 이처럼 첨단 AI 기술이 소수 기업의 전유물이 되어가는 상황에서 확산되었다. AI 민주화는 AI 기술과 그 혜택이 소수의 전유물이 아닌, 모든 사회 구성원이 접근하고 활용할 수 있도록 하는 것을 의미한다. 오픈 AI의 GPT-4, 구글의 제미나이, 앤트로픽의 클로드 등 최첨단 AI 모델들은 폐쇄적인 형태로 운영되고 있다. API 형태로 제공되는 최근 모델들을 쓰기 위해 상당한 비용을 지불해야 한다. 한 스타트업 대표는 "매달 AI API 비용으로만 수천만 원을 지출하고 있다. 이런 상황에서 새로운 시도를 하기 어렵다"고 토로했다.

이러한 상황에서 오픈소스는 AI 민주화의 핵심 수단으로 여겨지고 있다. 오픈소스는 소프트웨어의 소스코드를 일반에 공개해 누구나 활용할 수 있도록 공유하는 것을 의미한다. 특정 기업이나 개인이 독점적 소유권을 갖지 않는 만큼 누구나 기술에 접근해 필요에 따라 변형해서 쓸 수 있다. AI 분야에서도 오픈소스 움직임이 활발하다. 'AI 업계의 깃허브'로 일컬어지는 허깅페이스는 오픈소스 AI 커뮤니티를 구축하여 지식과 자원을 공유하고 있으며,[42] 스테이블 디퓨전Stable Diffusion은 이미지 생성 AI를 오픈소스로 공개하여 창작의 민주화에 기여했다는 평가를 받는다.[43]

오픈AI가 당초 취지 및 이름과는 달리 영리형, 폐쇄형으로 운영되고 있는 상황에서 메타의 적극적인 공개 움직임은 세계의 관심을 끌었다. 2023년 7월 '라마 2'를 오픈소스로 공개한 데 이어, 2024년에는 GPT-4나 클로드 수준의 성능으로 자평하는 '라마 3.1'을 공개했다. 메타는 오픈소스 생태계를 통한 기술 혁신 가속화와 시장점유율 향상을 목표로 내세웠다. 라마가 MIT나 아파치에서 만든 라이선스와는 다르게 제한적 라이선스를 채택했다는 비판에도 불구하고, 2024년 10월 기준으로 4억 회 이상의 다운로드를 기록했으며, 6만 5,000개 이상의 파생 모델이 개발되었다.[44] 오픈소스를 기반으로 모델을 개발한 미스트랄 AI는 올해 초 '미스트랄 스몰 3'를 허깅페이스, 캐글* 등의 플랫폼에 공개한 후, 동 모델이 GPT-4o 미니와 같은 폐쇄형 모델을 대체할 수 있는 강력한 오픈소스로 인정받고 있다고 자평했다.[45] 이처럼 많은 나라에서 오픈소스를 기반으로 개발되고 있는 다양한 모델들은 오픈소스 AI가 기술 격차를 줄이고 기술 혁신의 민주화에 기여하고 있음을 보여준다.

오픈소스에 대한 최근의 가장 큰 화제는 중국 스타트업 딥시크가 공개한 AI 추론 모델 'R1'이다. 오픈소스로 공개된 R1이 오픈AI의 최신 모델과 견줄 만한 성능을 보이면서도 상대적으로 매우 저렴한 비용으로 개발되었다는 점에서, 거대한 자본을 가진 빅테크들의 전유물 같았던 파운데이션 모델 개발을 다른 기업들도 할 수 있다는 희망을 불러일으켰다. 딥시크의 오픈소스 전략은 빅테크 기업들의 폐쇄적 모델 운영 방식의 변화를 자극하고 있는 모양새다. 오픈AI의 CEO 샘 알트만은 "우리는 다른 형태의 오픈소스 전략을 만들어낼 필요가 있다"며 기존의 폐쇄적 전략에 대한 재검토를 시사하기도 했다.[46]

• 2010년 설립된 머신러닝 및 데이터 사이언스 커뮤니티.

그러나 오픈소스로 코드가 공개되어도 실제 활용은 여전히 제한적일 수밖에 없다. 가장 큰 장벽은 컴퓨팅 자원 부족과 AI 인재의 편중 문제다. GPT-4 수준의 모델을 학습시키는 데 필요한 비용이 1조 원 이상 소요되고,[47] AI 연산에 필수적인 엔비디아의 'H200 GPU'는 개당 가격이 3~4만 달러에 달한다. 더구나 이마저도 쉽게 구하기 어려운 실정이다. 차세대 GPU라 불리는 '블랙웰'은 출시하기도 전에 빅테크 기업들이 물량을 선점했다는 보도가 잇따르고 있다. 인재 확보의 측면도 심각하다. 구글, 테슬라, 메타, 마이크로소프트 등 거대 기술 기업들은 천문학적인 연봉을 제시하며 AI 전문가들을 독점하다시피 하고 있다. 이는 미국 외 국가의 기업이나 연구기관이 첨단 AI 개발을 진행하기 어려운 환경을 만들고 있다.

안전성 문제는 더욱 복잡하다. 글로벌 빅테크 기업들이 내세우는 폐쇄형 모델 운영의 명분은 AI 안전성이다. 샘 알트만은 "강력한 AI 기술의 무분별한 공개는 사회에 심각한 위험이 될 수 있다"라면서 대규모 허위정보 생성이나 공격적인 사이버 공격에 악용될 수 있다는 우려를 표명했다. 그러나 이런 우려가 첨단 AI 개발을 최선두에서 이끌고 있는 기업이 기술 독점을 정당화할 근거가 될 수 없다는 비판도 많다. 오히려 오픈소스는 AI의 안전성을 검증하고 개선하는 효과적인 방법이 될 수 있다는 것이다.

실제로 오픈소스는 여러 측면에서 AI 안전성 강화에 기여할 수 있다. 우선 투명성 측면에서, AI의 작동원리와 알고리즘 설계가 공개되면 잠재적 위험과 편향을 더 쉽게 발견하고 수정할 수 있다. "많은 눈이 있으면 모든 버그가 드러난다"는 리누스의 법칙[*]처럼, 전 세계 많은 개발자와 연구자들의 검증이 이루어지면 AI 시스템의 신뢰성과 안전성이 높아질 수 있다. 또한 다양한 배경과 전문성을 가진 개발자들의 협력을 통해 보안 문제나 윤리적 이슈가 더 빠르고 효과적으로 해결될 수 있다. 나아가 다양한 문화권에서 개발자들의 참여가 이루어져 AI 모델이 특정 그룹에 유리하거나 불리하게 작용하는 것을 방지할 수 있어 AI 기술의 편향성을 줄이는 데도 기여할 수 있다.

하지만 오픈소스를 누구나 쓸 수 있다는 점에서 동전의 양면처럼 따라오는 잠재적 위험성 역시 주의를 기울여야 할 문제다. 딥시크에서 R1을 공개한 지 얼마 지나지 않아 이를 활용한 수많은 모델이 쏟아져 나왔다. 기술에 대한 접근성이 높아지고 혁신이 활발하게 일어나고 있는 모습이다. 그러나 R1이 다른 AI 모델들에 비해 인종·성별·건강·종교 등에서 편향된 콘텐츠를 생성할 확률이 훨씬 높았고, '탈옥' 공격[**]에도 취약하다는 연구 결과도 나왔다.[***][48]

미국과 중국의 AI 패권 경쟁은 오픈소스 문제와도 민감하게 연결되어 있다. 2024년 10월 24일 바이든 미국 대통령이 서명한 'AI 국가안보각서NSM'는 AI를 '잠수함, 항공기, 우주 시스템, 사

---

- 에릭 레이먼드가 1999년 저서 《성당과 시장》에서 소개한 개념으로, 오픈소스인 리눅스커널 개발 과정에서 관찰된 현상을 바탕으로 제시되었다.
- 특정 질문에는 답변을 거부하도록 설계한 안전장치를 우회해 답변을 얻어내는 것.
- 엔크립트AI의 연구 결과, 실제 생성 테스트의 45%에서 범죄적 계획, 불법 무기 정보, 극단주의 선전물이 나왔고, 사이버 보안 테스트에서 악성 소프트웨어, 트로이 목마, 기타 악의적인 코드 생성이 78% 가능한 것으로 나왔다.

이버 도구와 같이 시대를 정의하는 기술'로 규정했다. AI 기술이 국가안보와 직결된 전략자산이 되었음을 공식화한 것이다. 미국 정부는 중국을 포함한 경쟁국들로부터의 전략적 기습의 위험에 대응하기 위해 국가안보각서를 마련했음을 분명히 했다.[49] 트럼프 행정부 2기도 기술 우위 유지를 위해 AI 기술에 대한 수출 통제, 기술 공개 제한, 연구 협력 규제 등 실질적인 통제 조치를 할 가능성이 있다. 앞서 2024년 3월, 미 국무부가 의뢰한 글래드스톤 보고서는 고성능 AI 모델의 오픈소스 공개를 제한하고 AI 공급망에 대한 통제를 강화할 것을 권고했다.[50]

이러한 움직임의 배경에는 중국이 서구의 오픈소스 AI 기술을 활용해 급속한 발전을 이루고 있다는 우려가 자리 잡고 있다. 구글의 전 CEO인 에릭 슈미트Eric Schmidt는 "최근 중국에서 본 대부분의 AI 작업이 서구의 오픈소스 모델에서 시작되어 증폭된 것이었으며, 이러한 기술이 중국·러시아·이란·북한 등으로 즉시 퍼져나간다"고 말한 바 있다.[51] AI 기술 발전에서 '개방과 혁신'이라는 가치와 '안보와 통제'라는 명분이 충돌하는 모습이다. 최근 딥시크의 사례는 이러한 딜레마를 더욱 선명하게 부각시켰다.

AI 민주화와 안보 논의가 진행되는 가운데, 새롭게 부상한 개념이 '소버린Sovereign AI'다. AI의 민주화가 기술의 보편적 접근성과 대중화를 추구한다면, 소버린 AI는 국가나 지역 차원의 기술 자주성과 문화적 정체성 보존에 초점을 맞춘다. 소버린 AI를 통해 기술 자립과 경제안보를 강화하고 AI 개발과 활용에 있어 자국의 문화와 가치를 반영하자는 것이다. 또한 자국민의 데이터가 해외로 유출되는 것을 방지하고, 데이터의 가치가 국내에서 창출되는 것을 강조한다. 한편, 엔비디아가 각국에 소버린 AI를 위한 슈퍼컴퓨팅시설 구축을 제안하며 마케팅에 활용하고 있다는 지적도 있다. 국가 간 군비경쟁처럼 각국이 자국 상황에 최적화된 모델을 갖고자 하지만, 결국 모두가 같은 하드웨어 공급업체에 의존하게 되는 아이러니한 상황이 발생한다는 것이다. 소프트웨어뿐만 아니라 하드웨어 인프라에 대한 종속성을 극복하기 어려운 현실을 일깨우는 말이다.

앞으로 우리나라를 비롯하여 많은 나라가 소버린 AI를 확보하기 위해 노력할 것이다. 그리고 이런 모델을 국민과 기업들이 쉽게 접근하도록 개방하여 AI 민주화를 확산시킬 수 있을 것이다. 다만 소버린 AI가 과도한 보호주의로 흘러 개방적인 협력이 저해되는 일은 경계해야 된다. AI 민주화는 기술 혁신과 안전성, 개방과 통제, 보편성과 다양성이라는 가치들 사이의 균형점을 찾아가는 과정이 될 것이다. AI가 이제 교육·의료·행정 등 필수적인 사회 인프라로 자리 잡으면서, AI 기술에 대한 접근성은 새로운 기본권으로 대두될 것이다. 특히 우리는 독점과 폐쇄보다 경쟁과 개방이 가져오는 혁신의 이익이 얼마나 큰지 역사적으로 경험한 바 있다. 우리의 기술 주권과 문화적 정체성을 지키면서도, 국제 협력과 개방적 혁신을 통해 더 큰 발전을 이루는 선순환을 만들어가야 한다.

# AI 시대,

## 무엇을 해야 살아남을까?

### 2030년, 당신의 직업이 살아남지 못한다면

세계경제포럼WEF은 '일자리의 미래 2025' 보고서에서 2030년까지 직업의 22%가 변화할 것이라고 예측했다. 2030년까지 1억 7,000만 개의 새로운 일자리가 생기고 9,200만 개의 일자리가 사라진다는 것이다. 이 변화를 주도하는 핵심 요인으로는 AI와 빅데이터 같은 기술 발전, 녹색전환, 지정학적 분열, 경제적 불확실성, 그리고 인구학적 변화가 꼽힌다. 특히 디지털 접근성 확대와 AI 기술이 노동시장에 가장 큰 영향을 미칠 것으로 전망했다.

　이 숫자가 정확하게 맞기는 어렵겠지만, 2030년에 우리가 상상할 수 없는 많은 직업이 생겨나 있을 것은 분명하다. 지금까지 선호되던 직업 중에서도 사라지거나 숫자가 대폭 줄어드는 것이 있을 것이다. 얼마 전까지 없었던 디지털 휴먼 UX 디자이너, AR/VR 콘텐츠 크리에이터, AI 윤리전문가, 프롬프트 엔지니어,

207

메타버스 공간 디자이너, 생성형 AI 큐레이터, 디지털 웰빙 코치도 AI 시대를 맞이해 새롭게 등장한 직업들이다.

세계경제포럼은 2030년까지 급증이 예상되는 스킬로 AI 및 빅데이터(87% 증가), 네트워크 및 사이버보안(70%), 기술적 문해력(66%), 창의적 사고(66%), 회복력·유연성·민첩성(62%)을 꼽았다. 그리고 이러한 변화에 적응하기 위해 2030년까지 전 세계 노동자의 59%가 재교육 또는 기술 업그레이드가 필요할 것으로 예상했다.

기술 발전으로 인해 사회·경제가 빠르게 변화하는 시대는 우리가 배운 기술과 지식을 오래 활용하도록 두지 않는다. 어려운 자격시험에 한 번 합격하면 평생이 보장되는 시대도 저물고 있다. 변화하는 환경이 요구하는 새로운 기술이나 일의 방식을 빠르게 학습하여 자기가 하는 일에 적용할 수 있는 학습능력과 적응력이 가장 중요한 자질로 꼽힌다.

과거 산업화 시대의 인재상은 명확했다. 규율을 준수하고, 반복적인 작업을 정확하게 수행할 수 있는 능력이 중요했다. 한 가지 전문 기술만 익히면 평생 그 분야에서 전문가로 인정받을 수 있었다. 이제 더 이상 그런 방식은 통하지 않는다. 기술의 수명은 갈수록 짧아지고 지속적으로 업데이트하지 않으면 금세 구식이 되어버린다. 끊임없는 학습과 적응력으로 변화하는 환경에 맞춰 새로운 역량을 개발하는 사람이 AI 시대에 필요한 인재상이다.

이런 변화는 채용 시장에서도 뚜렷하게 나타난다. AI를 활용해 업무를 혁신하고 생산성을 높이는 인재들이 늘어나면서, 많은 기업이 경력이 길어도 AI 활용 능력이 떨어지는 사람보다 경력이 부족하더라도 AI 역량을 가지고 있는 사람을 선호하는 추세다.

창의적 사고가 AI와 사람이 차별화되는 강점이라고들 한다. AI는 방대한 데이터를 빠르게 분석하고 패턴을 찾아 대응하지만, 사람은 복잡하고 예측할 수 없는 영역에서도 문제를 해결하는 능력이 있다는 것이다. 뒤집어 말하면 이런 능력을 길러야 AI가 대체할 수 없는 영역을 차지할 수 있다는 의미이기도 하다. AI의 성능이 하루가 다르게 발전하는 상황이긴 하지만 '인간의 융합적이고 복합적인 창의성이 미래의 생존조건'이라는 말은 상당히 오랫동안 유효할 것이다.

창의성은 비판적 사고와 결합되어야 빛을 발할 수 있다. 2030년, 당신이 무슨 일을 하든 AI 동료와 함께할 가능성이 높다. 현재도 생성형 AI 애용자들은 AI를 파트너라 부르며 협업하고 있다. 그림·음악·영상·글쓰기를 AI와 함께하면서 예술과 직업의 세계를 확장하고 정복하는 즐거움을 맛보는 사람들이 늘어난다. 그림을 그리는 재주가 없어도, 작곡을 배우지 않았어도 자신이 잘 할 수 있는 일에 AI 도구를 결합해 과거에 할 수 없었던 일들을 신나게 하고 있다.

이런 AI와의 협업 과정에서는 문제를 재정의하는 능력이 중요하다. AI가 데이터 기반 답안을 제시하면, 인간은 그것을 비판적으로 검토하고 질문을 새롭게 구성하거나 문제를 다른 관점에서 정의함으로써 예상치 못한 해결책을 도출할 수 있다. 이는 AI

가 찾아내지 못하는 틈새를 발견하는 것을 넘어, AI와 함께 일의 지평을 확장하는 창의적 능력이다.

AI가 제시하는 답들을 비판적으로 보는 자세가 창의성 발휘의 출발점이다. '왜'라는 질문을 자주 던져야 한다. 이는 문제의 본질을 파악하고 정확히 정의하는 과정이며, 기존의 가정에 도전하고 새로운 관점을 탐색하는 시작이 된다. 그리고 새로운 문제를 발견하고 구체화하여 AI가 할 수 있는 것의 최대치를 이끌어내고 거기에 나만의 능력을 더하는 것이 협업의 핵심 방식이다. 지금부터 AI와 협업하는 경험과 스킬을 키워나가는 것이 AI 협업이 일상화될 미래 직업을 위한 최선의 준비다.

창의성, 독창성을 갖추라는 말은 알겠는데 그런 것이 내 안에 잠재해 있는 것인지, 배우고 길러야 하는 것인지, 또 배울 수 있는 것인지 답답할 수 있다. 창의성은 타고난 재능이기도 하지만 대부분은 경험과 학습을 통해 길러진다는 것이 많은 연구들의 결과다. 브레인스토밍, 시각화, 문제해결 훈련 등 다양한 창의성 훈련 방법이 있고, 독서나 예술, 여행, 다양한 사람과의 교류와 문화 경험도 창의적 사고를 자극하는 중요한 요소다.

전문가들이 권하는 창의성 계발 방법은 매우 다양하다. 퇴근 후 잠깐의 명상으로 내면의 소리에 귀 기울이거나, 주말에 떠나는 짧은 여행으로도 새로운 관점을 가질 수 있다. 회사에서 일할 때는 다른 부서 사람들과의 협업이 생각의 폭을 넓히는 기회가 되고, 평소 읽지 않던 장르의 책 한 권이 상상력을 깨우기도 한다. 때로는 디지털 기기를 잠시 내려놓고 공원을 산책하거나, 오랜만에 손글씨를 쓰는 것으로도 잠들어 있던 창의적 감각을 일깨울 수 있다.

디자인 씽킹, 마인드맵, 브레인 라이팅 같은 창의적 사고 기법을 일상과 업무에 적용해보는 것, 직장 외 시간에 소규모 사이드 프로젝트를 진행하며 도전, 실패, 학습의 과정을 경험하는 것도 창의성 훈련의 좋은 방법이다. 능숙하지 않은 분야의 글쓰기나 드로잉을 시도해보는 것만으로도 뇌에 새로운 연결고리가 형성된다.

일상 속 발견들을 꾸준히 기록하는 습관도 중요하다. 길거리 간판, 흥미로운 대화, SNS 피드에서 얻은 영감을 아이디어 노트나 디지털 콘텐츠 보드에 모아두었다가 나중에 다시 검토하는 과정에서 새로운 통찰이 생기기도 한다. 워크숍, 해커톤, 아이디어 경진대회 같은 집단지성을 활용하는 활동에 참여하여 여러 사람이 같이 결과물을 도출해보는 것도 효과적이다. 앞으로 AI와의 협업이 필수가 될 2030년대에는 끊임없는 호기심과 학습, 융합적 사고로 인간만의 창의성과 감성지능을 키우는 것이 가장 확실한 생존 전략이다.

## AI, 평생 가정교사가 되다

개인 전담 교사를 두는 것은 많은 이들의 로망이었다. 하지만 이제 세계에서 가장 똑똑한 교사를 24시간 우리 곁에 둘 수 있다. 더구나 무료로, 혹은 매우 적은 비용으로 말이다. AI는 우리가 원하는 지식을 맞춤형으로 가르쳐주는 인내심 많은 교사다. 실수를 두려워할 필요도 없고, 부끄러워할 필요도 없다. 원하는 만큼 반복해서 물어볼 수 있고, 이해할 때까지 다른 방식으로 설명해달라고 요청할 수도 있다.

AI 기반 튜터 서비스는 빠르게 발전하고 있다. 스탠퍼드 대학이 개발한 '튜터 코파일럿Tutor CoPilot'은 튜터들에게 맞춤형 교육 가이드를 제공하여 학생들의 수학 성취도가 향상되는 결과를 보여주었다.[52] 'HIX 튜터'는 AI 기반 숙제도우미로 수학, 과학, 문학의 복잡한 문제들을 분석하고 단계별 솔루션을 제공하여 학습 효율을 높인다.[53] 국내의 예를 보면, 클레온과 아이스크림에듀가 개발한 'AI 드림쌤'이 맞춤형 학습 상담을 제공하고 있다.[54] 튜터 플랫폼 메스프레소의 '폴리'는 생성형 AI 기반 문제 풀이 튜터로, 실제 교사처럼 상세하게 풀이법을 설명해준다.[55]

학습과 과제를 위해 챗GPT 같은 생성형 AI를 쓰는 것에 대해 교육계의 반응은 엇갈린다. 반대하는 측은 학생들이 AI에 의존하면서 기초적인 글쓰기 능력, 계산 능력, 문제 해결 능력 등 인지적 기술이 퇴화할 수 있다는 탈숙련화Deskilling 현상을 우려한다. 탈숙련화는 보유하고 있는 기술이나 글쓰기, 계산력, 비판적 사고 같은 능력이 새로운 기술의 도입으로 오히려 퇴화하거나 약화되는 현상을 의미한다. AI가 에세이를 대신 써주고, 수학 문제의 풀이 과정을 모두 보여주면 학생들은 이런 기초 능력을 스스로 발달시킬 기회를 갖지 못하고 AI에 끊임없이 의존하게 된다는 것이다.

반면에 AI 활용을 권장하는 측은 이를 재숙련화Reskilling의 기회로 삼아야 한다는 시각이다. 재숙련화는 새로운 도구 활용과 AI 리터러시를 통해 기존 문제해결력을 한 차원 높이는 과정이다. AI와 효과적으로 협업하는 능력 자체가 새로운 형태의 숙련이며, AI를 활용해 초안을 만들고 이를 비판적으로 검토하고 발전시키는 과정에서 더 높은 차원의 사고력을 기를 수 있다는 것이다.

과제나 논문 등에 대한 AI 생성물 탐지 프로그램도 활용되고 있다. GPTZero, 오리지널리티 AI, 크로스플래그 등이 대표적이다. 텍스트의 복잡성과 예측 가능성 등 여러 요소를 통해 해당 자료가 AI가 생성한 것인지를 판단한다. AI가 쓴 글에 비해 인간이 쓴 글은 더 불규칙적이고 미묘한 어조 변화나 논리적 비약 같은 것이 있다고 한다. 하지만 현재까지 이런 프로그램들의 정확도는 완벽하지 않다는 평이다. 사람이 쓴 글을 AI 생성물로 오판하거나, 그 반대의 경우도 발생한다. 오픈AI의 텍스트 분류기도 정확도 문제로 서비스가 중단되었고, 턴잇인Turnitin의 AI 검출 기능도 거짓 양성, 즉 사람이 쓴 글을 AI가 썼다고 판정한 사례가 보고되었다.

이러한 한계로 인해 학교에서 AI 활용을 막기보다는 적절한 활용 방법을 가르치고 가이드라인을 제공해야 한다는 주장이 설득력을 얻고 있다. 많은 대학과 교육기관들은 AI 생성물 자체를 금지하기보다, AI를 활용하여 창의적이고 비판적인 결과물을 만드는 방법을 교육하는 방향으로 전환하고 있다.

AI라는 교사를 잘 활용하기 위해서는 몇 가지 사항을 염두에 두는 것이 좋다. "이것을 가르쳐줘"라고 막연하게 요구하는 것보다 "초등학생도 이해할 수 있도록 실생활 사례를 들어 설명해줘" 등 구체적으로 물어보는 것이 효과적이다. AI의 설명을 무조건 수용하기보다는 "왜 그렇게 생각하는지, 근거와 반론은 있는지" 물어보며 비판적 사고를 길러야 한다. AI도 실수를 할 수 있고 편향된 답변을 할 수 있다. 이 사실을 기억하고 답변을 재차 확인하는 습관도 필요하다.

AI 튜터는 특정한 내용을 가르치는 것 외에도 종합적인 학습 관리를 해줄 수 있다. 학습자의 학습 이력을 분석하여 취약한 부분을 파악하고, 개인의 학습 속도와 스타일에 맞는 맞춤형 커리큘럼을 제안한다. 관심 분야나 학습 목표에 따라 적절한 교육 콘텐츠를 추천하고, 학습 진도와 성취도에 따라 피드백을 해준다. 마치 개인 학습 매니저처럼 다음에 무엇을 배워야 할지, 어떤 방식으로 공부하면 좋을지 조언과 격려를 해주는 것이다.

온라인 강의가 시공간의 제약을 없애고 유명 강사의 강의를 집에서 들을 수 있게 만들었다면, AI 튜터는 여기서 한 걸음 더 나아가 개인의 수준과 성향에 맞춘 일대일 교육을 가능하게 만들고 있다. AI의 즉각적인 피드백을 통해 자신의 학습 상태를 확인할 수 있어 이해도를 스스로 점검하고, 추가적인 학습이 필요한 부분을 파악하는 자기주도적 학습능력을 높일 수 있다. 이는 사교육 격차가 큰 우리 현실을 극복하는 효과적인 대안이 될 수 있다. 평생학습이 필수가 된 시대에, AI를 잘 활용한다면 믿음직한 학습 동반자를 옆에 두는 것과 같을 것이다.

그러나 이런 혜택도 AI 기술에 대한 접근성이 보장될 때 가능한 일이다. 팬데믹 기간에 겪었듯이 인터넷 연결, 디지털 기기 보유 여부, 기술적 이해도의 차이가 새로운 교육 격차를 만들 수 있다. 고가의 프리미엄 AI 교육 서비스와 기본적인 AI 서비스 간의 품질 차이도 있을 것이다. 학교나 지역 단위에서 AI 기술 도입에 필요한 예산과 자원이 부족하다면, AI를 적극 활용하는 학교와 그렇지 못한 학교 간 격차는 더욱 벌어질 수 있다. AI 활용이 교육에 확산될수록 이러한 디지털 격차가 새로운 형태의 교육 불평등으로 이어질 가능성이 커지는 만큼, 저소득층 학생들에 대한 디지털 기기나 AI 학습 서비스 이용 지원 같은 정책적 노력이 필요할 것이다.

디지털, AI환경에서 교사는 정보와 지식 전달의 부담에서 벗어나 학생 개개인의 다양한 특성과 수준에 맞는 맞춤형 학습이 제대로 이루어지도록 지원하고 창의성, 문제해결력 같은 잠재적 역량을 끌어올리는 데 집중할 수 있다. 그와 동시에 학생들이 AI 알고리즘의 의사결정 과정을 이해하고 AI 제공 콘텐츠가 편향되거나 윤리적인 문제가 없는지 비판적으로 평가하는 능력을 키워줄 필요가 있다.

## AI를 다루는 자, 일터를 지배한다

AI는 스마트폰, 컴퓨터 같은 도구를 넘어선 파트너 같은 존재다. 우리의 생각을 이해하고, 때로는 예상치 못한 아이디어로 우리를 놀라게 한다. 마치 새로운 동료를 맞이하는 것처럼 AI와 일하는 법을 배워야 하는 시대가 온 것이다. 처음에는 익숙하지 않아 불편하게 느껴질 수 있지만, 차근차근 익혀나가다 보면 어느새 든든한 협업 파트너와 일하고 있는 자신을 발견할 것이다.

많은 직장인이 AI와 함께 일하면서 기대보다 큰 효과를 경험하고 있다. 몇 가지 활용 사례를 보자. 마케팅 담당자는 AI가 분석한 고객 데이터로 트렌드를 쉽게 파악하여 전략 구상에 집중할 시간을 확보한다. 인사 담당자는 AI가 만든 채용공고 초안을 회사 특성에 맞게 수정하는 방식으로 업무 효율성을 높인다. 재무팀 관리자는 AI 데이터로 이상 패턴을 쉽게 찾아내어 대응전략 수립에 집중할 수 있다. 변호사들은 AI가 대량의 판례를 빠르게 검토하고 계약서 초안을 작성해주니 법적 논리를 구성하는 시간이 대폭 단축된다.

AI에 친숙해지는 가장 좋은 방법은 일상적인 업무부터 같이 해보는 것이다. 예를 들어 문서 작성이라면 AI와 함께 필요한 자료를 파악하고, 목차를 구성하며, 각 목차별로 들어갈 내용을 먼저 짜본다. AI가 초안을 작성하면 당신은 최종적인 내용을 검토하고 톤과 스타일을 조직의 특성에 맞게 다듬는다. 새로운 아이디어가 필요할 때는 AI와 브레인스토밍을 하면서 결과를 발전시킨다. AI는 당신의 아이디어를 그림이나 글, 음악과 영상으로 표현해주기도 한다. 의사결정이 필요할 때는 AI의 데이터 분석과 패턴 발견 능력을 활용하되, 사실 여부를 검증하고 최종 판단은 당신의 경험과 직관을 바탕으로 내린다.

더 나아가 관리자라면 AI 시스템을 효과적으로 통제하고 운영하는 능력이 필요하다. 예를 들어 고객 응대에 챗봇을 활용할 때는 어떤 상황에서 인간 상담원이 개입해야 하는지, 데이터 분석 자동화는 어느 수준까지 허용할 것인지 등의 판단을 내려야 한다. AI 결과물의 품질을 검증하고, 필요할 때 적절히 개입하는 것도 관리자의 중요한 역할이다.

혼자 고민하지 말고 팀과 함께 시작해보는 것도 좋다. 주간 회의에서 AI 활용 사례를 공유하고, 성공과 실패 경험을 나누며, 팀에 맞는 AI 활용 가이드라인을 만드는 것도 좋다. AI 관련 커뮤니티에 참여하여 다양한 사례를 접하고 최신 트렌드를 파악하는 것도 도움이 된다. 자신의 전문 분야에서 AI를 어떻게 활용할지 다양한 시도를 해보고 다른 사람들의 활용 사례를 찾아 적용해보는 노력도 필요하다.

어쩌면 AI 도입과 활용에 대해 저항감을 느낄 수 있다. "AI가 내 일을 뺏지 않을까?", "AI가 이런 일을 다 하면 나는 뭘 하지?" 이런 걱정도 자연스러운 과정이다. 하지만 AI를 피하는 것도, 너무 의존하는 것도 답이 아니다. AI 활용의 효과와 한계를 이해하고 상황에 맞는 활용 방식을 찾아가야 한다. 더불어 AI의 한계와 위험성을 보완할 수 있는 정책과 가이드라인을 조직과 정부에 요구하는 적극적인 자세도 필요하다.

우리에게 필요한 AI 리터러시는 AI를 잘 다루는 기술적 능력만을 의미하는 것은 아니다. AI가 가져올 사회경제적 변화를 이해하고, AI 기술이 올바른 방향으로 발전하도록 목소리를 내며, 조직과 사회가 이에 현명하게 대응하도록 참여하는 역량도 포함된다. 아세모글루 교수는 "새로운 테크놀로지가 광범위한 번영으로 이어질지 아닐지는 사회가 내리는 경제적·사회적·정치적 선택의 결과"라고 말한다.[56] 즉, 테크놀로지 발전의 방향을 결정하는 것은 사회의 집합적 의사결정이며, AI가 소수에게만 이익이 되는 방향이 아닌 널리 공유된 번영을 창출하는 방향으로 발전하도록 정부와 사회의 의식적인 노력이 필요하다는 의미다.

# AI시대,

## 공공 서비스는 어떻게 바뀔까?

### AI 시대의 공공 서비스, 기준은 우리가 정한다

이제 더 이상 인간이 앉는 판사석은 없다. 대신 대형스크린이 설치되고, 정해진 시간에 중성적 모습과 목소리를 가진 AI 판사 아바타가 나타난다. 그 옆에는 법률전문가들이 AI 판결을 검토할 수 있는 컨트롤 패널이 있다. 모든 참석자는 생체 인식으로 신원이 확인되고, 사건데이터는 자동으로 시스템에 업로드된다.

"사건번호 OOOO, 사건정보가 입력되었습니다. 증거와 진술을 기반으로 분석을 시작합니다." AI 판사의 안내에 따라 양측은 변론을 펼친다. AI는 방대한 판례를 검색하며 주장의 일관성을 확인하고, 잘못된 법적 주장을 교정한다. 변론이 끝나면 AI는 모든 데이터를 분석해 철저히 계산된 방식으로 판결을 내린다. 복잡한 법적·윤리적 문제는 인간 판사가 최종 결정하지만, 대부분의 민·형사 사건은 AI가 처리한다. 변호사들도 감정적 호소보

219

다 데이터 중심의 논리를 전개하는 방향으로 변화한다.

위 내용은 생성형 AI의 의견을 참조해 그려본 가상의 모습이다. 어떤가? 당신은 AI 판사가 마음에 드는가? 판결은 신속하고, 편견이나 감정적 판단 없이 오직 데이터와 법률에만 기반해 판단을 내린다. 물론 이런 AI 판사는 현재 없다. 다만 국제적으로 AI 판사를 간단한 소송에 도입하는 국가들이 조만간에 나타날 조짐은 있다. 에스토니아는 소액청구에 AI를 판사의 업무 보조로 활용할 계획을 발표했고, 중국은 이미 전국 법원에 AI 시스템을 도입하여 판사들의 업무시간을 3분의 1로 줄였다. 중국 최고인민법원은 판사들이 모든 사건에 대해 AI의 상담을 받도록 의무화했으며, AI의 추천을 거부할 경우 그 사유를 서면으로 제출하도록 하고 있다.[57]

AI 판사 도입 논의는 사법 시스템의 미래에 대한 근본적인 질문을 던진다. 판결의 정치화나 불평등 같은 사법 불신을 해소하기 위해 AI 판사 도입에 찬성하는 주장도 있다. 사건처리 속도가 빨라지고 판결의 객관성과 일관성이 높아진다는 장점 때문이다. 하지만 AI가 복잡한 요소들을 어떻게 고려했는지 설명하기 어렵고, 잘못된 판단에 대한 책임소재도 분명하지 않다는 문제가 제기된다. 그리고 무엇보다 정의는 법조문의 기계적 적용이 아닌, 사회적 맥락과 인간적 가치를 고려한 종합적인 판단을 필요로 한다는 점에서 AI가 인간 판사를 대체하는 것은 바람직하지 않다는 의견이 지배적이다. 현재 시점에서 보면 AI가 판사의 보조수단으로 적절히 활용된다면 사법 서비스 개선에 도움이 될 것은 분명하다.

　AI는 분명 공공 서비스를 크게 혁신하고 바꿀 것이다. 중요한 것은 우리가 공공 서비스를 어떤 방향으로 바꾸어가길 원하는지 명확히 설정하고, AI 기술을 그 방향에 맞춰 활용하는 일이다. 공공 서비스는 공기와 같은 존재다. 익숙하고 당연해서 평소에는 그 중요성을 잘 못 느끼지만 문제가 생기면 바로 우리의 생명과 일상이 위협받는다. 깨끗한 물과 끊기지 않는 전기, 안전한 도로, 신속한 응급 서비스부터 재난대응, 공정한 법 집행에 이르기까지 공공 서비스는 우리의 삶을 지탱해주는 근간이다.

　디지털 시대의 빠르고 편리한 서비스를 경험하며 공공 서비스에 대한 기대가 높아졌다. 우리나라는 전자정부를 통해 다른 나라보다 앞서 행정 효율성을 대폭 높였지만, 고령화·사회경제적 양극화·기후변화로 인한 재난재해 증가 등으로 해결해야 할 과제가 복잡해지고 있다. 하지만 공무원의 인력과 예산이 제한적이라, 급변하는 사회의 요구에 신속하면서도 효율적으로 대응하기가 쉽지 않다. 국민들은 투명하고 공정하며, 24시간 언제든 접근 가능하고, 복잡한 절차 없이 빠르게 처리되는 공공 서비스를 원한다.

　AI 기술은 이러한 기대와 과제를 동시에 해결할 수 있는 강력한 도구가 될 수 있다. 몇 가지 예를 살펴보자. 복지 분야에서는 데이터 분석을 통해 사각지대를 발굴하고 개인 맞춤형 서비스를 제공하여 자원 배분의 효율성을 높일 수 있다. 의료 분야에서는 위험 집단을 조기에 발견하고 원격 모니터링으로 의료 접근성을 높여 국민 건강을 보다 효과적으로 관리할 수 있다. 교통 시스템에서는 AI가 도로 상황과 이용 패턴을 분석해 신호체계를 최적화하고 교통 흐름을 개선하여 시민의 이동 시간을 단축시킬 수 있다. 재난 관리 측면에서는 실시간 데이터 분석으로 위험을 예측하고 효율적인 대응체계를 구축하여 피해를 최소화할 수 있다. 또한 행정 서비스 분야에서는 AI 기반 문서 처리와 민원 응대로 처리 시간을 단축하고 공무원들이 정책 우선순위 결정, 이해관계자 간 협의 같은 일에 집중할 수 있게 한다.

나아가 공무원들이 AI의 데이터 기반 분석 능력을 잘 활용한다면 범죄 예방, 질병 확산 예측, 경제 전망 등에서 더 효과적이고 투명한 정책을 수립할 수 있다. 특히 대규모 국책사업의 예비타당성 조사에서 이용자 수요 예측, 비용 산정, 편익 분석 같은 업무에 큰 도움을 받을 수 있을 것이다. AI를 잘 적용한다면 서비스의 질은 높이면서 비용은 낮추는 두 마리 토끼를 잡을 수 있다. 물론 이러한 장밋빛 잠재력을 실현하기 위해서는 기술적 측면뿐만 아니라 AI 도입에 따른 위험요인, 즉 프라이버시 침해, 알고리즘 편향성, 책임소재 불분명 등을 세심하게 관리해야 할 것이다

## 각국의 AI 공공 서비스 혁신 동향

여러 나라에서 AI 공공 서비스 도입이 빠르게 이루어지고 있다. 옥스퍼드 인사이트가 2024년 12월 발표한 188개 정부의 AI 공공 서비스 구현 준비도를 살펴보면, 미국이 87.03점으로 1위, 싱가포르가 84.25점으로 2위, 한국이 79.98점으로 3위를 기록했

다. 뒤를 이어 프랑스, 영국, 네덜란드, 핀란드, 캐나다, 독일, 일본이 상위 10개국에 포함되었다.[58]

특히 미국 정부의 움직임이 두드러진다. 2023년 말 기준으로 20개 정부기관에서 200개의 AI 활용 사례를 보유하고 있으며, 추가로 1,000여 개의 도입을 계획하고 있다.[59]

가장 활발한 혁신이 이루어지고 있는 분야는 민원 처리다. 미국 국세청의 AI 챗봇은 2022년 1월부터 2023년 9월까지 1,300만 명의 납세자들을 도왔고, 약 1억 5,100만 달러의 납부를 지원했다. 뉴욕시의 'NYC 311'은 AI를 기반으로 시민들의 질문에 신속하게 답변하고 주차 위반, 쓰레기 수거, 공공시설 예약 같은 다양한 민원을 자동으로 처리한다.[60]

우리나라에서도 서울시 '챗봇 서울톡'이나 국민건강보험공단의 'AI 상담톡'처럼 AI 기반 민원 처리 서비스가 확대되고 있다. 하지만 실제 민원 처리는 생각보다 쉽지 않다. 민원인과 효과적으로 소통하는 사회적 기술과, 제기된 문제를 해결하는 실무 능력이 동시에 요구되기 때문이다. 현재 대부분의 AI 시스템은 단순 챗봇이거나 민원을 유형별로 분류하여 담당 상담사를 연결해주는 수준에 머물러 있다. 결국 복잡한 민원은 인간 상담사를 통해 해결할 수밖에 없어, 여러 단계의 AI 응답을 거치고 한참 기다린 뒤에야 궁금한 것을 제대로 물어볼 수 있는 경우가 많다. 이렇듯 불편함을 인내하는 것은 이용자의 몫이 되는 상황이지만, AI 기술 발전의 속도로 볼 때 민원 처리의 범위와 수준은 빠르게 향상될 것으로 보인다.

최근 생성형 AI 기술이 빠르게 확산되면서 공공 서비스 분야에서도 텍스트·음성·이미지를 자동 생성하고 실시간 분석하는 활용 모델들이 부상하고 있다. 이를 통해 기존의 민원 처리나 행정 업무 자동화 수준을 넘어, 시민 소통과 개별 맞춤형 정책 설계가 가능해질 것으로 기대된다. 특히 생성형 AI를 시민 참여 플랫폼과 연계하면, 민원이나 정책 제안을 실시간으로 요약·분류하고, 시민들이 공공의사결정에 참여하는 온라인 공론장 운영에도 큰 도움이 될 수 있다. 실제로 해외 일부 도시에서는 온라인 제안의 핵심 키워드 분석, 관련 국제 사례·데이터 자동 제공, 정책 시뮬레이션 기능을 제공하는 'AI+시민 참여 플랫폼'이 시범적으로 운영되기 시작했으며, 앞으로 더 많은 지역으로 확산될 것으로 전망된다.

민원 처리 다음으로 활발한 도입이 이루어지는 영역이 스마트시티다. 런던의 '스마트 런던Smart London' 프로젝트는 AI를 활용해 교통 분석, 환경 데이터 수집, 시민 의견 반영 등 다양한 문제를 해결하고 있다. 특히 런던 교통국은 AI 카메라로 지하철역의 승객 흐름을 분석해 대기시간을 줄이고, 실시간 교통신호 최적화로 도로 혼잡을 크게 개선했다.[61]

국내에서도 AI 기반 교통신호 시스템을 도입한 사례가 있다. 세종시의 경우 차량과 보행자의 신호 대기 시간을 절반가량 줄였고, 성동구는 스마트 횡단보도 도입 후 교통사고 사망자가 크게 감소했다.[62] 서울시의 '스마트 서울 안전망'은 CCTV와 AI를 결합한 지능형 관제 시스템으로 범죄 예방부터 재난 대응까지 폭넓게 활용되고 있다. AI는 CCTV 영상을 실시간으로 분석해 화재나 폭력 상황을 자동으로 감지하고, 담당자에게 즉시 알림을 보낸다.

복지 분야에서 AI는 '보이지 않는 복지 수요'를 찾는 데 도움을 주고 있다. 기존의 복지 시스템은 신청주의 원칙으로 인해 정작 도움이 필요한 사람들이 서비스를 받지 못하는 경우가 많았다. 보건복지부의 '복지 사각지대 발굴 시스템'은 단전·단수, 건강보험료와 통신비 체납 등 44종의 위기 징후 정보를 분석해 복지위기가구를 예측하고 선제적으로 지원한다. 2023년 겨울에는 수도·가스요금 체납 정보를 추가로 활용해 약 30만 명의 위기가구를 발굴했으며, 특히 독거 어르신과 장애인 등 취약가구 8만여 명을 집중 지원했다.[63] 서울시의 '복지 멤버십' 서비스는 개인의 소득·재산 정보를 자동으로 분석해 중앙부처의 83종 복지사업과 지자체별 맞춤형 서비스 추천을 문자나 앱으로 안내하며 신청까지 한번에 처리할 수 있게 해준다. 누구나 가입 가능하고 2023년 말 기준으로 968만 명이 이용 중이다.[64] 이처럼 AI를 통해 '신청하는 복지'가 '찾아가는 복지'로 바뀌고 있다.

최근에는 '초맞춤형 복지' 모델도 등장하고 있다. AI가 건강, 주거, 구직활동 등 개인의 생활 패턴을 종합적으로 분석해 개인화된 서비스를 제공하는 것이다. 예컨대 고령인구 밀집지역에서는 AI가 건강 상태와 이동경로를 분석해 맞춤형 돌봄 일정과 방문 간호 서비스를 추천하고 담당자에게 알림을 보낼 수 있다. 다만 이런 서비스는 민감한 데이터의 광범위한 연계가 필요하므로 강화된 개인정보보호체계와 동의 절차가 반드시 전제되어야 한다.

지금까지 살펴본 AI 공공 서비스의 도입 사례들은 몇 가지 의미 있는 특징을 보여준다. 대부분 작은 규모의 시범사업으로 시작해 시민들의 피드백을 반영하며 점진적으로 발전했다. 'NYC 311'은 제한된 영역의 질문으로 시작했지만 이용자 의견을 수렴하며 서비스 범위를 확대했고, '스마트 런던'은 시민참여 플랫폼을 통해 서비스 개선 방향을 결정했다. 또한 이들은 모두 AI를 인간을 대체하는 도구가 아닌 보완하는 도구로 활용했다. 복지 사각지대 발굴 시스템의 경우, AI로 위기가구를 예측하지만 최종 판단은 사회복지사가 하는 것처럼, AI와 인간의 적절한 역할 분담이 긍정적 결과를 이끌어내는 중요한 요소였다.


## AI 공공 서비스가 남긴 경고

AI 공공 서비스가 성공적이었던 것만은 아니다. 안타깝게도 몇몇 실패 사례가 있다. 이런 사례들은 사회적 영향에 대한 고려가 결여된 AI 도입의 위험성을 경고한다. 하나씩 살펴보자.

### ① 영국의 대학입학시험 성적 산정 과정에서 드러난 알고리즘 편향성

2020년, 코로나19로 대학입학시험A-Level을 치를 수 없게 되자 영국의 시험감독청은 AI 알고리즘으로 입학성적을 산출하기로 했다. 각 학교의 역대 성적과 학생 개인의 내신, 교사 평가를 결합한 이 시스템은 얼핏 객관적이고 공정해 보였다. 그러나 결과는 큰 논란을 불러왔다. 학생들의 성적은 교사들의 예상보다 40% 가까이 낮게 나왔다. 특히 저소득층 지역 공립학교 학생들의 성적이 대폭 하향 조정된 반면, 부유한 지역 사립학교 학생들의 성적은 높게 나왔다. "이것은 내 점수가 아니다", "빌어먹을 알고리즘"을 외치며 전국에서 학생들의 시위가 이어졌다. 결국 정부는 알고리즘 평가를 전면 철회하고 교사 평가로 전환했으며, 시험감독청장은 사퇴했다.[65] 이 사례는 AI 시스템이 얼마나 쉽게 기존의 불평등을 증폭시킬 수 있는지 보여준다. 학교의 과거 성적이라는 데이터에 내재된 사회경제적 격차를 AI가 그대로 학습하면서, 개인의 실제 능력과 무관하게 출신 학교에 따른 차별이 발생한 것이다.

## ② 네덜란드 복지수급자 감시 시스템이 초래한 인권 침해

네덜란드 정부는 복지 예산을 효율적으로 사용하겠다는 명분으로 '사회복지 부정수급 탐지 시스템System Risk Indication, SyRI'을 도입했다. AI로 주거·근로·교육·부채 등 개인의 모든 정보를 수집·분석하여 부정수급 위험을 예측한다는 것이었다. 그러나 이 시스템은 처음부터 문제가 있었다. 정부는 사기 방지를 이유로 알고리즘의 작동 방식을 공개하지 않았고, 시스템이 왜 특정인을 위험군으로 분류했는지 설명하지 않았다. 논란을 더 불러일으킨 것은 이 감시의 눈이 주로 이민자와 저소득층 밀집 지역을 겨냥했다는 점이다. 어떤 사람들은 특정 지역에 산다는 이유만으로 잠재적 범죄자로 낙인찍혔다. 2020년 헤이그 법원은 이 시스템이 유럽인권협약을 위반했다며 즉각 중단을 명령했다. "시민들은 더 이상 선험적 용의자가 되어서는 안 된다"는 것이 법원의 판단이었다. 특히 법원은 시스템이 불투명하고 검증 불가능하며, 시민들이 자신의 데이터가 어떻게 분석되는지 예측할 수도, 방어할수도 없다고 지적했다.[66] 행정 효율성이라는 명분으로 시민들의프라이버시권과 인권을 침해하는 AI 시스템은 민주사회에서 용납될 수 없다는 강력한 경고였다.

### ③ 호주의 복지 부채 추징 시스템이 남긴 막대한 사회적 비용

호주의 '로보데트Robodebt' 사태는 AI 시스템이 어떻게 시민들의삶을 무너뜨릴 수 있는지 보여준다. 2016년 호주 정부는 복지 부정수급을 막는다며 AI 기반 부채추징 시스템인 로보데트를 도입했다. 이 시스템은 복지 수급자의 연간 평균 소득을 기계적으로계산해 과다 수급을 판단했다. 그러나 현실에서 많은 복지 수급자들은 불규칙한 수입으로 살아간다. 어떤 달은 일을 많이 하고,어떤 달은 전혀 일을 못하기도 한다. AI는 이런 소득 변동을 전혀고려하지 않았고, 부정확한 데이터와 알고리즘 편향 때문에 수많은 시민이 갑자기 거액의 부채 통지를 받았다. 더 심각한 것은 정부가 이 시스템의 합법성조차 검토하지 않았고, 오류가 지적되었는데도 수년간 운영을 계속했다는 점이다. 결국 정부는 위법한AI 시스템으로 피해를 입은 시민들에게 17억 호주 달러(약 1조4,000억 원)를 배상해야 했다.[67] 이는 AI는 공공 행정을 혁신할 수있는 강력한 도구지만, 책임감 없이 활용된다면 막대한 비용과사회적 문제를 초래할 수 있다는 값비싼 교훈을 남겼다.

이러한 사례들은 AI 공공 서비스 도입에 있어 중요한 시사점을 준다. AI 시스템이 시민의 권리를 침해하지 않도록 정부는 명확한 원칙과 규제를, 민간은 책임 있는 기술 개발을, 학계와 시민사회는 연구와 감시 역할을 해야 한다. 특히 AI가 특정 계층을 소외시키지 않도록 포용성을 갖추고, 의사결정 과정의 투명성과 설명가능성을 높여야 한다. AI 공공 서비스의 효율성은 공정성, 투명성 그리고 시민의 기본권 보호를 전제로 할 때만 의미가 있다.

또한 생성형 AI의 도입에 있어서는 훈련 데이터의 대표성과 출력 결과에 대한 사후 검증 절차가 특히 중요하다. 공공 전용 AI 언어모델을 구축하여 행정법, 복지제도 등 특정 도메인에서 신뢰도가 높은 정보만을 학습시킨 뒤, 오류 여부를 검증하는 알고리즘을 별도로 두는 방식이 고려될 수 있다.

공공기관은 AI 시스템을 도입하기 전에 인권 침해 가능성, 데이터 편향성, 사생활 침해 위험성 등에 대한 평가를 철저히 해야 한다. 무엇보다 AI 공공 서비스의 성공적인 정착을 위해서는 공무원들의 역량과 시민들의 활용 능력이 함께 성장해야 한다. AI·데이터 이해 교육을 공공 부문 전반에 확대하고, 시민들을 대상으로도 교육을 제공하여 사회 구성원들이 AI 시스템을 이해하고 활용할 수 있는 역량을 길러야 한다.

# 4부

---

# AI 시대,
# 함께 만드는
# 미래

# 우리의 비전

## '세계에서 AI를 가장 잘 쓰는 나라'

### AI 강국, 아직 기회가 있다

10년 전만 해도 지금처럼 AI가 발전할 줄은 누구도 예측하지 못했다. 2012년 제프리 힌턴 교수팀의 '알렉스넷'이 이미지넷 대회에서 혁신적 성능을 보여주기 전까지 AI는 정체기에 머물러 있었다. 2016년 알파고와 이세돌 9단의 세기의 대결은 우리에게 충격을 안겨주었지만, 그때까지도 AI는 일부 전문 영역의 기술로만 인식되었다. 그리고 불과 몇 년 만에 챗GPT로 대표되는 생성형 AI가 우리 일상을 완전히 바꿔놓았다.

그렇다면 앞으로의 10년은 어떨까? 인공일반지능AGI이나 초인공지능ASI 실현 여부를 떠나, 한 가지 확실한 것은 우리의 상상을 뛰어넘는 변화가 올 것이라는 점이다.

잠깐 눈을 감고 2035년 어느 하루를 상상해보자. AI는 내 수면과 일상 패턴을 분석해 최적의 시간에 취침과 기상이 이루어지

232

도록 조정해주고, 내 신체 상태와 오늘의 외식 메뉴를 고려해 아침 식사를 추천한다. 최근에 구매한 조리 로봇이 준비한 맞춤 식단으로 식사 후 집을 나선다. 출근길 자율주행차 안에서는 AI 에이전트가 어머니의 케어 로봇과 연결해줘 건강 상태와 약 복용 정보를 확인한다. 어머니는 케어 로봇이 재미있는 말동무라고 좋아하신다. 이어서 AI 에이전트가 브리핑하는 업무 관련 핵심 뉴스와 일정을 들으며 사무실에 도착한다. 외부인들과의 회의는 대부분 메타버스 공간에서 진행하며, 일정이 겹칠 때는 회의 주제에 대한 우리 회사 입장을 숙지한 내 아바타가 참여한다. AI 협업 시스템이 회의 안건에 따른 참석자 선별 및 통지, 언어통역 지원, 회의 결과 정리 및 사후 시행 조치까지 지원한다. 퇴근길에는 AI 개인 트레이너가 하루 동안의 활동량과 신체 상태를 분석해 맞춤 제안하는 근육운동과 유산소운동을 한다.

이 중 대부분의 서비스는 기술적으로 이미 구현되어 있지만, 좀 더 정교하고 저렴하게 대중에 확산되는 데 몇 년은 더 걸릴 것이다. 하지만 과연 이런 미래가 모두에게 열려 있을까? 우리나라는 AI를 잘 활용해 업무 생산성을 끌어올리고 더 편리한 생활을 하고 있을까? 주요국 기업들은 AI와 로봇의 적극적 도입으로 앞서가는데, 우리 기업들은 도입 비용과 전문 인력 부족으로 뒤처지고 있지는 않을까? AI 혜택보다는 가짜뉴스와 딥페이크, 피싱 범죄의 위협에 노출되고 있지는 않을까? AI 기술을 익히지 못한 노동자들은 밀려나고, 소득계층 간 생활격차는 더 벌어지는 게 아닐까?

인류 역사에서 혁신적 기술의 등장은 언제나 기회와 도전을

4부  AI 시대, 함께 만드는 미래

동시에 가져왔다. 산업혁명은 생산성을 비약적으로 향상시켰지만, 그 혜택은 오랫동안 영국 같은 선두 국가와 소수계층에 편중되었고 심각한 노동 문제와 사회적 갈등을 야기했다. 디지털 혁명도 마찬가지였다. 일찍이 인프라를 구축하고 기술을 확보한 국가들은 급속히 발전했지만, 그렇지 못한 국가들과의 디지털 격차는 심화되었다. 이런 격차는 한 국가 내에서도 빠르게 작용해 직업 기회와 소득 불평등으로 이어졌고, 플랫폼과 데이터를 독점한 소수 기업에게 경제력과 정보력이 집중되었다.

1998년 취임사에서 김대중 대통령은 '세계에서 컴퓨터를 가장 잘 쓰는 나라'를 만들겠다는 비전을 제시했다. 당시 한국은 정보화 후발주자로 초고속인터넷 가입자는 37만 명(1999년)에 불과했다. 하지만 과감한 초고속 인터넷망 구축으로 3년 만에 가입자가 1,000만 명을 넘어섰다. 이후 세계 최고 수준의 IT 인프라 확충과 전 국민 정보화 교육, 전자정부 도입 같은 체계적 정책을 통해 디지털 격차를 뛰어넘어 IT 강국으로 도약했다.

그로부터 25년이 지난 지금, 우리는 선두주자들과의 AI 격차를 극복하지 않으면 빠르게 뒤처질 수 있는 심각한 상황에 직면해 있다. 2019년부터 국가 AI 전략을 수립하여 기술 개발과 산업 확산을 추진해왔지만, 기술 패권을 다투는 미국, 중국과의 투자 규모나 연구 인력 면에서 격차는 더욱 커지고 있다.

하지만 우리에게는 아무것도 없는 열악한 상황에서 IT 강국으로 도약했던 경험이 있다. 더구나 지금은 세계 최고 수준의 ICT 인프라와 효율적인 전자정부 시스템, 뛰어난 경쟁력을 가진 기업들을 보유하고 있다. 또한 IT 강국을 이끈 '신기술 수용에 적극적인 국민성'과 급격한 산업화 속에서도 인간적 가치와 공동체 문화를 지켜온 경험을 갖고 있다. 이런 자산을 바탕으로 AI 시대 비전을 '세계에서 AI를 가장 잘 쓰는 나라'로 세우고 국가적인 역량을 집중한다면 다시 한번 정보화 시대의 성공을 재현할 수 있다.

## 세계에서 AI를 가장 잘 쓰기 위한 FACE 전략

지금 정부는 세계 3위, G3로의 도약을 비전으로 발표하며 여러 정책을 추진하고 있다. 미국과 중국 다음을 잇는 공고한 3위를 달성하겠다는 목표다. 이는 AI 강국 실현을 위해 필수적인 과제지만, 한 국가를 대표하는 AI 시대의 비전이 단지 경쟁력 순위에 머문다면 부족하다. AI를 왜 발전시키고 이를 통해 무엇을 실현할지 국가의 철학이 담겨야 한다. AI는 단순한 도구가 아닌 인류 문명과 운명을 좌우할 수 있는 강력한 기술이자 조력자이기 때문이다.

　'AI를 가장 잘 쓴다'는 것의 의미는 무엇일까? AI 기술력을 세계적 수준으로 발전시키고, 이를 산업현장과 공공 서비스에서 효과적으로 활용하는 것이다. AI를 통해 제조, 금융, 의료 등 산업에서 생산성 향상과 혁신이 일어나고, 공공 서비스에서는 국민 편익이 증진되는 것을 의미한다. 하지만 이것만으로는 불충분하다. AI를 잘 쓴다는 것은 '잘못 쓰지 않는 것'을 포함한다. 인간의 존엄성이 지켜지도록 윤리적이고 안전하게 활용하고, 그 혜택을 모든 국민이, 나아가 전 인류가 누릴 수 있도록 하는 것이 바로 우리가 추구하는 'AI를 가장 잘 쓰는 나라'의 모습이다.

이 비전을 실현하기 위해서는 국가자원을 우선순위에 따라 배분하여 효과적으로 추진할 종합적인 전략이 필요하다. 그동안 정부도 많은 정책을 발표하여 집행하고 있고, 전문가들의 다양한 제언도 이어지고 있다. 하지만 그러한 정책과 과제들을 산발적으로 추진해서는 성공하기 어렵다. 국민들이 정책을 이해하기도, 기억하기도 힘들다. 전문가들마저도 몇 년간 쏟아진 정책을 꼼꼼히 공부하지 않으면 이미 나온 정책을 재탕하고도 본인은 그 사실을 모르는 상황이 벌어진다.

여기서 전략적 프레이밍의 필요성이 대두된다. 전략적 프레이밍은 다양한 정책 목표와 실행방안을 통일된 틀로 정리하여, 동일한 용어와 비전을 공유하게 함으로써 원활한 협력과 실행을 도모하는 데 효과적이다. '세계에서 컴퓨터를 가장 잘 쓰는 나라'라는 비전 아래 초고속인터넷망 구축, 인터넷기업 생태계 지원, 국민 정보화 교육이라는 구체적인 정책 축이 있었다. 또한 2000년대에 우리나라의 IT 경쟁력을 획기적으로 높였던 'IT 839 전략'도 8대 서비스, 3대 인프라, 9대 신성장동력이라는 체계적인 프레임으로 국가적 역량을 효과적으로 집중시켰다. 이처럼 복잡한 정책 과제를 명확한 프레임으로 제시하는 것은 정책 실행의 일관성과 효율성을 높이는 데 큰 도움이 된다.

이에 'AI를 가장 잘 쓰는 나라'라는 비전 실현을 위해 필수 과제 12개로 구성된 FACE 전략을 제안한다. FACE는 AI가 가져올 기회와 도전을 현명하게 '직시'하며 '인간다운 얼굴'의 AI를 발전시키자는 의미를 담고 있다. 정부·산업·학계가 함께 추구할 종합적 전략이 FACE이며, 그 핵심 골격이 3F-3A-3C-3E다.

| 3F | Fundamentals | 기초원천기술 |
| | Field | 산업현장 혁신 |
| | Facility | 인프라 |
| 3A | Access | 접근성 |
| | Accountability | 책임성 |
| | Adaptability | 적응성 |
| 3C | Creativity | 창의 |
| | Catch | 유치 |
| | Circulation | 순환 |
| 3E | Ethics | 윤리 |
| | Engagement | 협력 |
| | Enrichment | 번영 |

국내적으로는 기술 경쟁력(3F), 사회적 포용성(3A), 인재 확보(3C)를 통해 AI 강국 기반을 다지고, 국제적으로는 윤리와 협력(3E)을 통해 AI의 글로벌 발전에 기여하고 새로운 글로벌 질서를 주도하는 12개의 핵심 과제를 담았다. 각 전략은 다음 장에서 차례로 소개하겠다.

정부 정책의 성공을 위해서는 기업, 학계, 국민들의 이해와 참여, 지지가 필요하다. 복잡하고 다양한 AI 정책을 FACE라는 전략에 맞춰 담는다면, 한정된 자원의 효과적 배분과 정책의 일관성, 지속성을 확보하고 다양한 이해관계자들이 정부 정책을 쉽게 이해하고 기억하게 하는 이점이 있다. 국제적으로도 우리나라 AI 정책을 간단명료하게 알리고, 협력을 추진하는 데 큰 도움이 될 것이다.

# AI 기술강국 도약을 위한

## 3F 전략

### 3F 전략: 기술, 현장, 인프라

전 세계 주요국들은 AI를 국가 핵심 경쟁력으로 인식하고 기술 확보에 총력을 기울이고 있다. 미국은 '프론티어 전략'부터 'AI R&D 전략', '미국 인공지능 이니셔티브'로 국가 차원의 연구개발을 강화했다. 트럼프 2기 행정부는 AI 규제 완화와 혁신 촉진으로 기술우위 유지를 강조한다. 중국은 '차세대 인공지능 발전계획'으로 2030년까지 AI 분야 세계 1위를 목표하며, 'AI+ 행동'을 통해 AI와 전통 산업 융합을 가속화하고 있다.

스탠퍼드 'AI 인덱스 2024'에 따르면, 우리나라는 파운데이션 모델 개발 수에서 미국(109개), 중국(20개), 영국(8개)에 이어 4위(5개)다. 미국과 중국을 제외한 국가들 간 격차는 크지 않다. 'AI 인덱스 2025'[1]는 주요 AI 모델 개발 수가 미국 40개, 중국 15개로, 미국의 반도체 수출 통제에도 불구하고 미국 대비 중국

239

모델의 성능 격차가 놀랍게 줄었음을 강조한다.

가장 자주 인용되는 평가지표인 영국 토터스미디어의 2024년 글로벌 AI 인덱스에서 우리나라는 2023년부터 세계 6위를 유지하고 있다. 미국, 중국, 싱가포르, 영국, 프랑스 순으로 우리 앞에 있다. 미국을 100점으로 할 때 중국이 53.88점인 반면, 3~10위 국가들은 33~23점 구간에 있어 큰 차이가 없다. 우리나라(27.26)는 정부 전략(4위)과 개발(3위)에서 강세이나, 인재(13위), 연구(13위), 상업(12위)에서는 약세를 보인다.[*2]

옥스퍼드 인사이트가 2024년 발표한 정부의 공공 서비스 AI 통합 준비도 평가에서 우리나라는 전 세계 188개국 중 미국, 싱가포르에 이은 3위(79.98점)를 기록했다. 정부, 데이터, 인프라 부문은 90점 내외로 높았으나, 기술 부문은 62.60점으로 낮았다. 1위 미국의 우위가 기술 부문에 집중된 것과 대비된다.[3]

여러 평가를 종합하면, 우리나라는 정부 주도의 정책 실행과 특정 산업 내 AI 적용에서는 우위를 점하지만, 기초원천기술 역량, 투자, 스타트업, 글로벌 시장 진출 등 산업 생태계 측면에서는 취약하다. AI 기술 강국이 되기 위한 삼박자는 기초원천기술 확보, 산업현장에서의 효과적인 AI 적용, 그리고 이를 뒷받침할 핵심 인프라의 구축이다. 즉, 기초원천기술Fundamentals, 산업

* 2024년 지수에서 주목할 만한 변화로는 프랑스의 급부상(13위→5위), 인도의 10위권 진입, 사우디아라비아의 정부 전략 분야 1위 달성을 들 수 있다. 우리나라는 법률로 통과된 AI 관련 법안 수 등을 측정하는 운영환경에서 35위를 기록했는데, 2024년 12월 말 인공지능기본법이 통과된 것이 고려된다면 이후 평가는 순위가 상승될 것으로 예상된다.

현장 혁신Field, 인프라Facility의 확보에 국가적 역량을 집중해야
한다.

## 1 Fundamentals: 기초원천기술 확보

기초원천기술 확보 전략은 AI 경쟁력의 근간이 되는 핵심 기술
을 자립적으로 확보하는 데 초점을 맞춘다. 핵심적인 기초원천기
술을 외국에 의존할 경우, 산업 생태계가 취약해질 뿐만 아니라
AI가 가져올 새로운 국제질서 형성에서도 힘을 발휘하기 어렵
다. 제프리 힌턴 교수는 "한국이 G2를 따라잡을 길은 기초연구
강화뿐"이라고 강조한 바 있다. 그의 말대로 호기심 중심의 기초
연구에서 아이디어가 뿜어져 나온다. 응용 기술에만 의존할 경우
기존 기술의 한계에 도달하면 혁신이 정체될 가능성이 크다.[4]

　　AI 기술은 인식 AI에서 생성형 AI를 거쳐, 인식·추론·계획·행
동이 가능한 에이전트형 AI와 자율주행·로봇 등 물리적 AI로 진
화하고 있다. 이 발전 과정에서 파운데이션 모델은 생성형 AI를
한층 고도화하고 에이전트형 AI의 핵심 역량인 자연어 이해 및
추론 능력을 뒷받침하는 기술로서 중요한 역할을 한다. 최근에는
파운데이션 모델이 자연어 처리, 지식 추론, 멀티모달 적용 등 다
양한 분야에서 혁신적 성능을 보이며 글로벌 AI 패권을 좌우하는
핵심 기술로 부상했다. 미국과 중국 기업들은 대규모 GPU와 데
이터로 초거대 모델 개발을 주도하고, 일본과 유럽도 정부 지원
으로 자국 맞춤형 모델 개발을 추진 중이다.

국가적 차원의 파운데이션 모델 개발은 여러 측면에서 중요하다. 첫째, 안보·행정에 쓰일 AI 기술을 해외 API에만 의존하면 기술 주권이 약화된다. 둘째, 글로벌 모델만으로는 한국어와 문화적 맥락 대응에 한계가 있다. 셋째, 초거대 모델 개발 과정에서 반도체, 데이터센터, 알고리즘, 인재 등 전반적 AI 역량이 커진다. 넷째, 자국 모델 보유는 API와 솔루션 수출, 해외 진출 시 독자적 경쟁력 확보에 유리하다. 다섯째, 우리 사회의 도덕과 법체계를 모델에 내장해 국내 가치관에 부합하는 AI를 구축할 수 있다.

최근 딥시크의 사례는 혁신적 알고리즘과 효율적 학습으로 비교적 적은 비용으로도 세계적 수준의 모델 개발이 가능함을 보여주었다. 반도체 기술, 자동차·스마트폰 제조 역량, 문화적 특성 등 우리의 강점을 활용해 '규모보다 효율'을 추구하는 경쟁력 있는 모델 개발을 목표해야 한다.

다국어 처리 및 멀티모달 AI 기술도 중요한 영역이다. 한국어·영어·중국어 등 다국어 처리는 글로벌 시장 진출의 필수 요소이며, 텍스트·이미지·음성·센서 데이터 등을 통합 처리하는 멀티모달 기술은 실용적 AI 서비스의 핵심이 될 것이다.

우리나라가 특히 강점을 보일 수 있는 분야는 온디바이스 AI다. 스마트폰, 자동차, 웨어러블 기기에서 서버 연결 없이 기기 자체에서 AI를 구동하는 이 기술은 실시간 처리, 데이터 보안 강화, 에너지 절감 등의 장점이 있다. 한국의 메모리 반도체와 모바일·자동차 제조 역량을 잘 활용한다면 이 분야에서 글로벌 시장을 선도할 가능성이 크다.

미래 기술 측면에서는 트랜스포머를 넘어서는 새로운 아키텍처, 뉴로모픽 컴퓨팅,* 양자 머신러닝** 등의 선제적 연구가 필요하다. 특히 국산 AI 반도체와 연계한 고효율·저전력 컴퓨팅 생태계 구축은 장기적으로 반드시 확보해야 할 과제다.

AI 응용 측면에서는 최소 데이터로 지속적 성능 개선을 수행하는 자율학습 기술과 AI 결정 과정을 해석하고 검증할 수 있는 '설명 가능한 AI'가 중요하다. 특히 설명 가능한 AI는 의료·법률·금융 등 규제산업에서 AI 도입을 위한 필수 요소로, 그 중요성이 점차 커지고 있다.

이를 위해 정부는 R&D 투자와 산업적 활용을 유기적으로 연계하는 정책을 추진해야 한다. 특히 정부가 계획 중인 글로벌 최고 수준의 AI 모델 확보, 1조 원 규모의 범용인공지능 R&D 같은 대형 과제[5]를 속도감 있게 실행하고, 국내 대학 및 연구기관과의 협력을 강화해 중장기 기초원천연구의 안정성을 보장해야 한다.

## ② Field: 산업현장 혁신

산업현장 혁신 전략은 AI 기술의 산업현장 적용을 가속화하는 데 중점을 둔다. 우리나라가 세계적 경쟁력을 갖춘 자동차·조선·가전·철강 등 주력 산업들이 큰 변화의 기로에 서 있으며, AI는

---

• 　인간의 뇌 신경망 구조와 기능을 모방하여 연산과 저장을 동시에 수행하며, 저전력·고효율 AI 구현을 목표로 하는 기술.

•• 　양자역학적 특성을 활용해 기존 머신러닝보다 더 빠르고 효율적으로 데이터를 처리하고 학습하려는 차세대 AI 기술.

이들의 미래 경쟁력을 좌우할 핵심 요소가 될 것이다.

자동차 산업에서는 AI 기반 공급망 관리, 제조 자동화, 자율주행 기술 고도화가 시급하다. 온디바이스 AI와 차량용 NPU* 개발을 통해 실시간 인지·판단·제어 능력을 향상시킬 수 있다. 가전 산업에서는 지능형 가전과 스마트 홈 플랫폼, AI 홈 로봇 개발이 중요하며, 생산 자동화를 통한 품질 향상과 에너지 효율화가 가능하다. 조선 산업에서는 AI 기반 스마트야드, 자율운항 선박 기술, 협동로봇 활용이 필요하다. 특히 용접, 도장 등 위험작업의 로봇 자동화를 통해 작업자 안전을 확보하고 생산성을 높일 수 있다. 철강 산업에서는 AI를 통한 공정 최적화, 예측 유지보수, 물류 최적화, 탄소중립 제조 기술이 중요하며, 이를 통해 원자재 및 에너지 비용 절감과 제품 수율 향상이 가능하다.

AI가 산업현장에 성공적으로 뿌리내리려면 몇 가지 핵심 과제 해결이 필수적이다.

먼저 각 산업의 특성에 맞는 AI 모델과 솔루션 개발이 필요하다. 일반적인 AI 모델로는 제조현장의 특수한 요구를 충족시키기 어렵기 때문이다. 예를 들어, 자동차 부품의 미세한 결함을 찾아내거나 선박의 최적 운항 경로를 계산하는 AI는 각 산업의 전문 지식이 녹아든 특화 모델이어야 한다.

다음으로 현장의 데이터, 경험과 노하우를 AI 시스템에 효과적으로 반영해야 한다. 현장에서 발생하는 수많은 데이터가 실시

---

* 신경망 처리장치(Neural Processing Unit)는 AI의 대규모 연산을 CPU나 GPU보다 낮은 전력으로 더 빠르게 처리하도록 특화된 하드웨어를 말한다.

간으로 수집되고 분석되어야 AI가 제 역할을 할 수 있다. 또한 수십 년간 현장에서 쌓아온 숙련 기술자들의 노하우를 AI가 학습할 수 있도록 체계화하고, 동시에 직원들에게는 AI 기술을 활용한 새로운 작업 방식에 대한 교육이 필요하다.

마지막으로 AI 시스템의 안전성과 신뢰성을 확보해야 한다. 산업현장에서 AI의 판단 오류는 큰 사고로 이어질 수 있기 때문에, 의사결정 과정을 검증하고 설명할 수 있는 AI에 대한 수요가 높아질 것이다.

산업현장 혁신 전략을 성공적으로 추진하기 위해서는 정부와 기업, 연구기관이 함께 나서야 한다. 산업별 AI 테스트베드는 실제 적용 전 효과와 안전성을 검증하는 환경을 제공할 것이다. 데이터의 문제는 아무리 강조해도 지나치지 않은데, 기술연구와 산업적용 모두에 필수적이므로 인프라Facility 전략에서 더 살펴보겠다. 또한 AI 품질과 안전성 인증체계는 산업현장 확산을 촉진할 것이다. AI 기반 혁신을 위해 폭넓은 규제 샌드박스,* 기술 컨설팅, 세제 등 효과적인 지원 정책이 필요하다.

### ③ Facility: 인프라 확충

인프라 전략은 AI 발전의 물리적 토대를 효과적으로 구축하는

* 　신기술·신산업 분야의 새로운 제품이나 서비스를 일정 조건하에 시장에 먼저 출시해 시험·검증할 수 있도록 기존 규제를 한시적으로 면제하거나 유예하는 제도.

데 주력한다. AI 기술 발전의 핵심 기반인 컴퓨팅, 데이터, 소프트웨어 인프라와 이를 뒷받침하는 전력 인프라의 통합적 발전이 필요하다. 생성형 AI의 확산과 에이전트 AI, 물리적 AI로의 발전으로 컴퓨팅 파워 수요는 급증할 전망이다. 국가 차원의 AI 컴퓨팅 센터 구축과 함께, 우리의 강점인 반도체 산업을 AI 특화 방향으로 발전시키는 것이 중요하다. 산업별 데이터의 수집과 공유체계 구축을 통한 데이터 인프라와 AI 시스템 운영에 필요한 전력 인프라 확보도 시급한 과제다.

컴퓨팅 파워 부족은 기업과 학계가 지속적으로 제기해온 문제였으나, 정부가 예산 확보에 적극적으로 나서며 상대적으로 빠른 해결이 기대된다. 정부는 2026년 상반기까지 첨단 GPU 1만 8,000장을 확보하고 국가 AI 컴퓨팅센터와 슈퍼컴 6호기를 본격 가동하겠다는 계획이다.[6] 그러나 이 규모는 연구 및 산업계 수요에 비해 여전히 부족할 것이므로, 지속적이고 신속한 인프라 확충이 필요하다.

인터넷이 아닌 로컬 장치에서 데이터를 빠르게 처리하는 엣지 컴퓨팅 인프라 구축도 중요하다. 실시간 데이터 처리와 AI 모델 추론이 가능한 엣지 AI 시스템은 지연 없는 의사결정과 데이터 전송 비용 절감을 가능하게 한다. 자동차, 가전, 제조 분야 등 실시간 처리가 중요한 산업에서 엣지 AI 수요가 급증할 전망이므로, 산업별 맞춤형 컴퓨팅 인프라를 개발하는 것이 시급한 상황이다.

또한 컴퓨팅 인프라를 구성할 AI 반도체의 개발과 보급을 지속적으로 추진해야 한다. NPU 같은 AI 반도체는 알고리즘 최적화와 밀접하게 연결되어 있어, 하드웨어와 소프트웨어의 통합적 개발로 AI 모델의 연산 효율과 비용 절감이 가능하다. 현재 데이터센터용 고성능 AI 반도체와 모바일 기기용 저전력 AI 반도체 시장이 빠르게 성장 중이다. 우리의 메모리 반도체 기술 경쟁력을 바탕으로 AI 특화 반도체 분야에서도 선도적 위치를 확보하도록 정부와 기업이 협력해야 한다.

AI 기술 적용의 최대 난제는 양질의 데이터 확보다. 특히 산업현장에서는 데이터의 표준화가 미흡하고, 데이터 품질이 낮으며, 기업 비밀이나 개인정보 리스크로 인해 데이터 공유가 활성화되지 못하고 있다. 여기에 TDM 관련 저작권 문제도 AI 학습용 데이터 활용의 큰 장벽이다. 우리나라의 경우, 저작권법에 공정이용 규정은 있으나 TDM에 대한 명확한 규정이 부재하여 기업들의 데이터 활용에 어려움이 크다. 저작권 보호와 AI 혁신을 균형 있게 지원할 입법이 시급하다.

산업현장의 데이터 활용을 위해서는 데이터 협업 플랫폼 구축이 필요하다. 데이터 가치 평가체계와 분야별 표준 데이터를 제공하고, 중소기업 대상의 데이터 저장·처리 바우처로 플랫폼 활용도를 높일 수 있다. 연합학습Federated Learning*을 활용하면 원시데이터 공유 없이도 AI 모델 공동 개발이 가능해 경쟁 기관 간에도 데이터 보호와 협업을 실현할 수 있다.

AI 시스템의 폭발적인 전력 소비 증가는 새롭게 등장한 도

---

* 데이터가 저장된 각 기기에서 모델을 학습하고, 원본 데이터는 공유하지 않은 채 학습된 모델의 파라미터만 중앙 서버로 보내 전체 모델을 공동으로 개선하는 분산 학습 방식.

전 과제다. 대규모 AI 모델 하나를 학습시키는 데 필요한 전력량이 수백 가구의 연간 전력 소비량을 초과하기 때문이다. 2025 세계경제포럼에서 트럼프 대통령이 "AI가 우리가 원하는 만큼 성장하려면 미국 전체 에너지 생산량의 2배가 필요하다"고 언급했을 정도다.*7 이에 대응하기 위해, 고효율 저전력 AI 시스템 개발과 전력 수급 전략이 필요하다. AI 기반 전력 최적화 시스템을 통해 에너지 효율을 극대화하고, 데이터센터의 에너지 효율 향상, 재생에너지 활용, 전력 그리드의 분산화와 스마트화를 체계적으로 추진해야 한다.

---

• 현재 데이터센터의 전력 소비가 미국 전체 소비의 2~3%임을 감안하면 과장된 측면이 있다.

# 지속가능한 AI 사회를 위한

## 3A 전략

### 3A 전략: 접근성, 책임성, 적응성

세계에서 AI를 가장 잘 쓰는 나라가 되기 위해서는 기술력 확보와 함께 그 혜택을 사회 전체가 함께 누릴 수 있게 하는 포용적발전이 필수적이다. AI가 가져올 혜택이 특정 계층에 편중되거나 윤리적 가치가 경시된다면, 기술 발전이 오히려 사회 갈등과 불평등을 심화시켜 지속가능한 성장을 저해할 수 있다. 아세모글루 교수는 새로운 테크놀로지가 저절로 모든 이에게 이득을 가져다줄 것이라고 믿는 것은 'AI 환상'이라고 말한다. 또한 노동자와 소비자보다 기술과 자본 보유층에게 과도한 이익이 가게 하는 테크놀로지의 편향은 필연적인 것이 아니고 '선택'의 문제임을 강조한다.[8] 이는 지속가능한 발전을 위해서는 기술로 인한 혜택이 사회 전반에 고르게 확산되고 윤리적이고 책임 있게 사용되도록

249

하는 정책이 반드시 필요함을 시사한다.

이런 테크놀로지의 편향을 극복하면서 함께 성장하고 누리는 AI 시대로 나아가기 위해 반드시 필요한 정책으로 3A 전략을 제시한다. 접근성Access은 누구나 AI 혜택을 누릴 수 있게 하는 보편적 기회를 말하며, 책임성Accountability은 AI의 윤리적·법적 위험을 예방하고 투명성을 보장하는 것을, 적응성Adaptability은 급격한 기술 변화에 유연하게 대응하여 사회와 산업이 지속가능하게 변모하도록 역량을 강화하는 것을 의미한다.


## ① Access: 접근성

접근성 전략은 AI 혁신과 활용의 기회를 전 사회적으로 확대하는 것을 목표로 한다. AI는 데이터와 네트워크 효과를 통해 성장하는 기술이므로, 초기 격차는 시간이 갈수록 더 커질 수 있다. 따라서 정책의 시급성과 파급효과를 고려한 단계적 접근이 필요하다.

단기적으로는 AI 혁신 주체들의 접근성 강화에 집중해야 한다. 기업, 연구기관, 대학이 국가 AI 컴퓨팅 센터를 활용하는 기회를 제공하고, 스타트업과 중소기업이 AI를 도입할 수 있도록 클라우드 크레딧, 컨설팅 바우처 등을 지원한다. 특히 바이오, 제조 등 전략 산업 분야의 AI 혁신 프로젝트 지원을 강화한다.

일반 시민을 위해서는 AI 리터러시 향상에 중점을 둔다. AI 기초 교육과 윤리 교육을 제공하고, 공공 AI 서비스를 통해 AI 활용 경험을 확대한다. 특히 취약계층을 위한 맞춤형 교육과 지원 프로그램을 강화하여 AI 활용 격차가 새로운 사회적 격차로 이어지지 않도록 한다.

중장기적으로는 산업 전반의 AI 인프라 보편화를 추진한다. 대기업뿐만 아니라, 제조·물류·유통·헬스케어 등 다양한 업종에서 AI가 본격 도입되면 고성능 컴퓨팅 수요가 급증할 것이다. 이에 따라 민간 클라우드가 크게 확장되고, 정부도 국가 HPC* 클러스터를 증설해 이러한 수요에 대응하게 될 것이다.

또한 AI 반도체 기술 발전으로 가격이 낮아지고 엣지 디바이스** 도입이 늘면서 소규모 AI 인프라를 기업이 직접 구축하는 사례도 늘 것이다. 이 단계에서는 과거의 인터넷망처럼 AI 컴퓨팅 인프라도 기업경영의 필수 요소가 될 것이므로, 소상공인이나 개인 연구자, 농어촌 지역까지 포함하는 전국적 AI 인프라 접근성 제고 정책을 강화한다.

## ② Accountability: 책임성

책임성 전략은 AI 시스템이 투명하고 안전하게 작동하도록 제도와 기술, 문화 전반을 설계하고 운영하는 것에 초점을 맞춘다. 투명성은 AI가 어떤 데이터로 학습했는지, 어떤 알고리즘과 파라

---

* 　고성능 컴퓨팅(High Performance Computing).
** 　인터넷이나 네트워크의 끝부분에 위치해 데이터를 수집·처리하여, 실시간 분석과 빠른 의사결정을 가능하게 하는 장치.

미터로 의사결정을 내리는지를 설명하거나 필요 시 검증받게 하는 문제다. 이를 통해 잘못된 판정이나 편향 등이 발견됐을 때 문제 원인을 추적하여 개선할 수 있도록 한다.

안전성은 AI가 오작동, 데이터 유출, 사이버 공격 등에 의해 사회적·경제적 피해를 주지 않도록 안전장치와 위기 대응 프로세스를 마련하는 것이다. 발생 가능한 위험을 사전에 예측하고 관리하는 체계를 구축하는 것이 중요하다. AI 시스템이 특정 결과를 야기했을 때 개발자, 운영자, 사용자가 각각 어디까지 책임을 지는지에 대한 사전 규정도 갖춰나가야 사회적 신뢰가 높아지고 AI 기술이 원활하게 확산될 수 있다.

혁신을 촉진하면서도 위험을 효과적으로 통제하는 균형이 지속가능한 AI 생태계의 핵심이다. 규제를 적절히 설계하면 신뢰성과 안전성을 확보하면서 기술과 산업이 안정적으로 확산되는 상호보완 관계를 만들 수 있다. 예를 들어 EU가 오픈뱅킹 규제를 통해 은행들에게 API를 통한 데이터 공유를 의무화하면서 혁신적인 핀테크 기업들이 성장할 수 있었고 은행들도 새로운 수익 모델을 발굴할 수 있었다. 의료 혁신 기기 역시 규제기관의 안전 정책을 통해 소비자 신뢰를 얻고 시장의 지속가능성을 확보하고 있다.

이를 위해 네 가지 방향이 필요하다. 첫째, 고위험·고영향 분야를 중심으로 필수적인 안전성과 투명성 요건을 단계적으로 확립해나가야 한다. 둘째, 기업의 자율규제와 정부의 모니터링을 병행하여 행정 부담을 최소화하면서도 실질적인 예방 효과를 높여야 한다. 셋째, 규제 샌드박스와 실증 특례를 확대하여 실제 데이터로 규제 방향을 검증하고 혁신의 현장 안착을 지원해야 한다. 넷째, 다양한 이해관계자들의 사회적 합의 과정을 제도화하여 기술 발전과 사회적 수용성 간 격차를 줄여야 한다.

또한 AI의 글로벌 확산을 고려할 때, 국제 협력과 규제의 조화는 필수적이다. 그래야 국내 AI 기업들이 해외 시장에서 불필요한 장벽 없이 경쟁력을 발휘할 수 있다. 궁극적으로 공익 가치를 보호하면서도 혁신을 촉진하는 유연한 규제가 AI 생태계의 지속가능성을 보장할 수 있을 것이다.

## ③ Adaptability: 적응성

적응성 전략은 AI가 가져올 사회와 환경의 변화에 유연하고 지속가능하게 대응하는 역량 강화에 초점을 둔다. 대표적인 세 가지 과제를 살펴보자.

AI가 야기할 가장 큰 우려는 자동화와 산업 구조 재편으로 인한 일자리 변화다. 자율주행, 로보틱스, 챗봇 기술 발전으로 제조, 물류, 서비스업은 물론 사무직과 전문직까지 노동 수요가 크게 변화할 전망이다. 이에 대응하기 위해 노동자 재교육과 직무 전환 훈련을 통한 AI 활용 역량 강화가 필수적이다. 석탄산업지역을 IT·AI 클러스터로 전환하고 있듯,[9] AI 자동화의 충격이 특정 지역이나 산업에 집중될 경우 전환기 펀드를 통한 산업 다각화와 지역 특화사업 지원이 효과적인 대응책이 될 수 있다.

AI가 환경과 에너지에 미칠 영향에 대한 대응도 당면 과제다. 대규모 AI 모델과 데이터센터 운영은 상당한 전력 소비와 탄소 배출을 동반한다. AI가 장기적으로 산업 효율화를 통해 에너지 절감에 기여할 수 있지만, 급증하고 있는 대규모 GPU 클러스터와 데이터센터의 에너지 공급 문제는 대처가 시급하다. NPU, 뉴로모픽 등 저전력 AI칩 개발과 모델 경량화 등 그린 AI 기술이 필요하며, 데이터센터의 에너지 효율성 기준 확립과 재생에너지 활용 확대가 중요하다. 또한 AI를 전력망 운영, 재생에너지 예측, 산업시설의 에너지 관리에 활용해 전체 에너지 사용을 최적화해야 한다.

마지막으로 빠르고 광범위한 AI의 확산이 가져올 사회·문화적 변화에 대한 적응이 중요하다. 의료, 교육, 문화 등 서비스에 AI 도입이 확대되면서 우리 생활에 큰 변화가 예상된다. 특히 AI는 그동안의 도구와 달리 인간 지능을 대체할 수 있어, 인간 중심 설계와 윤리적·문화적 수용성 확보가 필수적이다.

AI가 가져올 인간관계와 정체성 변화, 의사결정 자동화의 영향에 대한 학제 간 연구와 시민 참여형 공론화도 중요하다. 이와 함께 AI 리터러시 강화로 전 국민이 AI 시대의 기본 소양을 갖추도록 지원해 사회 전체의 적응성을 높여야 한다. 기업과 공공기관, 시민사회가 함께 AI 윤리 기준과 사용자 경험을 논의하는 협의체 운영도 고려할 만하다.

3A 전략은 단기, 중기, 장기 과제들이 연계된 접근이다. 단기적으로는 스타트업, 중소기업, 취약계층 지원과 재교육, 영향이 큰 AI의 안전 관리에 집중하고, 중기적으로는 지역별 AI 특화산업

육성과 공공 서비스 확대를 통해 AI가 산업과 행정 전반에 스며들도록 하며, 장기적으로는 노동시장과 교육제도의 전면적 개편, 지속가능한 AI 기반 사회 구축을 목표로 한다.

3A 전략의 각 요소는 서로 연결되어 있다. 보편적 접근성Access이 보장되어야 AI 도입 과정에서 소외되는 계층이 줄어들고, 사회 전반의 적응성Adaptability이 높아진다. 또한 명확한 책임체계Accountability가 있어야 산업 구조 전환 과정의 부작용을 최소화하고 사회적 수용성을 높일 수 있다. 결론적으로 3A 전략은 AI 기술의 긍정적 변화는 키우고 부작용은 최소화하여, 우리 사회가 포용적이고 지속가능한 방식으로 AI 시대를 선도하기 위한 방안이라 할 수 있다.

# 글로벌 인재 경쟁에서 승리하는

## 3C 전략

### 3C 전략: 창의, 유치, 순환

AI가 가져올 혁명적 변화의 시대를 맞아 우리는 복합적인 인재난에 직면해 있다. 저출산으로 인한 인구 감소, 심화되는 이공계 기피와 의대 쏠림 현상, 갈수록 치열해지는 글로벌 인재 확보 경쟁이 미래를 위협하고 있다. 과학기술정책연구원에 따르면, 세계에서 가장 빠른 인구 감소로 2040년 무렵에는 이공계 학부 및 대학원생이 현재의 절반 수준으로 줄어들 전망이다.[10] 이는 AI, 반도체, 바이오 등 미래 핵심 산업을 이끌어갈 인재 풀이 빠른 속도로 줄어든다는 의미다.

AI 인재의 수준과 해외 유출 문제도 우려스럽다. 세계 상위 20% AI 연구원 중 한국인은 2%에 불과하다.[11] 국제경영개발원 IMD의 2024년 세계 인재 순위에서 한국은 67개국 중 26위이며, 특히 해외 인재 유치 '매력도'는 35위에 그쳤다. 생활비(57위), 대

256

기오염(54위), 노동자 동기부여(49위)가 주요 취약점이다.

두뇌 유출 지수는 2021년 24위에서 2023년 36위로 급락했으며, 스탠퍼드 'AI 인덱스 2024'는 한국을 1만 명당 0.3명이 유출되는 AI 인재 순유출국으로 분류했다. 국내 교육과 노동시장의 상대적 매력도가 떨어지는 현실에서, 더 나은 기회를 찾아 떠나는 젊은이들을 애국심에 호소하여 붙잡을 수도 없는 노릇이다. 특히 글로벌 자본이 유망 지역과 산업에 집중되면서 미국과 같은 거대 국가의 인재 흡인력은 블랙홀처럼 커지고 있다. 여기에 캐나다와 호주는 공격적인 이민 정책으로, 유럽과 일본은 파격적인 혜택으로 인재 유치에 나서면서, 국제 인재 경쟁은 총성 없는 전쟁을 방불케 한다.

이러한 복합적인 도전 과제들은 기존의 교육 정책이나 국내 인력 양성만으로는 해결하기 어렵다. AI 기술의 융복합적 특성과 인재의 글로벌 이동성을 고려할 때, 인재 확보를 위한 새로운 접근이 필요하다. 가장 본질적으로는 AI 시대를 선도하기 위해 필요한 창의적 인재를 육성하는 데 주력하고, 동시에 해외 우수 인재를 유치하며, 해외에서 경험을 쌓은 인재들이 돌아오게 하는 순환형 전략을 병행해야 한다. 이에 창의성Creativity, 유치Catch, 순환Circulation을 핵심 축으로 하는 3C 전략을 제안한다.

## ① Creativity: 창의

AI 시대가 요구하는 인재상은 창의성을 기반으로 문제 해결 능력, 비판적 사고력, 소통과 협업 능력, 윤리적 판단력을 갖춘 사람이다. 그러나 우리 교육체계는 여전히 근대화와 산업화를 위해 대규모 인력을 효율적으로 양성하는 주입식·암기식 교육에서 크게 달라지지 않았다. 이러한 교육 방식은 특정한 지식과 기술을 빠르게 습득하는 데는 효과적이다. 하지만 인간이 읽으려면 수천 년은 족히 걸릴 방대한 텍스트를 불과 몇 주 안에 학습하는 AI와 함께 일하는데, 주어진 지식과 정보를 잘 외운다는 것이 과연 중요한 능력일까?

우리 교육의 문제점은 미래학자 앨빈 토플러Alvin Toffler가 한국을 방문했을 때 했던 말에서도 여실히 드러난다. "한국 학생들은 하루 15시간 이상을 학교와 학원에서 자신들이 살아갈 미래에 필요하지 않을 지식을 배우기 위해, 그리고 존재하지도 않는 직업을 위해 아까운 시간을 허비하고 있다. 아침 일찍 시작해 밤늦게 끝나는 한국 교육제도는 산업화 시대의 인력을 만들어내기 위한 것이다."

여기저기서 우리 교육 방식에 대한 비판의 목소리가 높지만 현재까지 눈에 띄는 변화는 나타나지 않았다. 무엇보다 대학입시가 지필시험 위주로 서열화되는 구조에서 학교현장도 주입식·암기식 교육을 벗어나기 어렵다. 오랫동안 이어져 온 제도를 바꾸는 것 역시 여러 이해관계자가 얽혀 있어 쉽지 않다. 교원들의 연수, 교과 과정 개편, 평가 방식의 변화 등 복잡한 사항이 연결되어 있기 때문에 어느 한 부문만 바꿔서 될 일도 아니다.

창의적 인재 양성을 위해 가장 중요한 것은 초중고 교육부터 프로젝트 기반 학습PBL과 문제 해결형 학습을 실질적으로 도입하는 것이다. 이를 위해 교사 대상 연수 프로그램을 확대하고, 교과목별 PBL 적용 가이드라인을 개발하여 보급하는 것이 필요하다. 또한 교사 연수 과정에서 생성형 AI 활용 가이드와 저작권·윤리 교육을 함께 다루어, 학생들이 AI를 맹신하지 않고 적절히 활용하는 태도를 기르도록 도와야 한다. 그리고 학교별 성공 사례를 공유하고 확산할 수 있는 플랫폼을 활성화하여 창의적 교육 방식의 전국적인 안착을 촉진해야 한다.

대학 교육은 AI와 인문학, 사회과학, 예술 등을 접목한 융합 교육을 통해 통합적 사고력을 갖춘 인재를 양성하는 것이 중요하다. 또한 산업계와 협력하여 실무형 AI 교육 프로그램을 확대하고, 고급 연구 인력 확보를 위해 국내외 유수 대학 및 연구기관과의 협력을 통한 박사 과정과 연구 인턴십도 늘려야 한다.

이공계 기피 현상은 창의적 교육만으로 해결하기 어려운 사회적, 제도적 문제다. 대학원생 장학금과 연구비를 대폭 확대하고, 첨단 연구 인프라를 제공하여 연구환경을 개선하는 것이 중요하다. R&D 직군과 엔지니어의 처우를 혁신적으로 개선하지 않고서는 의대 쏠림 현상을 해결하기 어렵다.

수십 년간 세계의 다양한 교육 평가와 연구에서 모범 사례로 언급된 핀란드식 교육의 핵심은 교사의 높은 전문성과 자율성을 바탕으로 학생 개개인의 주도성과 창의성을 존중하는 철학에 있다. 핀란드 국가교육위원회EDUFI가 핵심 교육 과정만 제시하고 세부 운영은 지역과 학교에 맡기는 분권화된 접근법을 채택하여, 정권 변화에도 흔들리지 않는 일관된 교육 정책을 유지한다.[12]

지금 우리에게는 창의성, 비판적 사고, 문제해결력 등 AI 시대에 필요한 핵심 역량에 대한 사회적 합의와 지속가능한 교육 혁신체계가 필요하다. 정치적 논쟁에 휘둘리지 않는 교육 개혁을 위해 정권 교체와 무관하게 장기적 비전과 원칙을 수립하고 예측 가능하게 집행하는 초당적이고 독립적인 거버넌스가 필수적인 상황이다.

## ② Catch: 유치

AI 시대에 유치 전략이 중요해진 이유는 글로벌 AI 인재 확보가 국가 경쟁력의 핵심 요소로 부상했기 때문이다. AI 기술이 요구하는 융복합 역량을 갖춘 고급 인재는 전 세계적으로 부족하여 국가 간 경쟁이 치열하다. 특히 AI는 전 산업에 걸쳐 디지털 전환을 가속화하고 새로운 가치를 창출하는 핵심 동력으로, 우수 인재 한 명이 창출하는 부가가치와 시너지 효과가 과거 어느 때보다 커졌다. 국내 교육과 인력만으로는 급증하는 산업 수요를 충족하기 어려운 상황에서, 해외 우수 인재를 유치하는 것은 단기간에 혁신 역량을 강화하고 글로벌 기업과 투자를 이끌어내는 촉매 역할을 한다. 어떤 국가가 빠르게 AI 인재를 확보하고 정착시키느냐가 미래 산업 경쟁력을 좌우하게 된 것이다.

해외 우수 인재 유치 전략이 성공적으로 작동하기 위해서는 비자를 쉽게 내주거나 연봉을 많이 주는 정책만으로는 충분하지 않다. 특히 AI 인재 유치에는 충분한 컴퓨팅 자원과 연구데이터 접근 보장이 필수적이다. 오픈AI나 구글 연구소 수준까지는 아니더라도, 국가 AI 컴퓨팅 센터를 통해 연구자들이 원하는 실험을 수행할 수 있는 환경을 제공해야 우수 인재들이 장기적으로 체류한다. 이미 성공적으로 해외 인재를 유치하고 있는 국가나 지역을 살펴보면 공통된 특징을 찾을 수 있다.

첫째, 성공적인 해외 인재 유치 전략의 핵심은 종합적인 '원스톱 패키지'를 제공하는 것이다. 싱가포르의 'Tech@SG' 프로그램은 신속한 비자 발급과 배우자 취업 허용, 주거 및 행정 지원을 통합적으로 제공하며, 캐나다의 '글로벌 탤런트 스트림GTS'은 2주 내 취업 허가 처리와 가족 동반 입국을 간소화하여 인재들이 빠르게 정착할 수 있도록 지원한다. 행정 절차가 복잡하거나 시간이 오래 걸리면 인재들은 다른 국가로 쉽게 이동한다는 점을 이들 국가는 잘 이해하고 있다.

둘째, 인재들이 장기적으로 체류하고 경력을 발전시킬 수 있는 환경이 중요하다. 프랑스는 '프렌치 테크 비자'와 함께 '스테이션 F' 같은 세계 최대 스타트업 캠퍼스를 조성하여 창업 생태계를 활성화했으며, 중국은 '천인계획'을 통해 연구비, 주택, 자녀 교육을 패키지로 지원하여 해외 고급 인재가 중국에서 경력을 발전시킬 수 있는 기반을 마련했다. 인재들이 단기 프로젝트만 수행하고 떠나는 것이 아니라, 해당 국가에 생활과 경력의 거점을 둘 수 있게 하는 것이 핵심이다.

셋째, 가족 정착 지원도 결정적인 요소다. 대부분의 성공 사례에서는 배우자 취업 허가, 자녀 교육 지원, 주거 공간 보조 등 가족 단위의 정착을 돕는 정책을 제공한다. 특히 이스라엘은 타국에 있는 유대인 가족의 귀환을 적극 지원하며 정착 과정의 모든 측면을 돕는 프로그램을 운영하고 있다.

넷째, 국가 이미지와 브랜딩 또한 중요하다. 성공적인 인재 유치 국가들은 국제 AI 컨퍼런스, 해커톤, 스타트업 경진대회 등을 정기적으로 개최하여 혁신 허브로서의 이미지를 구축한다. 국내 AI 스타트업 생태계가 고급 AI 인재들에게 매력적인 환경으로 느껴져야 한다. 스타트업 창업 시 초기 투자 및 법인 설립 절차 간소화, 지식재산권 보호 제도 정비, 유망 스타트업과 정부·대기업이 함께하는 프로그램 정기 개최 등으로 해외 인재들이 국내에서 창업하거나 스타트업에 참여하여 혁신 생태계가 확장되는 선순환을 만들어야 한다. 그러나 화려한 브랜딩과 실제 여건이 일치하지 않고 실제 행정이나 제도가 불편하다면 인재들은 빠르게 떠나갈 것이다.

다섯째, 정책의 안정성과 장기적 로드맵이 필수적이다. 인재들이 특정 국가로 이주할 때 가장 우려하는 것 중 하나는 정책의 변동성이다. 캐나다와 싱가포르는 법적·제도적 안정성을 바탕으로 정권 변화에도 일관된 인재 유치 정책을 유지하고 있어 해외 인재들에게 신뢰를 주고 있다.

결론적으로, 유치 전략의 성공은 단편적인 혜택이 아닌 비자 체계의 유연성, 경쟁력 있는 보상과 연구환경, 가족 정착 지원, 국가 차원의 브랜딩과 창업 생태계 연계, 안정적인 장기 정책이 같이 결합될 때 가능하다. 행정, 생활환경, 산업 생태계 전반을 글로벌 스탠다드에 맞추어 개선하는 노력이 지속적으로 이루어져야 정부가 바라는 글로벌 AI 인재의 허브가 실현될 수 있다.

## ③ Circulation: 순환

순환 전략은 인재 유출을 국가적 손실이 아닌 글로벌 지식 교류와 경쟁력 향상의 기회로 전환하는 접근이다.[13] AI 시대에 순환전략이 더 중요해진 이유는 글로벌 지식 생태계의 활성화와 국내인력환경의 변화 때문이다. 과거 한국의 경제 발전기에는 해외에서 공부하고 돌아온 인재들이 풍부한 일자리와 성장 기회를 바탕으로 국가 발전에 크게 기여했다. 그러나 현재는 경쟁적인 국내환경과 한정된 양질의 일자리, 높은 주거비 등으로 인해 많은 우수 인재들이 해외로 떠나고 있으며, 돌아오고 싶어도 적합한 자리를 찾기 어려운 실정이다. 반면 주요국에서는 풍부한 R&D 투자와 파격적인 처우(연봉, 연구비, 자율성)를 제공하고, 워라밸과 개방적 문화까지 갖추어 인재들이 선호하는 경향이 크다.

순환형 인재 전략이 성공하기 위해서는 해외로 진출한 인재를 '유출'이 아닌 '글로벌 자산'으로 보는 시각의 전환이 필요하다. 이들을 국내 생태계와 지속적으로 연결하고 필요할 때 재유입되도록 하는 정책과 문화가 중요하다.

먼저 현재의 과학기술자, 연구자 커뮤니티를 해외 기업 근무자, 해외 유학생에게까지 확대하고 다양한 컨퍼런스와 교류회 등을 통해 디아스포라 네트워크를 강화할 필요가 있다. 이스라엘의 '요즈마Yozma' 프로그램처럼 해외 한인 인재와 자본을 국내 스타트업 생태계와 연결하는 플랫폼을 마련하여 국내 혁신 생태계에 기여할 수 있는 경로를 만드는 것이 바람직하다.

해외 인재들이 귀국하거나 교류할 수 있는 거점을 구축하는 방안도 있다. 대만의 신주과학공원이나 중국의 선전특별경제구처럼 산학연 협력이 활성화된 테크 파크와 R&D 클러스터를 조성하여, 해외 인재들이 돌아와서 바로 연구나 창업을 시작할 수 있는 환경을 제공하는 것이 효과적이다.

귀국을 고민하는 인재들을 위해 실질적 유인책과 유연한 제도를 마련하는 것도 중요하다. 연구비, 주택, 자녀 교육, 세제 혜택 등을 포함한 리턴 패키지를 제공하고, 완전 귀국이 어려운 인재들을 위해 원격 협업이나 부분 귀국 같은 유연한 근무 형태를 지원하는 제도를 마련할 수 있다. 또한 다양한 경력 사다리를 마련하여 대학, 연구소, 스타트업, 대기업 등 원하는 직무에 맞게 수평 이동할 수 있는 경로를 제시하는 것이 필요하다.

원격 및 하이브리드 협업 모델을 제도화하는 것도 좋은 방안이다. 해외에 체류 중인 고급 인재들이 완전히 귀국하지 않더라도 국내 연구·산업 생태계에 기여할 수 있는 시스템이 필요하다. 국내 주요 연구 과제 참여 기회와 연구비 및 인프라 사용권을 보장하고, 원격으로도 공동 연구가 가능하도록 AI 클라우드와 협업 툴을 갖춘 온라인 연구 시스템을 확대해야 한다. 해외 우수 인재를 해외 파견 전문교수나 겸임 연구원 형태로 채용할 수 있도록 대학과 연구기관의 인사·평가제도를 유연화한다면, 이들이 완전 귀국하지 않고도 국내 프로젝트에 참여하고 역량을 전수할 수 있다. 이러한 유연한 협업 모델은 해외 인재의 전문성과 네트워크를 국내로 유입시키는 글로벌 연결고리가 될 수 있다.

3C 전략은 서로 긴밀히 연계되어 시너지를 창출할 수 있다. 창의

적 인재 양성으로 국내 AI 생태계가 고도화되면 해외 인재 유치도 수월해지고, 해외 진출 인재가 국내외를 오가며 지식과 네트워크를 연결해 더 큰 혁신을 이끌 수 있다. AI 시대의 성패는 인재 확보가 결정짓는다. 3C 전략을 통해 창의적 인재를 육성하고, 해외 우수 인재를 적극 유치하며, 해외 동포 인재들과의 파트너십을 강화한다면, 우리는 인재 유출을 글로벌 교류의 기회로 전환하고 인재 수익국Brain Gain으로 자리 잡을 수 있다. 이때 개인의 성장 욕구와 국가 발전 목표가 조화를 이룰 수 있도록 연구비 지원, 창업 인프라, 융복합 교육 프로그램 등을 철저히 설계해야 한다.

이 전략이 성공하기 위해서는 무엇보다 정부, 기업, 대학의 긴밀한 협력이 필수적이다. 정부는 AI 기초연구와 인재 정책에 대한 장기 투자를 지속하고, 범부처 협업체제로 글로벌 인재 경쟁에 대처해야 한다. 기업은 실질적인 일자리와 스톡옵션 등 차별화된 유인책을 제시해 인재를 끌어들이고, 대학은 해외 석학 초빙, 공동학위, 국제 공동연구 등을 통해 글로벌 수준의 AI 전문가를 길러내야 한다. 아울러, 물리적 이주가 어려운 인재를 위해 원격근무와 세제 혜택을 포함한 가상 모빌리티 지원책을 마련하는 것도 시대적 흐름에 부응한다.

이렇게 3C 전략이 체계적으로 실행된다면 창의성을 기반으로 한 AI 경쟁력 확보, 해외 우수 인재의 지속적 유입, 그리고 해외 한인 네트워크와의 활발한 교류가 맞물려 선순환 생태계가 조성될 수 있을 것이다.

# 새로운 글로벌 질서를 선도하는

## 3E 전략

### 3E 전략: 윤리, 협력, 번영

급속한 AI 기술 발전이 경제, 인권, 민주주의, 국가안보에 미치는 영향이 커지면서 국제사회는 다각적인 협력체계를 구축하고 있다. UN은 2023년 AI 고위급 자문기구를 설치했고, AI 위험 관리와 혜택의 공정한 분배를 위한 다양한 메커니즘을 논의 중이다. OECD는 2019년 'OECD AI 원칙'을 통해 인간 중심의 AI 개발 규범을 제시했으며, G7, G20에서도 AI 윤리, 안전, 데이터 거버넌스를 핵심 의제로 다루고 있다.

주요 국가들도 AI 안전성과 신뢰성 확보를 위한 움직임을 활발히 전개하고 있다. 영국은 2023년 '제1회 AI 안전 정상회의'를 개최하여 프런티어 AI 위험에 대한 공동 대응을 이끌었고, 프랑스는 AI 국제기구 설립을 제안했으며, 일본은 '히로시마 AI 프로세스'를 통해 국제 규범 마련에 목소리를 내고 있다. 우리나라도 2024년 'AI 서울 정상회의' 개최를 통해 '안전하고 혁신적이며 포용적인 AI를 위한 서울 선언'을 발표하며 국제질서 형성에 참여하고 있다.

그러나 이러한 국제 협력은 미국과 중국 간의 AI 패권 경쟁으로 도전받고 있다. 양국은 기술 개발, 표준 설정, 인재 확보 등 전 분야에서 치열하게 경쟁하며 글로벌 AI 생태계의 파편화와 기술 블록화를 심화시킬 가능성이 크다. 또한 현재의 AI 논의가 선진국과 빅테크 기업 중심으로 이루어지면서, 개도국의 참여가 제한되고 AI 기술의 혜택이 소수에게 집중될 우려가 커지고 있다.

흥미로운 것은 빅테크 기업들이 AGI/ASI 개발에 막대한 투자를 하면서도[14] 국제적인 감시 기능이 필요하다고 주장한다는 점이다. 이는 AI 발전의 위험을 단일 기업이 감당하기 어렵다는 현실적 판단과, 국제 규제 형성 과정에 참여해 자신들의 이해관계와 시장 지배력을 강화하려는 전략으로 볼 수 있다. 구테흐스 UN 사무총장은 "생성형 AI에 대한 경고를 바로 그것을 설계한 개발자들이 가장 크게 하고 있다"며[15] AI가 초래할 위험과 불평등 심화에 대한 우려를 표명했다.[16]

전 세계 AI 투자의 62%를 차지하는[17] 미국의 AI 정책은 2024년 10월 바이든 대통령의 'AI 국가안보각서'에서 명확히 나타났다. 이 문서는 AI를 핵심 전략자산으로 규정하고 국제 규범과의 정합성을 강조하며 AI 위험 관리에서 글로벌 리더십을 확보하겠다는 의지를 보여주었다.

그리고 2025년 1월 20일 출범한 트럼프 2기 정부는 취임 첫날에 바이든 정부의 'AI 신뢰와 안전에 관한 행정명령'을 폐기하고, 기업들이 4년간 5,000억 달러를 투자하는 '스타 게이트 프로젝트'를 발표했다. 중국과의 기술 패권 경쟁에서 미국의 리더십을 확보하기 위해 규제를 완화하고 AI를 통한 경제성장과 국가 안보를 강화하겠다는 의지를 분명히 한 것으로 보인다.

미국과 중국의 기술 패권 경쟁은 더욱 격화될 것이다. 특히 미국은 AI 분야에서 중국을 견제하기 위해 다양한 제재 수단을 동원할 것으로 보인다. 이러한 기술 보호주의와 중국과의 대립은 글로벌 공급망을 왜곡하고, AI 기술의 군사적 경쟁을 촉발할 가능성이 크다. 앞으로 미국은 일본, 한국, 영국에게 중국 견제를 위해 더 강력한 동참을 요구할 것으로 예상된다.

이러한 글로벌 AI 지형 속에서 우리나라는 어떤 전략을 취해야 할까? 앞장에서 제시한 '세계에서 AI를 가장 잘 쓰는 나라'라는 비전을 실현하기 위한 FACE 전략(3F·3A·3C·3E) 중 마지막 축인 3EEthics, Engagement, Enrichment는 글로벌 협력을 통해 국제 규범 형성과 공동 번영을 이끌어내는 전략이다. AI에 대한 윤리적 가치를 수호하며 세계와 적극적으로 협력하여, 모든 국가가 AI 혜택을 같이 누릴 수 있는 협력 모델을 구축하는 것이 3E 전략의 핵심이다.


① Ethics: 윤리


AI 윤리와 신뢰성 분야에서 글로벌 리더십을 확보하는 것이 첫 번째 축이다. 투명성, 공정성, 책임성, 안전성, 인간 존엄성을 담은 윤리 원칙이 글로벌 AI 윤리 규범으로 정착되도록 앞장서야 한다. 치열한 경쟁 속에서도 인간 중심 AI와 윤리 규범을 정착시키려는 국제사회의 노력은 계속될 것이므로, EU, 영국, 캐나다 등 뜻이 같은 국가들과 관련 의제 형성과 논의를 주도해야 한다.

국제 규범 형성에 있어서도 주도적 역할을 수행해야 한다. AI 국제기구 구상과 AI 안전 정상회의 등 국제적인 논의의 장에서 윤리와 안전 프레임워크 구축을 위한 어젠다를 제안하며 책임 있는 AI 발전을 이끌 수 있다.

K-콘텐츠 역량과 디지털 교육 노하우를 결합해, AI 윤리 교육 프로그램을 국제사회에 보급하는 것도 하나의 방법이다. 언어별 온라인 강좌, 교육 콘텐츠, 게임 등 다양한 형태로 제작하여 글로벌 차원의 AI 윤리 인식을 높이고, 한국의 디지털 행정 서비스, 개인정보 보호체계 등 AI 안전과 윤리에 관한 우수 모델을 개도국과 공유해 디지털 거버넌스 강화를 지원해야 한다.

국제 공동 연구를 통해 설명 가능한 AI, 편향성 감지 및 완화 기술, 프라이버시 보호 기술 등 신뢰할 수 있는 AI 기술 개발을 촉진하는 것도 필요하다. 이러한 노력을 통해 AI가 인류의 보편적 가치를 존중하면서도 혁신을 촉진할 수 있도록 국제 규범 형성에 기여해야 한다.

## ② Engagement: 협력

협력 전략은 개방형 혁신을 기반으로 글로벌 파트너십을 구축하는 것이다. 이는 다자간 협의체 참여, 국가별 맞춤형 협력, 민간 부문과의 연계를 통해 실현된다.

먼저 UN의 AI 고위급 자문기구, OECD, G20, G7 등 다양한 수준의 국제 포럼의 안전, 윤리, 표준 관련 워킹그룹에 적극 참여해 우리나라의 AI 사례를 확산해야 한다. 미국 주도의 기술 블록화에 대비해, 아시아, 유럽, 아시아, 남미 등 다양한 파트너 국가와 양자 협력과 다자 협력을 병행함으로써 협상력을 극대화한다. 특히 AI 관련 국제 표준화 기구 활동에 주도적으로 참여하여 글로벌 AI 거버넌스 형성에 우리의 목소리를 반영한다.

주요국과의 차별화된 파트너십도 추진해야 한다. 미국과는 첨단 AI 기술과 산업 혁신, 그리고 안보 분야의 공동연구와 협력을 강화할 수 있다. EU와는 인간 중심 AI 기술 개발 및 제도적 프레임워크 협력을 추진하고, AI 규제법과 연계된 국제 표준화의 흐름에 전략적으로 동참해야 한다. 일본과는 초고령사회 대응 및 지능형 제조 분야 협업 기회를 모색할 수 있다.

특히 아시아의 AI 생태계 형성과 발전을 주도적으로 이끌어가야 한다. 우리나라는 기술력과 문화적 영향력을 바탕으로 아시아 AI 협력 네트워크의 허브 역할을 담당할 수 있다. 아세안 국가, 인도 등과 'AI 아시아 협의체'를 만들어 표준 형성, 데이터 공유, 인재 교류를 활성화하고, 역내 AI 윤리 원칙을 공동 개발할 수 있다. 또한 아시아 지역 특유의 사회문화적 맥락을 반영한 AI 응용 모델을 함께 개발하고, 지역 특화 문제 해결을 위한 공동 R&D 프로그램을 운영하는 등 미·중 기술 패권 경쟁 속에서도 독자적인 아시아 AI 발전 모델을 만들어나가야 한다.

글로벌 기업 및 혁신 생태계와의 연계도 확대해야 한다. 주요 테크 기업들이 AGI의 안전한 개발을 위한 국제적 공조를 희망하는 추세에 맞춰, 글로벌 테크 기업들과 국내 주요 기업들 간에 연구 협력과 안전성 검증체계 공유를 위한 산업 협의체를 운영한다. 또한, AI 기술, 데이터, 전문가 교류를 촉진하고, 글로벌 스타트업 네트워크를 연결하는 국제 경진대회, 포럼 등을 통해 열린 혁신 문화를 확산한다.

### ③ Enrichment: 번영

궁극적으로는 AI를 통한 공동번영이라는 글로벌 의제를 주도하며 모든 국가와 사회구성원이 AI 혜택을 함께 누릴 수 있는 포용적 성장 모델을 확산해야 한다. 이를 위해 세 가지 방법을 시도할 수 있다.

첫째, 정기적인 국제 AI 심포지엄과 포럼을 주최하여 공동번영에 대한 글로벌 차원의 공감대를 형성한다. 특히 인구 고령화, 환경 위기, 전염병 등 범지구적 난제 해결을 위한 다국적 협업 이니셔티브를 선도하여 AI가 인류 공통 과제 해결에 기여하는 선도 사례를 창출한다. 우리의 경쟁력인 ICT 인프라, 디지털 행정 시스템, 스마트 도시, K-콘텐츠 등을 AI와 융합해 국제사회에 공헌할 수 있는 전문 영역을 발굴한다.

둘째, AI 역량이 취약한 국가들을 위해 학습, 기반시설, 제도적 체계 구축을 패키지로 지원하고, 현지 기업 및 인재와 국내 기업 간 협업을 통해 자립 가능한 협력 모델을 구축한다. 국제개발 원조 기관, 유엔 산하기구, 국제금융기관과 연계한 'AI 포용성 동반자 관계'를 추진하여 지역 특성에 최적화된 AI 응용 프로그램을 개발하고 현지 디지털 생태계의 자생적 성장을 촉진한다. 이를 통해 개발도상국의 AI 역량을 강화하고 디지털 격차 해소에 기여함으로써 글로벌 AI 발전의 포용성을 높인다.

셋째, 인류 보편 가치 실현을 위해 AI가 양극화와 불평등을 심화시키지 않도록 AI 서비스의 혜택을 글로벌 차원으로 확산시킨다. AI 활용이 생산성 증대뿐만 아니라 사회적 약자 보호와 산업전환 지원 등을 통해 '함께 잘사는' 번영 모델로 정착되도록, 적정 기술*을 확산시킬 수 있는 현장 중심형 프로그램을 국제사회와 함께 만들어나간다. AI 기술 발전의 혜택을 널리 확산하고, 기술 변화로 인한 사회적 충격을 완화하는 데 관심과 노력을 기울이는 국내외 단체, 기관, 오피니언 리더들의 목소리를 규합하고 상호 협력하도록 지원한다. ICT 강국인 한국의 명성을 기반으로 AI에서 기술 발전과 인간 중심 가치의 조화로운 공존을 이끌어내는 새로운 리더로서의 위상을 구축한다.

AI 시대에 국가 간 경쟁이 격화되고 미·중 기술 패권 다툼이 안보, 경제, 혁신 전반으로 확장되는 상황에서도, AI 기술과 그 영향력이 국경의 경계를 넘어 확산된다는 사실은 부정할 수 없다.

---

* 지역의 사회, 문화, 환경적 특성을 고려하여, 현지에서 쉽게 활용·유지할 수 있고 지속가능한 발전을 도모하는 기술.

자국의 이익을 위해 전쟁도 불사하는 이 시대에 무슨 '인류 번영' 같은 한가로운 소리냐 물을 수 있지만, 세계는 강대국뿐만 아니라 함께 협력하고 시장을 만들어갈 수 있는 많은 국가가 존재한다. 미국과 중국의 양대 진영 외에도 제 3의 길이 있으며, 역설적으로 오히려 지금이 국제 연대가 필요한 시기다. 인류를 위한 AI와 공동번영은 어떤 국가도 공개적으로 거부하거나 적대시할 수 없는 보편적 가치이자 명분이다. '인류의 종말'을 경고한 제프리 힌턴 교수의 말처럼, AI 개발이 무한 경쟁으로만 치닫는다면 어떤 결과를 가져올지 모른다. 우리도 AI를 통해 경제를 성장시키고 국제 경쟁력을 확보해야 하지만, 인류를 위한 비전 없이 무조건 앞선 나라를 추격하기보다는 안전하고 윤리적인 AI, 공동번영을 위한 AI를 국제사회에 제시해야 한다. 그러면서 흩어진 힘을 모으는 선도국가를 지향해야 한다. 조금만 노력하면 그런 국가가 될 조건을 충분히 갖추고 있기 때문이다.

우리의 비전인 '세계에서 AI를 가장 잘 쓰는 나라'가 되기 위해서는 AI 기술력 확보뿐만 아니라 데이터 확보, 인프라 구축, 인재 정책, AI 윤리와 글로벌 협력을 체계적으로 추진해야 한다.

우리나라가 IT 인프라, 제조 경쟁력, 기술 친화적 국민성 같은 강점을 살리고 기초원천기술, 데이터 등 인프라, 인재, 법 제도 등 부족한 부분을 보완하는 3FACE 전략을 실행한다면, 기술 추격을 넘어 국제사회를 이끄는 AI 발전 경로를 개척할 수 있을 것이다. 특히 국내 역량 강화(3F, 3A, 3C)를 토대로, 국제협력 분야에서 윤리Ethics, 협력Engagement, 번영Enrichment이라는 3E 전략을 추진함으로써 분열이 아닌 협력을 견인하고 윤리적, 포용적

AI 활용의 모범을 보일 수 있다.

이를 통해 우리나라가 국민 모두가 AI의 혜택을 향유하는 AI 강국으로 발전하는 동시에, 국제사회에서는 글로벌 AI 질서 재편의 한 축으로서 국익과 세계 공동 번영을 함께 도모하는 길을 열어갈 수 있길 바란다.

### 1부  생활 속의 AI

1  https://www.gttkorea.com/news/articleView.html?idxno=12318

2  https://www.wired.kr/news/articleView.html?idxno=5865

3  https://www.nitromediagroup.com/openais-operator-ai-agent-2025/

4  https://aimatters.co.kr/news-report/ai-report/6377?

5  Deloitte(2024). "TMT Predictions 2025: Autonomous generative AI agents gain 'agency'".

6  https://www.aitimes.com/news/articleView.html?idxno=164991

7  Deloitte(2024). "TMT Predictions 2025: Autonomous generative AI agents gain 'agency'".

8  https://edgedelta.com/company/blog/how-much-data-is-created-per-day

9  https://greenium.kr/news/32032

10  https://magazine.hankyung.com/business/article/202305104929b

11  https://www.newstheai.com/news/articleView.html?idxno=4150

12  https://www.mk.co.kr/news/business/8970699

13  https://www.dailyonehealth.com/news/articleView.html?idxno=3455

14  https://www.impacton.net/news/articleView.html?idxno=1790

15  https://www.futurechosun.com/archives/77216

16  https://m.ddaily.co.kr/page/view/2023081814130353881

17  https://it.chosun.com/news/articleView.html?idxno=2022031101274

18  https://www.impacton.net/news/articleView.html?idxno=12136

19  https://magazine.hankyung.com/business/article/202107086553b

20  https://dbr.donga.com/article/view/1203/article_no/9263

21  https://goodonyou.eco/how-we-rate/

22  https://ecocart.io/

23  https://www.ibm.com/kr-ko/think/topics/multimodal-ai?utm

24  https://zdnet.co.kr/view/?no=20230115080902

25  https://www.techm.kr/news/articleView.html?idxno=134506

26  https://www.bifan.kr/webzine/news_view.asp?actEvent=view&pk_seq=87691&sc_board_seq=12&sc_top_cond=all&utm

27  https://www.yna.co.kr/view/AKR20160811020500061?utm

28  https://www.etnews.com/20230807000234?utm

29  https://www.aitimes.com/news/articleView.html?idxno=156204&utm

276

30  https://themiilk.com/articles/a5628c6d6

31  https://www.hankookilbo.com/News/Read/A2023071416120000972?utm

32  https://www.jayupress.com/news/articleView.html?idxno=24229&utm

33  ko.wikipedia.org/wiki/%ED%95%84%ED%84%B0_%EB%B2%84%EB%B8%94

34  https://ko.wikipedia.org/wiki/%ED%95%84%ED%84%B0_%EB%B2%84%EB%B8%94

35  https://www.aitimes.com/news/articleView.html?idxno=164702

36  https://koit.co.kr/news/articleView.html?idxno=122557

37  https://www.etnews.com/20250107000196

38  https://nypost.com/2025/01/06/business/2025-ces-tech-show-more-robots-and-ai-than-ever-before/?utm

39  https://www.aitimes.com/news/articleView.html?idxno=156623

40  https://www.aitimes.com/news/articleView.html?idxno=162659

41  https://www.g-enews.com/article/Global-Biz/2025/01/202501232100179037fbbec65dfb_1

42  https://www.hellodd.com/news/articleView.html?idxno=106591

43  https://www.aitimes.com/news/articleView.html?idxno=165861

44  https://www.aitimes.com/news/articleView.html?idxno=158749

45  https://www.index.go.kr/unify/idx-info.do?idxCd=5065

46  https://www.chosun.com/national/national_general/2024/04/10/TDJB6DDDNRBF3IN2BC6EDJSQCU/

47  https://www.financialpost.co.kr/news/articleView.html?idxno=215085

48  https://www.khan.co.kr/article/201803142121005

49  https://www.khan.co.kr/article/201803142121005

50  Schuller, B. et al.(2024). "Affective Computing Has Changed: The Foundation Model Disruption", arXiv:2409.08907.

51  Wang, Y., et al.(2022). "A Systematic Review on Affective Computing: Emotion Models, Databases, and Recent Advances", arXiv:2203.06935v3 [cs.MM].

52  fzal, S. et al.(2023). "A Comprehensive Survey on Affective Computing; Challenges, Trends, Applications, and Future Directions", arXiv:2305.07665v1 [cs.AI].

53  https://www.aitimes.com/news/articleView.html?idxno=164594

54  https://www.sisain.co.kr/news/articleView.html?idxno=50121

55  https://www.newsis.com/view/NISX20241019_0002926225

56  https://www.sisain.co.kr/news/articleView.html?idxno=49383

57  https://www.sisain.co.kr/news/articleView.html?idxno=49383

58  https://www.ekoreanews.co.kr/news/articleView.html?idxno=31087

59  https://www.mk.co.kr/news/society/11128746

60  https://zdnet.co.kr/view/?no=20240817150253

61  https://www.sedaily.com/NewsView/2DH0AOG1J6

62  https://www.mk.co.kr/news/world/11254085

63  https://www.docdocdoc.co.kr/news/articleView.html?idxno=1081076

64  https://www.dt.co.kr/contents.html?article_no=2024100302109931076003

65  https://www.biotimes.co.kr/news/articleView.html?idxno=18515

66  https://www.yna.co.kr/view/AKR20231114034800017

67  https://www.aitimes.com/news/articleView.html?idxno=154222

68  https://www.aitimes.kr/news/articleView.html?idxno=18578

69  https://ftpmirror.your.org/pub/misc/ftp.software.ibm.com/common/ssi/ecm/
    ww/ko/wwb12351krko/WWB12351KRKO.PDF

70  https://www.khidi.or.kr/board/view?linkId=48904077&menuId=MENU00100

71  https://www.nongmin.com/article/20241114500387

72  https://www.intel.co.kr/content/www/kr/ko/healthcare-it/robotics-in-
    healthcare.html

73  https://news.nate.com/view/20230501n23459

74  https://www.dailymedi.com/news/news_view.php?ca_id=2208&wr_id=903808

75  한국보건산업진흥원(2024). "의료진의 번아웃 해소: AI도구의 긍정적 효과", 글로벌 보
    건산업 동향, Vol.533: 1-5.

76  한국보건산업진흥원(2024). "의료진의 번아웃 해소: AI도구의 긍정적 효과", 글로벌 보
    건산업 동향, Vol.533: 1-5.

77  삼일PwC경영연구원(2022). "디지털 헬스케어의 개화—원격의료의 현주소", 삼일PwC.

78  https://www.kiri.or.kr/pdf/%EC%97%B0%EA%B5%AC%EC%9E%90%EB%A3%8C
    /%EC%97%B0%EA%B5%AC%EB%B3%B4%EA%B3%A0%EC%84%9C/nre2023-
    03_2.pdf

79  https://www.yoonsupchoi.com/wp-content/uploads/2019/04/Screen-Shot-
    2019-04-16-at-9.18.02-AM.png

80  https://www.chosun.com/site/data/html_dir/2020/06/21/2020062102171.html

81  http://www.kmdianews.com/news/articleView.html?idxno=64721

82  https://www.kpbma.or.kr/library/trend/globalPanorama/select/162

83  https://www.fortunebusinessinsights.com/ko/digital-therapeutics-
    market-103501

84  https://m.dongascience.com/news.php?idx=55583

85  https://m.dongascience.com/news.php?idx=55583

86  https://www.hankyung.com/article/2024101070571

87  https://www.newstheai.com/news/articleView.html?idxno=6595

88  https://m.dongascience.com/news.php?idx=55583

89  https://www.newsis.com/view/NISX20240426_0002715261

90  https://www.yakup.com/news/index.html?cat=11&mode=view&nid=303674

91   https://news.bizwatch.co.kr/article/mobile/2024/03/11/0003

92   국가생명공학정책연구센터(2024). "AI 신약개발, 무엇이 가능하고 무엇이 한계인가?", BioINwatch 24-78.

93   국가생명공학정책연구센터(2024). "AI 신약개발, 무엇이 가능하고 무엇이 한계인가?", BioINwatch 24-78.

94   https://www.hani.co.kr/arti/hanihealth/pharm/1168649.html

95   https://www.hani.co.kr/arti/hanihealth/pharm/1168649.html

96   https://www.kmib.co.kr/article/view.asp?arcid=0009248021

97   https://www.gtrans.or.kr/doc/future_02.pdf

98   https://www.sae.org/news/2023/03/tesla-fsd-recall

99   https://www.yna.co.kr/view/AKR20241217107200009

100  https://www.koti.re.kr/user/bbs/BrrefChView.do?bbs_no=67648

101  https://www.hani.co.kr/arti/economy/economy_general/1059199

102  https://www.nature.com/articles/s41467-024-48526-4

103  https://www.sisaweek.com/news/articleView.html?idxno=207884

104  https://www.chosun.com/economy/auto/2023/02/28/4IWVDCUVKBFNFHZCI WWLD7DANY/

105  https://www.hani.co.kr/arti/economy/economy_general/1059199.html

106  https://trendmonitor.co.kr/tmweb/file/downloadFile.do?bIdx=2936&code=030 4&trendType=CKOREA&fileType=V

107  Edmond Awad et al., "The Moral Machine experiment," Nature 563, no. 7729 (2018): 59-64.

108  https://www.hani.co.kr/arti/economy/car/808683.htmlm

109  Jean-François Bonnefon, Azim Shariff, and Iyad Rahwan(2016). "The social dilemma of autonomous vehicles," Science, Vol.352.

110  https://www.yna.co.kr/view/AKR20241023004700091

111  https://apnews.com/article/faa-air-taxis-regulation-electric-aviation-85fd3c8 b905a003eff64590afb5da339

112  https://www.theverge.com/2024/10/2/24260176/toyota-joby-aviation-air-taxi-vtol-investment-stock

113  https://www.samsungsds.com/kr/insights/uam.240313.html

114  https://blog.naver.com/PostView.naver?blogId=haspr&logNo=222891560061, 한화에어로스페이스 공식 블로그.

115  https://www.urbanairmobilitynews.com/sponsored-editorial-right-column/ the-global-timetable-for-aam-and-uam-launch-and-development/

116  https://www.samsungsds.com/kr/insights/uam.240313.html

117  https://www.thescottishsun.co.uk/tech/14013483/britain-flying-taxi-airport-bicester/

**2부 AI 시대, 새롭게 세우는 규칙**

1  https://www.hankyung.com/article/2023060270441.

2  제리 카플란(2017). 《인공지능의 미래》. 한스미디어.

3  https://www.chosun.com/site/data/html_dir/2018/10/11/2018101101250.html

4  https://www.nytimes.com/2020/01/18/technology/clearview-privacy-facial-recognition.html

5  https://studyfinds.org/americans-security-cameras-study/

6  https://www.salesforce.com/kr/hub/crm/transparency-in-ai/

7  https://www.propublica.org/article/how-we-analyzed-the-compas-recidivism-algorithm

8  https://www.aitimes.com/news/articleView.html?idxno=168702

9  https://www.wiley.law/alert-Trump-Administration-Revamps-Guidance-on-Federal-Use-and-Procurement-of-AI

10 https://www.mayerbrown.com/en/insights/publications/2024/09/new-california-law-will-require-ai-transparency-and-disclosure-measures

11 https://lengealaw.com/employment-law-updates-for-2025-in-new-york/

12 Gladstone, Noel(2024). "A Framework for Implementing Safety and Security for Advanced AI", Center for Security and Emerging Technology.

13 McKinsey(2023). "The State of AI in 2023: Generative AI's Breakout Year." McKinsey & Company.

14 McKinsey(2023). "The State of AI in 2023: Generative AI's Breakout Year." McKinsey & Company.

15 Zhang, Daniel, Nestor Maslej, Erik Brynjolfsson, John Etchemendy, Terah Lyons, James Manyika, Helen Ngo, Juan Carlos Niebles, Michael Sellitto, Yoav Shoham, Jack Clark, and Raymond Perrault(2024). "The AI Index 2024 Annual Report", Stanford Institute for Human-Centered Artificial Intelligence.

16 https://www.aitimes.com/news/articleView.html?idxno=155410

17 https://www.yna.co.kr/view/AKR20230623048100009

18 Drapkin, Aaron(2024). "AI Gone Wrong: An Updated List of AI Errors, Mistakes and Failures", Tech.co.

19 Drapkin, Aaron(2024). "AI Gone Wrong: An Updated List of AI Errors, Mistakes and Failures", Tech.co.

20 Gairola, Ananya(2023). "Sundar Pichai Opens Up About Google Bard's Trippy Troubles: 'No One In The Field Has Yet Solved Hallucination Problems'"; Drapkin, Aaron(2024). "AI Gone Wrong: An Updated List of AI Errors, Mistakes and Failures." Tech.co.

21 https://www.ibm.com/kr-ko/topics/ai-hallucinations?

22 Arnold, Zachary, and Helen Toner(2021). "AI Accidents: An Emerging Threat -

What Could Happen and What to Do", Center for Security and Emerging Technology.

23 https://v.daum.net/v/E3S5QzG7L8

24 https://lsjsj92.tistory.com/681

25 https://www.aitimes.com/news/articleView.html?idxno=168782

26 https://zdnet.co.kr/view/?no=20250224142235

27 https://en.wikipedia.org/wiki/Pause_Giant_AI_Experiments:_An_Open_Letter

28 Gladstone, Noel(2024). "A Framework for Implementing Safety and Security for Advanced AI", Center for Security and Emerging Technology.

29 https://www.newspim.com/news/view/20250304000066

30 https://www.businessinsider.com/microsoft-openai-put-price-tag-achieving-agi-2024-12

31 https://www.hani.co.kr/arti/economy/it/1117948.html

32 https://www.yna.co.kr/view/AKR20241009074251072

33 https://www.donga.com/archive/newslibrary/view?mode=20231201%2F122432074%2F1&ymd=20231201

34 Morris, M. R., Sohl-Dickstein, J., Fiedel, N., Warkentin, T., Dafoe, A., Faust, A., Farabet, C., and Legg, S(2024). "Levels of AGI for Operationalizing Progress on the Path to AGI." arXiv preprint arXiv:2311.02462.

35 Stanford University(2024). "AI Index Report 2024", Stanford Institute for Human-Centered AI.

36 Organisation for Economic Co-operation and Development(OECD)(2024). "AI in the Context of Broader AI Policy Frameworks: Challenges and Implications", OECD Publishing.

37 https://zdnet.co.kr/view/?no=20241007074549

38 Bostrom, Nick(2014). "Superintelligence: Paths, Dangers, Strategies", Oxford: Oxford University Press.

39 https://www.ekoreanews.co.kr/news/articleView.html?idxno=66702

40 https://www.yna.co.kr/view/AKR20230601126700009

41 https://www.wired.kr/news/articleView.html?idxno=4801

42 https://www.aitimes.com/news/articleView.html?idxno=164362.

43 https://www.mk.co.kr/news/world/10989263

44 https://www.ilovepc.co.kr/news/articleView.html?idxno=50719

45 https://weekly.chosun.com/news/articleView.html?idxno=37991

46 김현중 부연구위원(2024). "[INSS전략보고]넥스트 오펜하이머 시대: 자율살상무기(LAWS) 발전에 따른 예상쟁점 및 대응방안", 국가안보전략연구원.

47 https://weekly.chosun.com/news/articleView.html?idxno=37991

48 https://www.ilovepc.co.kr/news/articleView.html?idxno=50719

49  https://bemil.chosun.com/nbrd/bbs/view.html?b_bbs_id=10008&num=157

50  전재성(2024). "AI 기반 자율무기체계, 인지진의 빌진과 군사인보질시의 변화", EAI 스페셜리포트, 동아시아연구원.

51  김현중 부연구위원(2024). "[INSS전략보고]넥스트 오펜하이머 시대: 자율살상무기(LAWS) 발전에 따른 예상쟁점 및 대응방안", 국가안전략연구원.

52  전재성(2024). "AI 기반 자율무기체계, 인지전의 발전과 군사안보질서의 변화", EAI 스페셜리포트, 동아시아연구원.

53  https://globalinitiative.net/analysis/deepfakes-south-east-asia/.

54  https://globalinitiative.net/analysis/deepfakes-south-east-asia/.

55  https://biz.chosun.com/topics/topics_social/2024/08/28/KXPEM4AYIFHW7NC47XBNE7TSMQ/?utm_source=chatgpt.com

56  https://www.yna.co.kr/view/AKR20240219002700017?

57  https://www.starnewskorea.com/stview.php?no=2024050214451291878&utm

58  Desai, Deepen, and Rohit Hegde(2024). "Phishing Attacks Rise: ThreatLabz 2024 Phishing Report", Zscaler Blog.

59  IdentityIQ(2024. "New AI Scams to Look Out For in 2024".

60  IdentityIQ(2024. "New AI Scams to Look Out For in 2024".

61  Gourav Gupta, Kiran Raja, Manish Gupta, Tony Jan, Scott Thompson Whiteside, and Mukesh Prasad(2024). "A Comprehensive Review of DeepFake Detection Using Advanced Machine Learning and Fusion Methods", Electronics 13, no.1(2024): 95.

62  Resemble AI(2024). "Top 3 Deepfake Detection Tools of 2023", accessed 7.

63  https://ec.europa.eu/commission/presscorner/detail/en/qanda_20_2348

64  https://www.nbcnews.com/tech/tech-news/defiance-act-passes-senate-allow-deepfake-victims-sue-rcna163464

65  https://theweek.com/politics/california-ai-laws-deepfakes

66  https://versustexas.com/blog/texas-deepfake-porn/

67  한중과학기술협력센터(2024). 《중국, 딥페이크 규제 강화》, Issue Report, Vol.6.

68  https://www.bbc.com/korean/articles/c3vk59q96z5o

69  https://www.entrust.com/ko/resources/learn/eidas-2

70  김관영 외 5인(2024), "KISA INSIGHT, 국내·외 피싱(Phishing) 대응 현황 및 시사점", 한국인터넷진흥원, VOL.07.

71  김관영 외 5인(2024), "KISA INSIGHT, 국내·외 피싱(Phishing) 대응 현황 및 시사점", 한국인터넷진흥원, VOL.07.

72  https://www.moleg.go.kr/board.es?act=view&bid=0048&cg_code=&keyField=&keyWord=&list_no=268413&mid=&nPage=1&tag=

73  https://www.nis-2-directive.com/

74  https://www.unodc.org/unodc/en/terrorism/latest-news/2025-unodc-symposium-explores-the-role-of-artificial-intelligence-in-preventing-and-

countering-terrorism.html

75 문화체육관광부, 한국저작권위원회(2023). "생성형 AI 저작권 안내서", 82-83쪽.

76 https://m.edaily.co.kr/news/read?newsId=03375126635474768&mediaCode
No=257

77 Brad Nemire, https://developer.nvidia.com/blog/ai-composer-creates-music-
for-films-and-games/

78 Blake Brittain, https://www.reuters.com/authors/blake-brittain

79 U.S. Copyright Office, Copyright Registration Guidance: Works Containing Material
Generated by Artificial Intelligence.

80 https://www.joongang.co.kr/article/25099346#home, 최종접속일: 2024.6.2

81 U.S.Copyright Office, Théâtre D'opéra Spatial Review Board Decision Letter.

82 문화체육관광부, 한국저작권위원회(2023). "생성형 AI 저작권 안내서", 58-60쪽.

83 https://www.mondaq.com/china/copyright/954484/is-the-chinese-
dreamwriter-case-really-a-groundbreaking-case-for-ai-generated-works

84 장원준, 인공지능과 저작권법, 인공지능법 최경진편(박영사, 2024) 184~185쪽.

85 장원준, 인공지능과 저작권법, 인공지능법 최경진편(박영사, 2024) 184~185쪽.

86 문화체육관광부, 한국저작권위원회(2023). "생성형 AI 저작권 안내서", 82-83쪽.

87 https://petapixel.com/2023/06/05/japan-declares-ai-training-data-fair-
game-and-will-not-enforce-copyright/

88 https://www.arthurcox.com/knowledge/mining-for-exceptions-in-the-new-
copyright-directive/

89 https://harvardlawreview.org/blog/2024/04/nyt-v-openai-the-timess-about-
face/

90 손승우(2017). "인공지능 창작물의 저작권 보호", 정보법학, 제20권 제3호, 83-100쪽,
재인용(quoted in) 인하대학교법학연구소 AI·데이터 법 센터(2022), 《인공지능법 총
론》, 세창출판사, 301-306쪽.

91 https://www.aitimes.com/news/articleView.html?idxno=47744

### 3부 AI 시대에 살아남기

1 제리 카플란(2024). 《생성형 AI는 어떤 미래를 만드는가》, 한스미디어, 197-202쪽.

2 World Economic Forum(2025). "The Future of Jobs Report 2025", Insight Report.

3 https://www.pwc.com/kr/ko/insights/global-trends/samilpwc_ai-jobs-
barometer.pdf

4 https://www.aipostkorea.com/news/articleView.html?idxno=2188

5 https://www.digitaltoday.co.kr/news/articleView.html?idxno=518908

6 https://www.aitimes.com/news/articleView.html?idxno=149094

7 Bostrom, Nick(2016). "Superintelligence: Paths, Dangers, Strategies", Oxford:
Oxford University Press.

8 https://hr.asia/global/top-banks-ramp-up-ai-hiring/

9   https://www.newsis.com/view/NISX20250122_0003041395

10  International Monetary Fund(2024). "Gen AI: Artificial Intelligence and The Future of Work", SDN/2024/001.

11  World Economic Forum(2023). "The Future of Jobs Report 2023", Insight Report.

12  한국지능정보사회진흥원(2024). "글로벌 정부·민간분야 AI투자 동향분석", IT & Future Strategy, 3호.

13  Oxford Economics, Cognizant(2023). "The Economic Impact of Generative AI in the US".

14  https://siliconangle.com/2023/03/29/goldman-sachs-report-says-ai-put-300-million-jobs-risk/

15  https://www.goldmansachs.com/insights/articles/chinas-advances-could-boost-ai-impact-on-global-gdp

16  Michael J.Handel(2022). "Growth trends for selected occupations considered at risk from automation", Monthly Labor Review, U.S. Bureau of Labor Statistics.

17  Frey and Osborne(2013). "The Future of Employment: How Susceptible Are Jobs to Computerisation?"

18  제리 카플란(2024). 《생성형 AI는 어떤 미래를 만드는가》, 한스미디어, 211-213쪽.

19  한지우, 오삼일(2023). "AI와 노동시장의 변화", BOK이슈노트, 한국은행.

20  송단비 외(2024). "AI시대 본격화에 대비한 산업인력 양성과제", 산업연구원, i-KIET 산업경제이슈 제162호(2024-7).

21  https://www.digitaltoday.co.kr/news/articleView.html?idxno=475923

22  https://relevant.software/blog/will-ai-replace-programmers/

23  https://www.koreanbar.or.kr/pages/news/view.asp?teamcode=&page=1&seq=14379&types=2&category=&searchtype=&searchstr=

24  https://www.kbergennews.com/2024/08/26

25  Explodingtopics.com.(2024). "55+ Freelance Statistics for 2024: Market Size, Income & Trends."

26  https://www.businessresearchinsights.com/ko/market-reports/freelance-platforms-market-103266

27  Manuel Carlos Nogueira, Mara Madaleno(2023). "New Evidence about Skill-biased Technological Change and Gender Wage Inequality", Economies.

28  Acemoglu, D., & Johnson, S.(2023). "Power and Progress: Our Thousand-Year Struggle Over Technology and Prosperity", PublicAffairs.

29  Acemoglu, D., & Johnson, S.(2023). "Power and Progress: Our Thousand-Year Struggle Over Technology and Prosperity", PublicAffairs.

30  International Monetary Fund(2024). "Gen-AI: Artificial Intelligence and The Future of Work", SDN/2024/001.

31  Oxford Economics, Cognizant(2023). "The Economic Impact of Generative AI in the US".

32 Hazan, Eric, Anu Madgavkar, Michael Chui, Sven Smit, Dana Maor, Gurneet Singh Dandona, and Roland Huyghues-Despointes(2024). "A new future of work: The race to deploy AI and raise skills in Europe and beyond", McKinsey Global Institute.

33 McKinsey Global Institute(2017). "Jobs Lost, Jobs Gained: Workforce Transitions in a Time of Automation", McKinsey & Company.

34 Kent, Ana Hernández, and Lowell R. Ricketts(2024). "U.S. Wealth Inequality: Gaps Remain Despite Widespread Wealth Gains", Federal Reserve Bank of St. Louis.

35 Widerquist, Karl(2023). "The Deep and Enduring History of Universal Basic Income", MIT Press Reader.

36 Basic Income Earth Network(2024). "Basic Income as a Tool for Sustainable Development and Peace", BIEN(Blog).

37 Feinberg, Robert, and Daniel Kuehn(2020). "Does a Guaranteed Basic Income Encourage Entrepreneurship? Evidence from Alaska", Working Paper, American University, Washington, DC.

38 Tremayne-Pengelly, Alexandra(2024). "A Sam Altman-Backed Group Studied Universal Basic Income For 3 Years. Here's What They Found", Observer.

39 Acemoglu, D., & Johnson, S.(2023). "Power and Progress: Our Thousand-Year Struggle Over Technology and Prosperity", PublicAffairs.

40 Gilberstadt, Hannah(2020). "More Americans Oppose Than Favor the Government Providing a Universal Basic Income for All Adult Citizens", Pew Research Center.

41 https://www.yna.co.kr/view/AKR20250409088951530

42 https://www.oss.kr/oss_case/show/f9ddf526-4388-4910-a2da-dfba7fa1967a

43 https://www.elancer.co.kr/blog/detail/785

44 https://zdnet.co.kr/view/?no=20241014170020

45 https://www.mk.co.kr/news/it/11229982

46 https://www.hankyung.com/article/2025020277287

47 https://www.aitimes.com/news/articleView.html?idxno=161423

48 https://www.koreaittimes.com/news/articleView.html?idxno=138023

49 한국지능정보사회진흥원(2024). "미국 AI 국가안보각서(AI NSM) 분석 및 시사점".

50 Gladstone AI(2024). "Executive Summary" in Defense in Depth: An Action Plan to Increase the Safety and Security of Advanced AI, 2-3.

51 https://maily.so/seanlee/posts/xyow1qq1z28

52 https://www.technologyreview.com/2024/10/28/1106251/this-ai-system-makes-human-tutors-better-at-teaching-children-math/

53 https://www.technologyreview.com/2024/10/28/1106251/this-ai-system-makes-human-tutors-better-at-teaching-children-math/

54 https://www.newstap.co.kr/news/articleView.html?idxno=228399

55 https://www.smarttoday.co.kr/news/articleView.html?idxno=34135

56 대런 아세모글루, 사이먼 존슨(2023).《권력과 진보》, 생각의힘, 29쪽.

57 https://www.yna.co.kr/view/AKR20220714150300074

58 Oxford Insights. Government AI Readiness Index 2024. Oxford: Oxford Insights,

59 U.S. Government Accountability Office(2023). "Artificial Intelligence: Agencies Have Begun Implementation but Need to Complete Key Requirements", Highlights of GAO-24-105980. Washington, D.C.

60 https://www.si.re.kr/node/47962

61 https://www.cow-shed.com/blog/using-artificial-intelligence-to-improve-transport-in-london

62 https://webzine.lxsiri.org/subpage/2023/2023_02/sub2-3.html

63 https://www.mohw.go.kr/board.es?act=view&bid=0027&list_no=1478939&mid=a10503000000&utm_source=chatgpt.com

64 https://www.khan.co.kr/national/health-welfare/article/202401211200001

65 https://news.mt.co.kr/mtview.php?no=2020082711342793368&utm_source=chatgpt.com

66 https://privacyfirst.nl/en/articles/algorithm-syri-in-the-ban-after-ruling-court/?utm_source=chatgpt.com

67 https://zdnet.co.kr/view/?no=20241031171124

**4부  AI 시대, 함께 만드는 미래**

1 https://hai.stanford.edu/ai-index/2025-ai-index-report

2 한국지능정보사회진흥원(NIA)(2024). 2024년 글로벌 AI 인덱스 결과 분석. : 2018년 10월 설립된 영국의 언론기관 토터스미디어는 2019년부터 국가별 AI 역량 수준을 3개 영역으로 구분하여 순위를 매긴 '글로벌 AI 인덱스'를 발표하고 있다. ※[연도별 한국 종합순위] 8위(2019년)→8위(2020년)→7위(2021년)→6위(2023년)→6위(2024년).

3 Oxford Insights. Government AI Readiness Index 2024. Oxford: Oxford Insights, https://staging2.oxfordinsights.com/ai-readiness/ai-readiness-index/?#download-reports

4 https://www.hankyung.com/article/2024100944151?utm

5 https://www2.korea.kr/briefing/pressReleaseView.do?newsId=156675210&pWise=sub&pWiseSub=J1

6 인공지능국가위원회 3차회의 1호안건(2025). "AI 컴퓨팅 인프라를 통한 국가 AI역량강화방안".

7 https://www.newspim.com/news/view/20250124000016?utm

8 대런 아세모글루·사이먼 존슨(2023).《권력과 진보》, 생각의 힘, 422-424, 428-429쪽.

9 https://koreascience.or.kr/article/JAKO200544947675719.pdf

10  이혜선, 박기범(2022). "과학기술정책 Brief," 과학기술정책연구원(STEPI), vol.4.

11  국가인공지능위원회(2025). "국가 AI역량 강화방안".

12  Jin Sil Choi and Hyun Jun Joo(2021). "A Comparative Study on the Establishment and Operation of the National Board of Education in Finland and Korea", The Journal of Local Education Management 24, no.1.

13  'circulation(순환)' 전략은 2024년 10월 한국공학한림원 공학교육혁신포럼에서 필자가 발표한 주제로, 관련 내용을 일부 활용하였음.

14  https://www.hankyung.com/article/2024030117211

15  https://www.voakorea.com/a/7135277.html

16  https://zdnet.co.kr/view/?no=20240117174831

17  https://www.yna.co.kr/view/AKR20240709130900017

# AI 혁명

AI 신인류를 위한 길라잡이

초판 1쇄 2025년 5월 14일 발행

**지은이** 송경희
**펴낸이** 김현종
**출판본부장** 배소라 **편집** 최세정 진용주 김수진 이솔림
**디자인** 조주희 **마케팅** 안형태 김예리 김인영
**미디어·경영지원본부** 신혜선 백범선 박윤수 이주리 문상철 신잉걸

**펴낸곳** (주)메디치미디어
**출판등록** 2008년 8월 20일 제300-2008-76호
**주소** 서울특별시 중구 중림로7길 4
**전화** 02-735-3308 **팩스** 02-735-3309
**이메일** medici@medicimedia.co.kr **홈페이지** www.medicimedia.co.kr
**페이스북** medicimedia **인스타그램** @medicimedia
**유튜브** medici_media

ⓒ 송경희, 2025
ISBN 979-11-5706-432-8 (03320)